新しい住まい学

小宮容一
片山勢津子
ペリー史子
中村孝之
来海素存
森本信明
井手洋一

井上書院

はじめに

　日本住宅公団の発足が1955年，以来，鉄筋コンクリートの集合住宅が木造住宅を席巻してきた。総務省統計局の資料によると，昭和58年の住宅総数34,705,000戸に対して，鉄筋コンクリート造住宅が6,943,000戸で，その占める割合は20%である。平成25年度は，住宅総数52,103,000戸に対して鉄筋コンクリート造住宅が17,551,000戸で，その占める割合は33.68%である。実に33%を超える住居が鉄筋コンクリート造であり，そこにいかに快適に住まうかが，新しい住まい学に求められるところでもある。

　また，総務省平成25年住宅・土地統計調査によると，世帯総数52,454,800に対して1人世帯が17,306,900で，1人世帯が占める割合は32.99%である。若者，高齢者の1人世帯にとって，いかなる空間，いかなる暮らしが望まれるかも，新しい住まい学に求められるところである。

　都市への人口集中も新しい課題である。国土交通省の平成24年版情報通信白書によると，三大都市圏の人口が総人口に占める割合は，2000年から2005年の間に50%を超え，2050年の予測では，56.7%が三大都市圏に居住するとしている。都市圏での住まい方，三大都市圏以外の地域での住まい方についての示唆も，住まい学に求められているといえよう。

　本書は，このような現代の住生活の変化に加え，建築や都市の変化，地球環境の変化に対して，どう対応できるかを，住まい学の分野をハードとソフトの2面から捉え，歴史と現状を学び，そこにある問題点と解決策を提起したものである。

　ハードとは，生活を営む場・住まう場としての建築物の諸相である。構造・構法，独立住宅・集合住宅などの住まいの形式，住まいの計画と設計である。ソフトとは，生活行為，住まいの流通や政策，生活の広がりとしての住まいとまち，住まいの維持・管理，ライフステージやライフスタイル，生活を内包し心地良さにかかわるインテリアデザインなどである。これらハードとソフトの両面を理解した上で，問題解決の方法論や技術を習得することを望んでいる。

　冒頭で述べた，鉄筋コンクリート造住宅，1人世帯，都市への人口集中の問題のほかに，問題解決の必要な分野として，耐震設計や省エネルギー，スマートハウス関連，スケルトン・インフィル住宅とサスティナブルデザイン，長寿命住宅や空き家問題，三世代住宅やケアハウス・セーフティネットなどの問題についても言及した。

　住まい学を学ぶことの基本は，「快適な住生活，心地良い住生活，幸せな住生活の確保と実現に向けて，その方法論を学び実践する」ところにある。学生諸君には，本書の内容を足がかりに，社会人となり，結婚，子どもの養育，第二の人生，高齢時の暮らしをといったそれぞれのライフステージごとに，本書が「住まい」を考える糧となれば幸いである。

2015年霜月

執筆者を代表して
小宮 容一

新しい住まい学　目次

はじめに ——————————— 3

1 住まいと住生活

1-1　住まいの始まり ——————— 6
1-2　住生活行為の内容と変遷 ———— 7
1-3　住生活行為と住まいの空間・部屋 — 9
1-4　住まいと家族 ——————— 10
1-5　住生活と社会生活・地域社会 —— 10
1-6　住まいの選択と都市 ————— 11
1-7　住まいの安全・安心 ————— 12

2 住まいの歴史（日本）

2-1　住まいの2つの源流 ————— 14
2-2　寝殿造り ————————— 14
2-3　書院造りへの変化 ————— 16
2-4　書院造りの完成と数寄屋造り — 17
2-5　民家 —————————— 17
2-6　町家（屋） ———————— 19
2-7　住まいの西洋化と近代化 —— 21

3 住まいの歴史（西洋）

3-1　古代の住まい ——————— 22
3-2　中世の住まい ——————— 23
3-3　近世の住まい ——————— 25
3-4　産業革命と住宅 —————— 27
3-5　建築家の提案 ——————— 28

4 住まいの変遷（近・現代）

4-1　プランニングの変遷 ———— 30
4-2　住宅性能の向上 —————— 32
4-3　住宅市場の変遷 —————— 34
4-4　インテリアデザインの変遷 — 36

5 住まいの形式

5-1　形式による住まいの分類 —— 38
5-2　所有形態による分類 ———— 38
5-3　独立住宅の特長 —————— 39
5-4　集合住宅の特長 —————— 40
5-5　住宅の住み替え —————— 41
5-6　新しい住まいの形式 ———— 43
5-7　高齢者の住まい —————— 45

6 住まいの問題

6-1　住まいの市場と政策 ———— 48
6-2　住まいの供給 ——————— 50
6-3　住まいの流通 ——————— 52
6-4　新しい住宅政策 —————— 54
6-5　住まいのセーフティネット — 56

7 住まいとまち

7-1　生活の広がりとまちの文化 — 58
7-2　まちづくり ———————— 59
7-3　住まいと景観 ——————— 59
7-4　都市計画 ————————— 61
7-5　都市施設とオープンスペース — 62
7-6　まちの風景 ———————— 63

8 住まいの環境

8-1　住まいのインフラ ————— 64
8-2　住まいの日照と風向 ———— 65
8-3　室内環境 ————————— 65
8-4　住まいの設備システム ——— 69
8-5　住まいの空気環境 ————— 73
8-6　住まいの防災・防犯 ———— 74
8-7　省エネルギーとスマートハウス — 74

9　住まいの管理

- 9-1　独立住宅の維持・管理 —— 76
- 9-2　集合住宅の維持・管理 —— 78

10　住まいのライフステージ

- 10-1　長寿時代のライフステージ —— 84
- 10-2　子ども期 —— 86
- 10-3　自立期 —— 87
- 10-4　現役期 —— 88
- 10-5　熟年期 —— 89
- 10-6　高齢期 —— 90

11　住まいとライフスタイル

- 11-1　ライフスタイルとは —— 92
- 11-2　くつろぎ系 —— 93
- 11-3　コミュニケーション系 —— 94
- 11-4　地域系 —— 95
- 11-5　創作系 —— 96
- 11-6　学習系 —— 97

12　住まいの計画Ⅰ

- 12-1　住まいの形式 —— 98
- 12-2　住まいを選ぶ —— 99
- 12-3　ゾーニングと動線計画 —— 101
- 12-4　部屋の配置 —— 103
- 12-5　部屋の計画 —— 105
- 12-6　高齢者・障害者の住まい —— 106

13　住まいの計画Ⅱ

- 13-1　住まいの構造 —— 108
- 13-2　住まいの工法 —— 110
- 13-3　住まいの耐震設計 —— 111
- 13-4　スケルトン・インフィル住宅 —— 112
- 13-5　サスティナブルデザイン —— 113
- 13-6　エコ住宅 —— 113
- 13-7　スマートハウス —— 114
- 13-8　建築材料の特性 —— 114

14　住まいのインテリア

- 14-1　インテリアデザイン —— 116
- 14-2　インテリアスタイル —— 117
- 14-3　マテリアルコーディネート —— 119
- 14-4　カラーコーディネート —— 120
- 14-5　照明計画(ライティングデザイン) —— 122
- 14-6　家具計画 —— 124
- 14-7　ウインドートリートメント —— 126
- 14-8　インテリアアクセサリー —— 127

15　住まいの設計技術

- 15-1　住まいの設計の流れ —— 128
- 15-2　基本設計 —— 128
- 15-3　実施設計 —— 129
- 15-4　監理[工事監理・工程管理] —— 129
- 15-5　設計図書の種類・描き方 —— 130
- 15-6　プレゼンテーション —— 132
- 15-7　設計・デザインとデジタルツール —— 134

引用文献・参考文献 —— 135
索引 —— 137

[執筆担当]

小宮容一 —— **1, 12, 13, 14**
片山勢津子 —— **2, 3**
中村孝之 —— **4, 10, 11**
来海素存 —— **5, 9, 15**
森本信明 —— **6**
ペリー史子 —— **7**
井手洋一 —— **8**

1 住まいと住生活

1-1 住まいの始まり

■動物の住まい

人間の住まいを考える前に，動物たちの住まいを見てみる。鳥類の多くは，木の枝を集めて巣を作る。種を継続するため，卵を産み，雛を育てる。映像でよく見るミーアキャットは，立ち姿が可愛いが，敵が来るや否や地面に掘った穴に一斉に逃げ込む。出産・子育てや睡眠，時に食事が巣の中で行われる。彼等にとって「巣」が「住まい」である。アリの巣，ハチの巣も同様である。これらの巣は，種の継続が第一義であるが，外敵から身を守り，風雨を避ける目的ももっている。

■人類の住まいの初め

人類が樹木から降りて二足歩行するようになって，身を守るために利用した住まいの初めは，「洞窟」であったと考えられる。岩山などに自然にできた洞窟は，人間が手を加えなくても風雨を避け，敵から身を守ることができた。狩猟採集の時代，男子が狩猟，女子が採集の役割を担い，食料の確実な確保のために，小集団を形成して暮らしていたと考えられる。炊事や煮炊きのために火が燃やされ，その回りで食事を取り，歓談が行われた。枯れ草を敷き，あるいは毛皮の上で睡眠を取るといった生活が営まれたのである。

季節ごとの木の実，木（草）の芽の採集，焼畑農耕が行われるようになると，洞窟から出て，森に草原に居を構える人々が出てくる。木の枝を立て掛け，掘っ立て，壁，屋根を草で葺いて小屋を作り住まいとした。この小屋は，人類が自らの智恵と手で建築した住まい・住居の初めといえる。

建築史を見れば，世界の地域により，木造のほか，それぞれの地域で利用可能な材料によって，土・泥を固めたり，日干しレンガを積み上げたり，石積みであったりと，さまざまな建築構法が発達していくのである。

■竪穴式住居から高床式住居

日本は樹木に恵まれ，原始の狩猟採集・漁撈時代には，地面を掘り下げ，掘立柱を立て，丸太の斜材を回し，草葺きあるいは茅葺きなどとした竪穴式住居であった。稲作の時代に入り，水田に適した低湿地の平地式住居，高床式の穀物庫が作られる。この高床が，首長等の住まいにも採用され，高床式住居となる。一般庶民・農民の住まいでは，平地土間式から，一部の床が上がるのは奈良時代である（住まいの歴史については2章参照）。

図1-1 動物の住まい

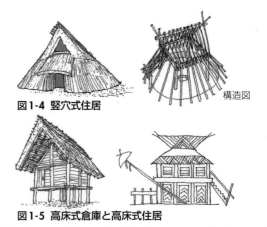

図1-4 竪穴式住居　構造図

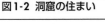

図1-2 洞窟の住まい

図1-5 高床式倉庫と高床式住居

木の枝・草葺きの住まい（原始アフリカ）

木構造・泥塗りの住まい（シリア）

日干しレンガの住まい（トルコ）

図1-3 建築材料と住まい

1-2　住生活行為の内容と変遷

■ 基本住生活行為

前節で洞窟での原始的住生活を見たが、その住生活を行為分類すると、洞窟というシェルターによって風雨を避け、外敵・寒暑から身を守る防御的行為、調理・食事や睡眠といった生理的行為、団らん等のコミュニケーション行為、掃除や片付けといった維持管理行為、子育て行為の5つに分けることができる。この5つの行為が基本住生活行為である。今日もなお私たちの生活行為の基本である（図1-6参照）。

■ 子育て行為

妊娠、出産が子育て行為の始まりである。授乳期から3歳までが、躾や情操教育の大事な時期といわれる。やって良いこと、悪いことの判断も、この時期の中で教育しなくてはならない。原始時代とは異なり今日では、集団・国の制度として保育や教育がある。幼稚園、小学校に入れば集団生活のあり方、友達とのつき合い方がある。例えば友達家族を家に招く、バースデイパーティを開くなども子育て行為である。

子育て行為の終わりは、就職や結婚で社会人として独り立ちした時である。しかし、「子どもはいくつになっても子ども」と考えるのが日本の風土である。

■ 身繕い行為

原始時代では、川や池、湖に出向いて水浴し、身を洗い、髪を洗い、水から上がって髪を整え、化粧し、衣類を付けるといった身繕いが行われた。主として屋外、住まいの外である。

日本では、弥生時代に朝鮮半島から鉄器・青銅器文化がもたらされたが、その中に銅鏡がある。上流支配階級が使用したものであり、化粧や整髪は、住まいの中の行為であったことがわかる。

現在でこそ、住まいにバスルームを設備することは普通のことであるが、ほんの少し前まで、庶民の入浴は町の公衆浴場（風呂屋・銭湯）であった。

プラスチック製のユニットバスは、1964年、東京オリンピックの年、超高層ホテル「ホテルオータニ」のバスルームに設置されたのが最初である。以降、集合住宅やプレハブ住宅から普及していき、入浴という身繕い行為が住まいの中で行われるようになったのである。

■ 生産・労働行為

原始時代から進んで、農業や牧畜が始まると、物々交換が盛んになり、住まいの中で食品の加工や、日用品や織物の生産作業が行われる。これは生産・労働行為である。

今日、自宅でパソコンなど情報機器を使ってビジネスをする行為（SOHO：small office/home office）なども、生産・労働行為といえよう。

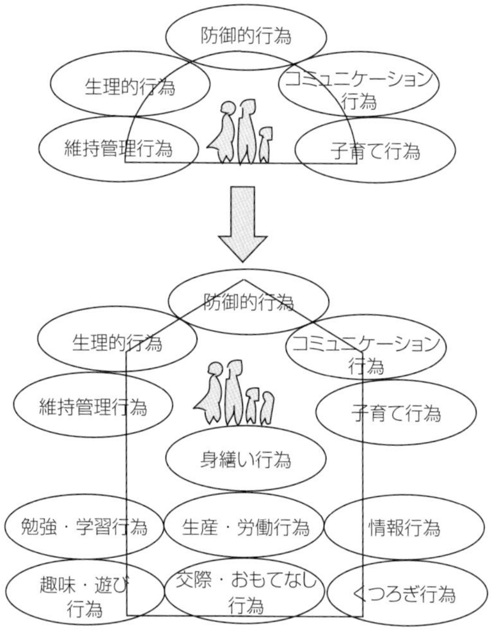

図1-6　行為の変遷

図1-7　「年中行事絵巻」より

図1-8　「洛中洛外図屏風」（舟木家本）より

物々交換の場が仮設から常設の店舗となると，市場町，商店街へと発展する。住まいの形式からは，職住一体型住まい，併用住宅である。

図1-7は，平安時代の京都の町家の様子で，左右端の店に，跳ね出した商品棚が見える。前店の奥が寝食のための生活部分である。商人の住まいだけでなく，日用品などを生産する手工業従事者もまた職住一体型の住まいである。

図1-8は中世末期の京都の町家で，木工屋街の様子。左が研ぎ屋，右が柄巻き屋で，通りに面した部屋が店・作業場，生産の場である。

■ 交際・おもてなし行為

集落が大きくなり，社会が複雑になるに従い，親戚，近隣，友人，職場関係のつき合いなどが，住まいで行われることになる。交際・おもてなし行為である。おもてなしの行為の中で，住まい手の個性や主体性が発揮される。

■ 勉強・学習行為

江戸時代末期の江戸には，大小1,000～1,300軒の寺子屋があったといわれる。当時，子ども達が自宅で予習復習をしたかどうかは定かでないが，今日の子ども達にとって，学校・学習塾，そして自宅での学習は欠かせない。これを勉強・学習行為とすることができる。

大人にも，それぞれの事情の中で勉強・学習行為はある。知識や教養を取得し高める行為であり，「生涯学習」の概念からすれば，学校を出て社会人となった青年期も，社会で経験を積んでいく壮年期，中年期においても，それぞれに学習行為がある。

■ 趣味・遊び行為

写真や絵画，鉄道模型，パッチワーク，楽器演奏などなど，人それぞれに趣味はあるものである。自己実現や自己の楽しみのために，また個性の表現のために趣味はあり，住まいの中で作業や演奏が行われる。これが趣味行為である。

■ 情報行為

お父さんが朝食前に朝刊を読んでいる姿は，いずれ見られなくなるのかも知れない。ラジオ，テレビ，パソコン，スマートフォン，タブレットなどは，情報の受信・送信・発信もできる機器である。それらを使用した行為を情報行為とすることができる。

■ くつろぎ行為

社会が複雑化・多様化すると，個人のストレスは増える。仕事や交際，家事や家族のことなどを忘れて，一人ゆったりと心身を休める必要がある。くつろぎ行為である。シェーズロング（寝椅子）に横たわって過ごすもよし，ワイン片手にテレビを見るもまたよしである。

以上，住まいの5つの基本住生活行為に加え，今日的状況を見ながら7行為に分類した（表1-1）。

表1-1 住生活行為の分類

防御的行為	外敵，寒暑，風雨，騒音，悪臭，塵，ほこり，有害物質
生理的行為	調理，食事，睡眠，排泄
コミュニケーション行為	団らん，相談，打合せ，談笑
維持管理行為	掃除，整理，収納，洗濯，乾燥，裁縫，編み物，アイロン，家計簿
子育て行為	性生活，妊娠，出産，育児，教育
身繕い行為	入浴，洗顔，洗髪，化粧，更衣
生産・労働行為	商業，工業，手工業，手工芸，内職，在宅勤務，SOHO
交際・おもてなし行為	各種お付き合い，接客，パーティ，誕生会，法事，会合
勉強・学習行為	予習，復習，宿題，レポート
趣味・遊び行為	写真，絵画，パッチワーク，演奏
情報行為	新聞，雑誌，書物，テレビ，携帯，パソコン，スマホ，タブレット
くつろぎ行為	休息，休養，リラックス，安らぎ

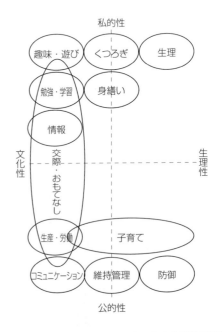

図1-9 行為の私的公的・生理的文化性位置関係

時代が変化すれば，行為も変化し，進化することはまた必然である。

1-3 住生活行為と住まいの空間・部屋

前節で住まいにおける生活行為を見てきたが，この生活行為（ソフト）を包み込み，保証するのが「住まい・住居」というハード（建物・部屋・空間）である。

■ 部屋の変遷

例えば，睡眠行為には，寝具（布団）またはベッドが必要であり，それを敷く（設置する）場所が要求される。わが国の伝統的な木造住宅は，畳敷きの座敷，居間，茶の間などと，板敷きの台所，廊下，縁側などで構成されている（図1-10）。睡眠時には，居間に寝具を敷き，起床時には寝具をたたみ片付けるというしつらいである。襖で仕切られた部屋も，襖を取り払えば大部屋となり，大勢で会合や宴会ができるなど，行為に対してフレキシブルに対応・可変する部屋構成が，日本家屋の特徴である。

明治以降，洋風生活が持ち込まれ，ベッドを置く部屋はベッドルーム・寝室となる。子どもには，勉強，遊び，身繕い，睡眠行為ができる子供室が個別に用意されることになる。応接室，客間，書斎などにチェア・テーブルがセットされ，洋間といわれる部屋が確立されていった。

■ 起居様式と空間・部屋

わが国の起居様式は，明治を境に床座から椅子座へ，庶民レベルでは第二次世界大戦後に大きく変化したのである。床座・平座は，今もアジア全体に見られる起居様式である。座る，寝る，食べるなどの行為が，一つの床の場で自由に行われる。

これに比べ，椅子座はヨーロッパで成立した起居様式で，チェアやソファー，テーブル，ベッドなどの家具が行為を規定し，空間・部屋を規定することになり，行為と場の関係として自由度が低いといえる。

■ 行為と部屋

生理的行為としての調理はキッチン，食事はダイニング，睡眠はベッドルーム，夫婦の寝室は主寝室・マスターベッドルームといった名称の部屋となる。排泄はトイレ（WC）となり，調理と食事が一つ部屋となったDK（ダイニングキッチン）は大戦後，西山夘三氏の「食寝分離」の提唱から公営，民営のアパートで始まったとされる。

コミュニケーション行為の部屋であるリビングが，このDKと一体となったLDKは，1970年代の集合住宅（マンション）に現れる。

身繕い行為の部屋として，バスルーム・洗面・脱衣室があるが，わが国ではここに維持管理行為の洗濯が組み込まれる。欧米にある家事室・ユー

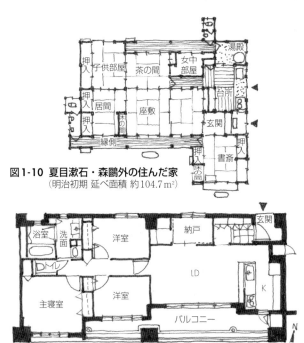

図1-10 夏目漱石・森鷗外の住んだ家
（明治初期 延べ面積 約104.7m²）

図1-11 集合住宅（マンション）2014（住宅専有面積 86.33m²）

図1-12 行為と部屋の関係

ティリティは，わが国には定着していない。

その他の行為と部屋の関係は，**図1-12**を参照。

1-4　住まいと家族

■家族形態

家族の形態には，大別して核家族，拡大家族がある。核家族には，①夫婦とその未婚の子ども，②夫婦のみ，③片親とその子どもの3形態がある。拡大家族は，核家族にその親族が同居した形態である。その親族とは，父，母，祖父，祖母，子の夫婦，子の夫婦と孫などさまざまなケースがあり，大家族や複合家族といった名称もある。

家族の構成内容・人数によって，部屋数や床面積もそれに応じて確保しなくてはならない。一次的なものか恒久的なものか，変化する状況を勘案して，住まいの計画・設計・購入が必要となる。

■家族周期

結婚から死亡までの一連の経緯が家族周期である。単身者が結婚して夫婦となり，家族が始まる。子どもが生まれ，3人家族となり育児・養育の時期があり，小学・中学・高校の学校期・成長期，大学では子どもが家を出ることもある。成長期のいずれかの段階で，個室の子供室が必要となる。

子どもが就職して独立すると，夫婦2人に戻る。年を経て伴侶の一方が死亡し，高齢単身者となる。住まいから見ると，家族周期は終わるが，血縁としての家族は続いている。同時に周期は，受け継がれ繰り返されていくことになる。

■家族間のコミュニケーション行為

住まいと就労地・仕事場との距離が短いことは結構だが，現実には通勤時間が1時間，2時間の勤労者が多い。例えば往復4時間の通勤時間と勤務8時間，睡眠8時間を合計すると20時間となる。住まいの中で家族とのコミュニケーションが取れる時間は4時間，この時間を有効に使いたい。

既婚女子対象の民間調査によると，平日の夫婦の会話は，10分未満が26.7%，10～30分未満が27.3%で，計30分未満が54%となる。住まいにおけるコミュニケーション行為として適切な状況とはいえない。コミュニケーションは家族の絆をつくる大切な行為であり，多くの時間を確保したい（**図1-15**を参照）。

1-5　住生活と社会生活・地域社会

■社会生活

人間は一人では生きていけない。家族，親族，友人，集団，組織を作って相互に役割を分担し，助け合いながら社会を形成して生きていく種族である。都市においても村落においても，大なり小なりの社会を形成し，その中で生活していく。住

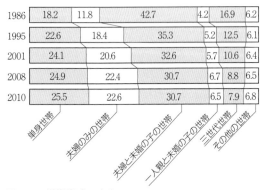

図1-13　世帯構成の変化

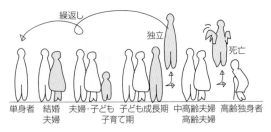

図1-14　家族周期

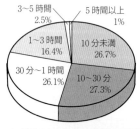

図1-15　住まいの中での夫婦の会話時間

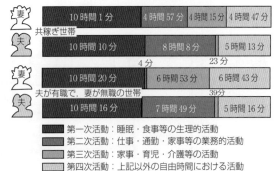

図1-16　夫婦の生活時間：共稼ぎ，非共稼ぎ世帯の比較
（総務省資料より）

生活とは，住まいの中だけの生活ではなく，この社会とつながりながらの生活でもある。

阪神淡路大震災，東日本大震災の経験は，避難・仮設生活からコミュニティの重要性を浮かび上がらせた。日頃からの近隣とのつき合い，地域コミュニティへの参加が，命を助け，健全な精神を育成することにつながる。コミュニティは，人のつながり，社会とのつながりである。

■地域社会

住まいから一歩外に出ると，地域社会がある。図1-17は，地域社会に設置されている施設を，住居からの距離で配置したものである。

社会生活がいかに多くの施設に関わっているかがわかる。子どもが病気になれば，近くのクリニックへ，重病なら市立病院へ行くことになる。子育て支援センターも，近隣の児童公園も必要である。大学生であれば，大学へ，授業が終わればアルバイトのショップへと向かう。地域社会での商業施設は，買物・消費と就労・収入の両面をもっている。生活行為と地域社会の関係性である。

総務省の調査によれば，夫婦共稼ぎ世帯で，妻の仕事・通勤時間が4時間57分，自由に使える時間が4時間47分，このうち半分の2時間23分を地域社会で過ごしたとすれば，実に合計7時間10分を，住まい内でなく，地域社会で過ごしたことになる。社会との時間的関係性の大きさがわかる（図1-16参照）。

1-6 住まいの選択と都市

就職の時，結婚の時，起業の時などに，どこに住まいを構えるかは，人生の大きな問題である。

■人口の都市集中

都市の魅力は，就職，学習，教育，買物，遊興，文化，各種イベント，育児，医療，福祉などが充実し，距離・時間が短く，身近に享受できることにある。加えて，生活を維持するためには収入が必要であり，就業機会の多い首都圏に人々が集まるのは必然である。

総務省の試案では，三大都市圏（首都圏，中京圏，近畿圏）の人口が総人口の占める割合は，2005年には50％を超えて，2020年に54％近くに，2050年に56.7％になるとしている（図1-18）。

都市を住まいに選び，都市とその周辺の市町村に人口が集中する反動で，地方市町村は過疎となる。過疎は，そこに住む人々にとっても社会全体にとっても深刻な問題である。

■都市以外の選択

東日本大震災後，被災した地元で自ら進んで漁業に，農業に就く若者がいる。住まい・就業の場として都市以外の選択である。定年退職後の第二の人生を過疎地に移住し，陶芸家を目指す人もい

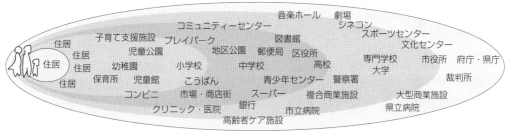

図1-17 地域社会の施設例

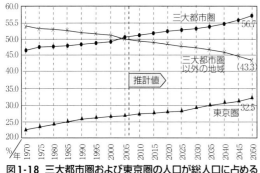

図1-18 三大都市圏および東京圏の人口が総人口に占める割合

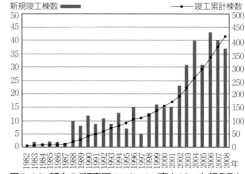

図1-19 都内の「超高層マンション（高さ60mを超えるもの，賃貸を含む）」の竣工数の推移（東京都都市整備局資料より）

る。また，限界集落の村起こしに，会社勤め時代に培ったノウハウを活かそうとする人もいる。

今日の情報社会では，ITの世界でも，建築・デザインの世界でも，都市に住む必要がないとして，あえて地方に，山中に居を構える人もいる。子どもの情操教育，健康を考えて，離島に移り住む家族もいる。それぞれの人・家族の考え方と行為により，住まいの場の選択は自由である。

■都市の住環境整備

人が都市に集まることになれば，住まいが用意され，供給される。都市中心部に住居を確保するために，土地の効率的利用を勘案すれば集合住宅，特に高層マンションが計画される（図1-19参照）。

集合住宅と人口の過密は，住環境の悪化を招きかねない。そこで，建築基準法の総合設計制度が導入され，公開空地と引き換えに容積率の割増しや高さ制限の緩和制度がとられた。建築物周辺あるいは一部に空地が設けられ，多くは緑地化され，子ども達の遊び場ともなる。この制度によって住環境・都市環境，景観をスラム化させず，良好に保っているともいえる。

■限界集落

人口の都市集中は，地方市町村の過疎を招き，さらに山間地域や離島では「限界集落」となる。

限界集落とは，過疎化・高齢化により，医療機関・小学校・行政機関の撤廃，集落の自治・共同体の機能低下による「維持困難な集落」のことである。残された高齢者のフォローに，また，地域の伝統文化の継承に対して，どのような方法・政策が取り得るのか，地方再生を目指すうえからも大きな社会的問題である。

1-7 住まいの安全・安心

住まいは，生活行為を心配なく安全・安心に行うためのシェルターであり，そのために建築物としての構造，住宅としての性能をもつ必要がある。

■安全・安心を脅かす外的要件

洞窟生活では，外敵や風雨・寒暑から身を守るとしたが，現代の住まいの安全・安心を脅かす外的要件は増加している。

地球の地殻変動の活発化が，地震を起こし，津波を誘発する。また，地球温暖化が原因とも思われる大型台風・ハリケーン，竜巻，突風，豪雪，集中豪雨，ゲリラ豪雨など，近年顕著になっている自然災害の増加がある。

都市化する住環境にあって，自動車や電車・飛行機の騒音，建築・土木工事の騒音・振動がある。都市のインフラ事故としてのガス漏れ，ガス爆発，水道管の破裂，洪水や陥没など，予測できない人工災害も外的要件である（図1-22）。

人的災害である住宅対象の侵入窃盗（空巣）は，

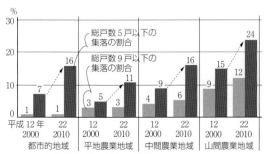

図1-20 小規模集落の割合の推移（農林水産省 農業センサス資料より）

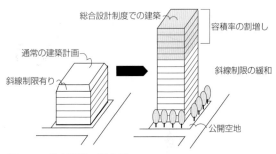

図1-21 総合設計の概念図

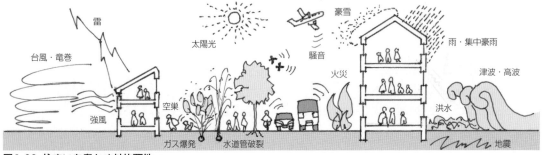

図1-22 住まいを脅かす外的要件

平成15年以降減少し，平成26年は59,500件で前年比−6.3%であるが，防犯意識・対応はつねに忘れてはならない。

火災については，コンロ，たばこ，ストーブが住まいでの三大出火原因であり，外部からの延焼・類焼を防ぐとともに，住まいの内から火災を出さないことが重要である（**図1-23**）。

さまざまな安全・安心を脅かす外的要件から身を守る建築物の構造，構法，対処法については，「13章 住まいの計画Ⅱ」を参照のこと。

■建築基準法

建築基準法の第一条には「この法律は，建築物の敷地，構造，設備及び用途に関する最低の基準を定めて，国民の生命，健康及び財産の保護を図り，もつて公共の福祉の増進に資することを目的とする。」とある。法に従って設計される建築物・住まいが，安全・安心なものとなる。

住まいの健康面では，居室の有効採光面積の規定がある。住宅の場合，居室（寝室，子供室，L, D, Kなど）では，その床面積の1/7以上の光を通す窓（開口部）の面積を確保しなくてはならない。

換気についても，居室の床面積の1/20以上の窓（開口部）を必要とし，1/20未満の場合は換気設備を設けなくてはならないとする。また，火気使用室（キッチンなど）には，換気設備を取り付ける必要がある。

この他，室内環境に関する規定は，「居室」と「居室以外」に区分され，日照，採光，換気，遮音などの規定がある。規定の概要項目については，**図1-24**を参照のこと。なお詳細は「8章 住まいの環境」を参照。

■内装制限

先に三大出火原因に触れたが，建築基準法では内装制限を設けてある。住宅および併用住宅の調理室・浴室における火気使用室（階数≧2の建築物の最上階以外の階）は，壁・天井を準不燃材料以上で仕上げることとする。共同住宅（集合住宅）の居室（耐火建築物で3階以上の床面積の合計が≧300m²）は，3階以上の居室の1.2m以上の壁と天井は，難燃材料以上とすることとある。廊下・階段については，避難のこともあり，準不燃材料以上としている（**図1-25**）。

■住宅性能表示制度

住宅の基本的性能について，共通のルール（国が定める性能評価項目・性能評価基準）を定めた住宅性能表示制度が平成12年度から実施された。この制度に基づき，公正・中立な第三者機関（登録住宅性能評価機関）が，設計図書の審査や施工現場の検査を経て等級などを評価し，評価書を公布する。公布された住宅については，迅速に専門的な紛争処理が受けられる制度である。評価項目は，**表1-2**を参照。

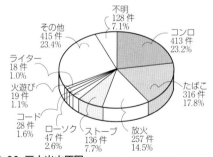

図1-23 三大出火原因（東京消防庁 平成25年度資料より）

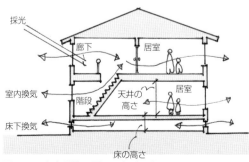

図1-24 室内環境に関する規定の概要

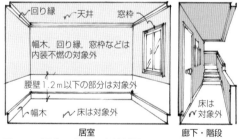

図1-25 居室・廊下の内装制限

表1-2 住宅性能表示制度の評価項目

①構造の安定（耐震等級）	●
②劣化の軽減（劣化対策等級）	●
③維持管理・更新への配慮（維持管理対策等級）	●
④温熱環境（省エネルギー対策等級）	●
⑤火災時の安全（耐火等級）	○
⑥空気環境（ホルムアルデヒド発散等級）	○
⑦光・視環境（単純開口率）	○
⑧音環境（重量床衝撃音対策等級）	○
⑨高齢者等への配慮（高齢者等配慮対策等級）	○
⑩防犯（開口部の侵入防止対策）	○

注）●は必須項目　○は選択項目　　（国土交通省住宅局資料より）

2 住まいの歴史（日本）

2-1 住まいの2つの源流

　日本の住まいは、縄文時代の竪穴住居と弥生時代の高床住宅を源流に、前者は民衆の住まい、後者は支配者の住まいとして発展していった。つまり、庶民階層は床を張っていない土間中心の住まいから発生したのに対し、身分階層は高い位置に床が張られた住まいを起源としている。また、竪穴住居が北方型なのに対し、高床住居は南方型の住宅様式である。

　高床住居は、もともと稲などを保存する高倉が原型である。構造的にも立派な床の高い建物は、経済力や権威の象徴として、支配層の住まいとして相応しかった。それが、生活に合わせて、閉鎖的な壁面が減少して、開放的な住まいへと変化していった。一方、庶民の住居は、竪穴住居から平地住居に変化していく。

　飛鳥奈良時代には、仏教伝来とともに大陸の建築や、机、椅子、厨子などの家具がもたらされた。しかし、椅子に脚を垂らして座るイス座の起居様式は、上流階級の一部の儀式で取り入れられただけで、普段の生活では床に直接座るユカ座の起居様式がとられた。家の中で靴を脱ぐ生活スタイルは、今日も継承されている。

2-2 寝殿造り

　貴族の住まいとして、平安時代末期に確立したのが寝殿造りである。平安京では碁盤の目状に道が通る条坊制が敷かれたが、上級貴族の敷地は東西・南北が1町（約120m）四方で、道に面した四周には築地塀が建てられ、東西北に門が付いた。

　建物の主入口である中門廊は、東西どちらかに位置し、貴族の乗り物である輿が通れるように天井が高くなっている。

　全体の配置は、中央に主人の住まいである寝殿が池に向かって南面し、家族の住まいである対屋が東・西・北に建ち、寝殿を囲む形式である。寝殿と対屋は、渡殿や壁のない透渡殿で二箇所ずつ結ばれる。また、東西の対屋から南へ延びる廊が、池に接する泉殿や釣殿へとつながる。建物の屋根は入母屋造りの檜皮葺きで、軒先は途切れず連続する優美な外観であった。

　なお、寝殿の南面中央には高欄の付く五級の階段があり、賓客は中門廊から直接ここに乗り物を寄せて昇降したので、階隠と呼ぶ庇が張り出す。

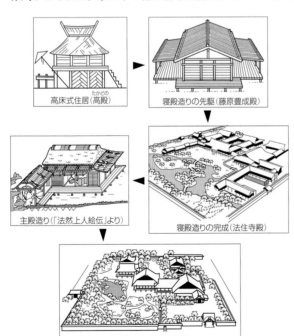

図2-1 支配階級の住宅の流れ

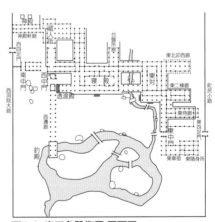

図2-2 東三条殿復元 平面図

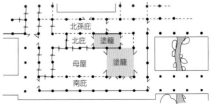

図2-3 東三条殿寝殿 平面図

貴族の生活で最も大切なのは儀式や宴会で，寝殿と砂利を敷き詰めた庭部分で行われた。なかでも盛大なのは「正月大饗（だいきょう）」の祝いで，儀式を旨に作られた建物が寝殿造りであった。したがって，内部は開放的な大空間で，唯一壁で仕切られた塗籠（ぬりごめ）だけが閉鎖的な部屋であった。

塗籠は，神聖な場所として重要な調度品が納められ，古くは寝所としても使われた部屋である。

母屋の周囲には，庇といわれる場所が巡るが，儀式は主に寝殿南側と庭を連続的に使って行われ，私的住まいには北側が使われた。そのため，南面には外部空間である簀（すのこ）が，南庇からさらに張り出し，北側の生活空間は拡張されて孫庇（まごびさし）がついた。

建物の外周には，雨戸に当たる蔀戸（しとみど）という建具や観音開きの唐戸（からど）が付くが，室内は用途に応じて障屏具（しょうへいぐ）で仕切られ，室内は家具や調度品で整えられた。これを「室礼（しつらい）」という。蔀戸は，昼間は跳ね上げて吊り，その内側に御簾（みす），さらに夏以外はその内側に壁代（かべしろ）という布を吊り，必要に応じて上部に巻いて止める。この他，室内は引帳（ひきとばり）や立障子（たてしょうじ）で仕切られた。この他，可動式の間仕切りとして，几帳（きちょう）という布製の衝立（ついたて）も使われた。

建具の開閉や，儀式の準備は大変な仕事で人手が要るが，その任には蔵人（くろうど）が当たった。儀式のときの室礼の様子は，12世紀に編纂された『類聚雑要抄（るいじゅうぞうようしょう）』に指図や調度目録があることから，現在も具体的に知ることができる。また，寝殿造りの遺構として，京都御所がある。室礼の文化や上座下座の考え方は，今日の和室にも継承されている。

■家具

寝殿造りでは，大陸からもたらされた家具が重要視された。大型家具である帳台（ちょうだい）は天蓋（てんがい）式ベッドというべきもので，周囲に帳が張られ，台には畳が敷かれた。ただし，帳台は寝台の役割から次第に儀式用家具へと変化していく。この他のイス座の家具としては，天皇の椅子「倚子（いし）」のほか，ベンチである床子（しょうじ），スツールの草墩（そうとん）などがあり，台盤（だいばん）と呼ばれるテーブルを使用した。台盤は，複数で大型テーブルとして使用することもあった。

日常生活は，座る場所と寝る場所に畳を敷き，座布団の原型である茵（しとね）を置いて座った。そして周囲には調度品を置き，屏風などで場を形成した。なお，寝殿造りでは，御座と寝所の居所は，北庇や母屋などにあったが，基本単位は柱間にして1間×2間程度だが，つねに場所が決まっていたわけではない。

調度品としては，手回り品を置く二階棚や二階厨子（ずし），唐櫃（からびつ）といわれる脚付きの櫃が使われた。二階棚とは二段の棚で，二階厨子はその下段に両開きの厨子状の扉の付いた飾り棚である。なお，二階厨子と唐櫃は，大陸からもたらされた形式なので，特に重用された。

図2-4 寝殿造り室礼各部名称

①蔀戸（しとみど）
②御簾（みす）
③几帳（きちょう）
④灯台
⑤置き畳
⑥茵（しとね）
⑦壁代（かべしろ）
⑧帳台（ちょうだい）
⑨屏風
⑩二階厨子
⑪引帳（ひきとばり）
⑫障子
⑬遣戸障子（やりどしょうじ）
⑭衝立障子（ついたてしょうじ）
⑮塗籠（ぬりごめ）

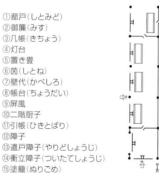

図2-5 東三条殿の室礼の様子（1115年7月21日）
（『類聚雑要抄』より）

図2-6 唐櫃　　図2-7 倚子　　図2-8 鳥居形衣架　　図2-9 台盤　　図2-10 二階厨子

2-3 書院造りへの変化

■主殿造り

武士の勢力拡大とともに、支配層の住まいも少しずつ変化していった。武家の住まいでは、儀式のための大空間は必要なく、必要に応じて部屋を間仕切るようになり、住宅への入口も簡略になり中門が付く。なお、こうした過渡的様式は「主殿造り」と呼ばれる。

寝殿造りからの最も大きな変化は、引き違い建具を柱間に入れたことである。当初は板戸である舞良戸を入れたが、和紙の普及とともに、部屋間には障子（今の襖）が入った。外部には蔀戸に替わって舞良戸が入り、内側に一本引きの明かり障子（今の障子）が入って、天候による調節がしやすくなった。やがて、外部に面する所には、雨に濡れる心配が少ない腰高障子が引き違いで入るようになって、室内がより均一に明るくなった。

引き違い建具の普及に従って、さまざまな建築的変化が起きていく。丸柱は建具が納まりやすい角柱に変化し、建具が入れやすいように柱間の寸法が狭まり、建具の大きさに合わせて長押の位置が下がった。

また、部屋が仕切られるようになると、部屋ごとに天井が張られた。さらに、続き間として使用するときにじゃまであった、建具の間に立つ柱が省略されて、柱間2間に4枚の建具が入るようになった。

寸法単位が整理され、部屋が建具で仕切られると、必要に応じて敷かれていた畳も、部屋の周囲に「追い回し」に敷かれ、やがて部屋全体に敷き詰められて床材になった。

このようにして、大空間を障屏具で仕切っていた大空間は、引き違い建具の導入で、部屋の集合体としての住まいに変化した。

■座敷飾り

鎌倉時代末期から、日常の居住空間とは別に、接客のために会所建築が作られた。会所は、茶道、華道、連歌、香道などとともに発展していった。人をもてなすために室内を飾って整え、次第に調度品も建築化していった。

帳台は「帳台の間」という部屋に変化し、飾り台は、押板と呼ばれる壁をへこませたニッチになり、棚は違い棚として、造付けになって三具足（香炉・花瓶・燭台）など珍しいものを飾る場所となった。

また、今の書斎に当たる「書院の間」の机は、明かり障子とともに出文机へと固定化し、やがてものを飾るための付書院へと定型化した。室町時代中期には、主座敷に押板、違い棚、付書院が作られ、唐物などを飾る座敷飾りが定着する。銀閣寺東求堂は、書院造り最古の遺構である。

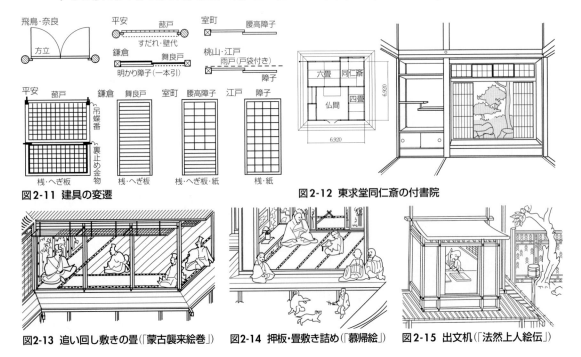

図2-11 建具の変遷　　図2-12 東求堂同仁斎の付書院

図2-13 追い回し敷きの畳（『蒙古襲来絵巻』）　図2-14 押板・畳敷き詰め（『慕帰絵』）　図2-15 出文机（『法然上人絵伝』）

2-4 書院造りの完成と数寄屋造り

■書院造り

書院造りは，戦国時代が終わり，天下が統一に向かった安土桃山時代に確立する。そして，権威者のために「上段の間」ができ，定型化した座敷飾りは，その部屋の格を高めるための舞台装置として機能することとなった。押板は奥行の深い「床の間」となり，縁に向かって作られた付書院とともに形式化し，文房具や唐物などを飾る場所となった。

このようにして，床の間，違い棚，付書院，帳台構は，書院造りの座敷飾りとして定型化した。また，壁や襖には豪華な障屏画が描かれ，欄間には彫刻が施された。天井は，格式ある格天井が好まれたが，上段の間ではより格の高い折上格天井が張られた。当時の大規模な書院造の遺構としては，二条城二の丸御殿や西本願寺書院などがある。

■数寄屋造り

格式を重んじる書院造りの完成とほぼ同時期に，まったく趣の異なる数寄屋造りが生まれた。これは，茶人の千利休が完成させた草庵風の茶室の要素を，書院造りの構成に取り入れたものである。

草庵風茶室では，民家に使われていた素朴な材料（丸太，竹，土壁など）が好んで使われ，壁に開けられた窓から採光することに特徴がある。その軽快で瀟洒な意匠は，上流階級の別荘建築に好んで用いられた。なお，語源の「数寄」（数奇）とは，茶の湯や生け花などの風流を好むことであり，「数寄屋」は草庵風茶室を意味する。

数寄屋造りの代表的遺構としては，桂離宮がある。書院造りの座敷が江戸幕府によって制限されたこともあって，数寄屋造りは広く一般住宅に受け入れられていき，今日の和風住宅のデザインに継承されている。

2-5 民家

庶民の住まいを「民家」というが，特に農家を指すことが多い。17世紀から18世紀には，各地で特色のある大規模な民家が建てられた。室内は土間と居室からなる。土間には竃があり，煮炊きや作業所に当てられたが，家畜小屋である馬屋が併設される事例もある。一方，床が張られた部分は，食事と就寝に当てられた。囲炉裏の周りで家長を中心に食事をする形式は，古来から続く民衆の住まいの原型ともいえる。

居室の数は，1室から6室程度のものがある。今も残る民家の大半は，庄屋など上層農家の住まいである。室数は階層によって異なり，大型農家では床の間を有し，長屋門や土蔵などの附属屋を所有した。部屋の数と間取りによって呼称があり，

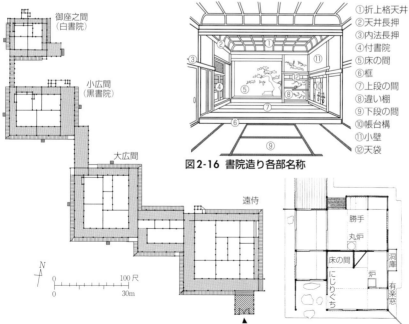

図2-16 書院造り各部名称
①折上格天井 ②天井長押 ③内法長押 ④付書院 ⑤床の間 ⑥框 ⑦上段の間 ⑧違い棚 ⑨下段の間 ⑩帳台構 ⑪小壁 ⑫天袋

図2-17 書院造り：二条城二の丸御殿

図2-18 桂離宮 新御殿一の間上段

図2-19 茶室：如庵

2室では「縦二間取り」「横二間取り」といい，田の字の4室の間取りでは「四間取り」や「田の字型間取り」と呼ぶ。

複数の部屋の間取りは，冠婚葬祭を意識して作られたもので，建具を開け閉めして続き間として使用した。風土や建築材料，住宅で行う催事などの風習によって，各地で特有の形態が形成されていった。また，地域の人為的な規制も，地域特有の特徴に影響を与えている。

■各地の民家

○曲り屋（岩手県）：古くから馬の産地で知られた岩手県の南部地方に多く見られる。母屋と馬屋がL字につながった形が特徴で，馬屋の土間は少し低く作られている。入母屋造りの馬屋の屋根には破風があり，そこから煙が排出されるので，かまどからの暖気が飼育している馬を暖め，屋根裏の乾し草を乾かすことができる仕組みになっている。L字でなく直線的に馬屋がつながったものは，直屋と呼んで区別する。

○本棟造り（長野県南部）：信州の上層農民の民家に多く，明治以降に建てられた比較的新しい本棟造りもある。緩い勾配の板葺きの切妻屋根，妻入り，「雀おどし」と呼ばれる棟飾りが付く独特の外観をしている。平面はほぼ正方形で，大戸口と並んだ玄関を入って左右に土間と横2室奥行3室の計6室が並ぶ大規模な住まいが一般的である。

○合掌造り（岐阜県・富山県）：急勾配の叉首構造の茅葺きの切妻屋根が特徴である。掌を合わせた形に似ていることから「合掌造り」と呼ばれる。屋根の形は，豪雪対策とともに養蚕のための空間を作っている。屋根裏の床材には竹簀が使われ，かまどからの暖気が屋根裏に抜けて，その暖気で蚕を暖めた。屋根の妻は，谷の南北方向に向けられていることから，風に当たる面積を減らし，夏は屋根裏に風が通り，冬は屋根に積もった雪に日光が当たることを配慮していると思われる。屋根の木組みは縄で縛って行っているので，雪荷重に対しての柔軟性を保つ。白川郷・五箇山の合掌造りは，ユネスコの世界遺産に指定されている。

○大和棟（奈良県・大阪府）：茅（萱）と瓦が組み合わされた独特の屋根の形状と，漆喰の白壁のコントラストが特徴である。急勾配の切妻の茅葺き屋根に，傾斜の緩い瓦葺きの下屋が付く。茅葺きの主屋の両端と棟に瓦が葺かれ，両妻の白壁には通気孔（鳩穴）が2つある。土間は瓦屋根で，煙出しが載ることから防火対策と考えられる。敷地周りの高塀から「高塀造り」といわれることもある。

○分棟造り（九州，東海地方）：床の張られた居室部分と炊事や作業用の土間部分を別棟とした造りの総称で，九州に多いが，東海地方にも見られる。風が強い地域と重なっていることから，分棟にして構造的に強度を増し，屋根面積を小さくして風

広間型住宅で，居間・食事・炊飯の場である広間と座敷・納戸（寝室）からなる。やがて土間に面した広間が2室に間仕切られ形式の田の字型の平面構成へと変わる。

図2-20 民家の平面構成の変遷

表2-1 民家の部屋名称

型	縦二室型	横二室型	四間取り
モデル図	ド / ゴ(ザ)	ド / ザ	ダ ナ / ゴ ザ
桁行(間)	4〜4.5	5〜7	5〜7
梁間(間)	3〜4	2〜2.5	3.5〜4
凡例	ド：ドマ　ナ：ナンド・ネマ　ゴ：ゴゼン・オモテ ザ：ザシキ　ダ：ダイドコロ・ナカエ		

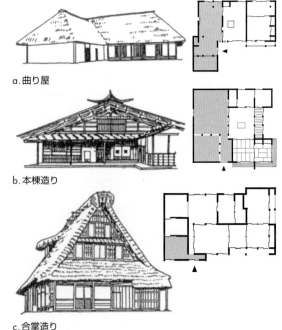

a. 曲り屋

b. 本棟造り

c. 合掌造り

図2-21 各種民家

を防いだのではないかと考えられている。居室・土間・馬屋の三棟建てのものも九州には見られる。また、二棟型でも九州南部や東海地方など、棟の向きを変えたものがあり、台風対策としての造りだと考えられている。

○**くど造り**(佐賀県)：分棟造りの藁葺き屋根をU形につないだ形である。間取りは、入口が前と裏に直線的に通じ、その片側が田の字型の4室型が標準的で、もう一方は作業場兼物置の広い土間、その奥の方に炊事場が設けられる。正面は寄棟のように見えるが、裏側は複雑な形態で、それを裏側もつないだ漏斗型は、瓦を樋状に設置して、壁面から突き出し雨水を排水する。

○**椎葉村の民家**(宮崎県)：横に部屋が一列に連なる「竿家造り」と呼ばれる細長い間取りが特徴である。山間部で地形が険しく、敷地の確保が難しかったことに加えて、毎年、家を代えて行われる神楽のために、このような並列型の間取りが形成されたと考えられている。奥行は狭く、一番奥の座敷には神棚と床がある。

○**前土間型**：琵琶湖の湖北から湖東にかけて多く分布する。妻入りと平入りがあり、戸口に平行して土間が延びているのが特徴である。

○**伊根の舟屋**(京都府)：伊根湾に独特に見られる妻入りで、海に面した船の収蔵庫の上部に住まいがある独特の造りである。

2-6 町家(屋)

中世から近世にかけて、日本各地で町が形成され、固有の都市型住宅が形成されていった。その多くは、通りに面した店付きの住宅である。武家の住まいに対して、こうした商人や職人の住まいを「町家」と呼ぶ。また、住まいのみの場合は、「仕舞屋」と呼んで区別した。

歴史のある町家として京町家がある。応仁の乱までは、屋根も板葺きで1階建であったが、17世紀になると瓦葺きで2階建の町家が軒を連ねるようになり、18世紀初頭には現在の様式が完成した。ただし、現在残る京都の町家のほとんどは、幕末の禁門の変（1864）で発生した大火以降に建てられたものである。

間取りは、間口が狭く奥行の深い敷地を有効に利用した構成である。道に面して、店の間と暖簾のかかった入口があり、入口からは「通り庭」といわれる土間が表から奥まで通る。土間に面した居室は、道に面した店の間と奥の住まいからなり、さらに中庭を挟んで土蔵が控える。

2階への階段は、概して急勾配で、押入れのスペースに設けられた隠し階段や、階段下部を収納スペースにした箱階段などがある。

道に面した2階は、武士を見下ろすということで、軒高は低く抑えられ、虫籠窓が付いた。虫籠

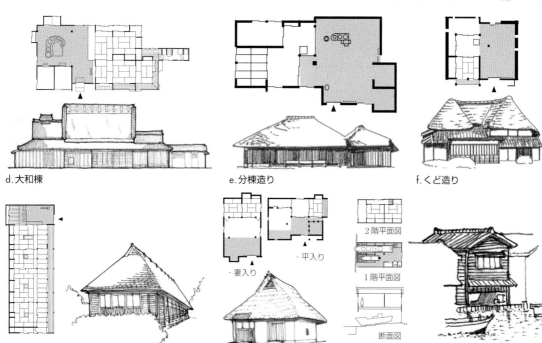

d. 大和棟　　e. 分棟造り　　f. くど造り

g. 椎葉村の民家　　h. 前土間型　　i. 伊根の舟屋

窓とは，縦格子状に開口部を設けた固定窓で，漆喰などで塗り回し，ささやかな採光と通風を目的としたものである。

土間はかまどのある炊事場と奥への動線で，煙出しが吹抜け上部に付く。吹抜け部は，木組みの構造が露出した力強いデザインで，天井が張られた居室と対照的である。

表構えは，格子窓や暖簾，揚げ見世（ばったり床几），虫籠窓，そして建物の足元に取り付けられた犬矢来や駒寄せなどで整えられた。揚げ見世とは本来，商品を陳列して売るための棚で，必要に応じて上げ下げして使われ，ベンチとしても使われた。

建具は，町家でも重要な要素であった。初夏，6月の建具替えでは，襖は簾戸に，障子は御簾に替える。坪庭によって室内外に気温差が起こって生み出された風を，部屋に通す工夫である。また，7月に祇園祭が行われる山鉾町では，道に面した格子戸を取り外して家の中を開け放ち，各家が所蔵する屏風や敷物を飾って客人に披露する「屏風祭り」が行われる。

町家は，軒が連続するので，卯建（宇立）を建てて防火対策をとった。これは，妻壁を屋根より高く作った部分，あるいは外に張り出して設けた袖壁をさす。防火の役目と，身分の象徴も兼ねて装飾化し，現在では町並みの特徴ともなっている。

かつて，通りに面した町家の裏側には，裏長屋と呼ばれる小さな住宅もあったが，こちらは井戸や便所は共同である。また，町には会所という集会所があり，町の運営を円滑に行うために使用した。

■寸法体系

京町家をはじめ，関西の町家では畳割りの「京間（本間）」の習慣だったので，建具や畳の寸法はどの部屋も同一で，引越し時は畳を持ち込む習慣だった。一方，関東の寸法体系は柱割りの「関東間（田舎間）」だったため，建具や畳の寸法は部屋の大きさによって異なり，畳は家に固定的に備えるものだった。なお，一坪の寸法は，柱割りの関東間の寸法体系からきている。

■特徴的な町家

現在も残る特徴的な町家として，耐火に備えた川越の土蔵造り（埼玉県）や，自治都市の富田林寺内町（大阪府），環濠集落の今井町（奈良県）等が有名である。

土蔵造りとは，外壁を土壁と漆喰で仕上げた造りで，防火性の良い土蔵の造りを店と住まいに応用した形式である。倉が「土蔵」と呼ばれるのに対して，店や住まいは「見世蔵」と呼ばれる。土蔵造りは日本全国に分布するが，大火後に作られた川越市（埼玉県）や高岡市（富山県）の町家が有名である。

表2-2 畳の寸法

名 称	通 称	寸法呼称	長さ×幅 (cm)	備 考
メートル間	―	―	192×92	メートルモジュールの現代建築に合った寸法
京 間	本京間 関西間	六三間	191×99.5	関西・中国・山陰・四国・九州に多い。 畳の寸法が基準になり，建築寸法が決まる
関東間	東京間 田舎間	五八間	176×88	昔は名古屋以東，関東地方に多く，今日は全国に普及する
中京間	中 間	三六間	182×91	中京地区および東北・北陸に一部，沖縄に多い
六一間	三寸間	六一間	185×92.5	山陽地方の瀬戸内海に面した地方に多い 柱間寸法は6尺3寸
団地間	―	五六間	170×85	公団公社住宅・アパートやマンションなどの集合住宅

図2-22 京の町家

図2-23 犬夜来

図2-24 卯建ある町並み（徳島県脇町）

図2-25 蔵造り（岐阜県高山市）

2-7 住まいの西洋化と近代化

■洋館の登場

明治維新とともに，西洋文明が盛んに取り入れられた。西洋建築やイス座の起居様式は，宮廷や官庁，軍隊，学校から導入されたが，住まいが洋風化するには少し時間がかかる。上流階級の洋館としては，明治村に西郷従道邸（1877）や岩崎邸（1896）が残るが，和館が併設して作られており，洋館は接客空間として使用されていた。

大正から昭和にかけて，中流階級を対象とした生活改善運動によって，欧米の生活様式が推奨される。また，西洋館の広まりには，W.M.ヴォーリズ（1880～1964）の存在がある。アメリカから来日したヴォーリズは，住宅に関する著作を出版し，ミッションスタイルを取り入れた衛生的で居間中心型の2階建の住まいを紹介し，住まいの近代化に貢献した。

■庶民の住まいの近代化

一般家庭の大きな変化としては，ガラスやトタン，セメントなどの新しい材料の使用がある。特に，板ガラスは開放的な日本の住まいの建具に普及した。また，電気・ガス・水道などのライフラインが次第に整備され供給されると，住まいは急速に明るく便利になっていった。また，これまでのお膳に替わり，ちゃぶ台が普及して，家族が一緒に食事をする習慣が定着していった。

大正デモクラシーの風潮のもと，台所改善運動が起こる。しゃがんで行う炊事を立式へと改善することが主眼で，土間式からガスなどの設備を備えた床張りの台所が理想とされた。こうした衛生的な台所は，中流階級を中心に普及する。

近代化によって職住分離が進むと，新興中産階級を中心に，洋間を併設する和洋併設住宅が建てられた。これらは「文化住宅」ともいわれる。玄関横に洋風の応接間を持ち，イス式の家具が文化生活を象徴した。さらに，中廊下型の住まいが普及した。これは，北側の水回りや女中部屋と南側の居室を廊下で分離する間取りで，部屋の通り抜けがなくなり，プライバシーが向上した。

■鉄筋コンクリートの集合住宅

関東大震災（1923）後，復興支援のために㈶同潤会が設立され，鉄筋コンクリート造の集合住宅が東京と横浜に建設された。住戸は2～3室と狭いが，余裕のある建物の配置と共同浴場などの施設，水洗便所・ダストシュートなどの近代的な設備が注目され，知的階層を中心に支持された。

■都市近郊の住宅地

イギリスの田園都市構想に影響を受け，都市近郊にベッドタウンが建設された。1918年開発が始まった田園調布が有名だが，大正期以降，都市から郊外へと住宅地が開発されていく。

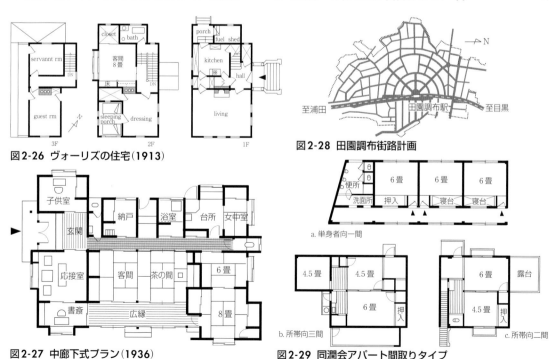

図2-26 ヴォーリズの住宅（1913）

図2-27 中廊下式プラン（1936）

図2-28 田園調布街路計画

図2-29 同潤会アパート間取りタイプ

3 住まいの歴史（西洋）

3-1 古代の住まい

■古代ギリシャ

　古代ギリシャの都市は，アクロポリス（丘）とアゴラ（広場）を核として構成され，住宅は壁を接して密集していた。華麗な神殿や劇場，競技場などの公共建築と比べると，住宅建築は規模も小さく質素な建物であった。

○メガロン：初期の住宅の基本形は，メガロン形式であった。これは，前庭に面してポーチがあり，前室（居間），主室（寝室）が1単位の住宅形式である。この形式はやがて前庭を囲んで，複数のメガロンから構成される住宅に発展し，中庭（ペリスタイル）を囲んだ1階あるいは2階建の都市住宅の形式が生まれた。

　壁は日干しレンガ造りで，開口部は少なく，通りに面したポーチから扉を入ると列柱の回廊があり，その柱廊に面して諸室がある。当時は，外出することの少ない女性の部屋は，市民権をもつ男性の部屋と区別されており，また，部屋は昼と夜の生活でも空間的に区分されていた。

　室内の装飾は少なく質素で，家具も必要最小限しかなかった。食事は，料理をテーブルの上に並べて部屋の中に運び込み，食後はテーブルごと片付けて運び出した。男性たちの饗宴は，部屋の四方の壁際に配置されたレクタスという寝椅子に横たわって行われた。

■古代ローマ

　古代ローマ人は，地中海周辺を一括する大帝国を築き，古代文明を統合する建築文化をつくり上げた。石造技術をエトルリア（イタリア中部の都市国家）やエジプトから，レンガ造の技術をオリエントから，オーダーと彫刻技術をギリシャから学び，建築技術を発達させた。

　ローマは高層の集合住宅（インスラ）が建ち並ぶ過密都市で，崩壊等の問題から，建物の高さ制限が度々行われた。こうした中にあっても，富裕層は豪華に装飾した都市の住まい（ドムス）だけではなく，別荘（ヴィッラ）を郊外に持ち田園生活を楽しんだ。

○ドムス：平面構成は，中庭型の平面を2つ連続させた形だった。一つは，玄関ホールから入るとアトリウムという天窓のある公的部分，もう一つは，奥のペリスタイルという列柱中庭のある私的な部分である。大邸宅ではさらに，背後にテラスと庭園が広がる。入口，アトリウム，中庭，主室，

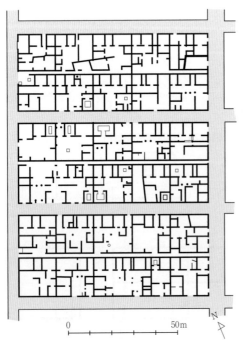

図3-1 古代ギリシャ オリュントスの住居（前440年頃）

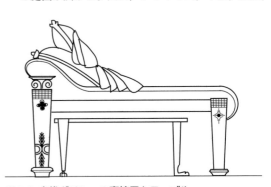

図3-2 古代ギリシャの寝椅子とテーブル

図3-3 古代ギリシャ クリスモス　　図3-4 古代ローマの寝椅子

テラスが導線上に並び，風通しを考慮した間取りであったことが窺える。なお，アトリウムはエトルリア起源の伝統形式，ペリスタイルはギリシャのヘレニズム期の形態を継承したものである。

当時の住まいの様子は，ポンペイの遺跡（B.C.3〜1C）から推測できる。玄関ホールから入るアトリウムには，四角い天窓が空いており，床の中央にある小さな池（インプルウィウム）が雨水を受ける。その周囲はモザイク張りの床で，壁面はフレスコ画で美しく装飾された。アトリウムの周囲には，主人の家族のための部屋として，寝室，リビング兼書斎，食堂が並ぶ。厨房は奥の中庭に面した場所にあり，食事は使用人が運ぶ。食堂は中央にテーブルがあり，寝椅子に横たわって食事をする形式であった。

アトリウムとペリスタイルの間の家中を見渡せる位置には，主のオフィスがあった。邸宅内部はフレスコ画やモザイクタイルで色彩豊かに装飾され，象牙，青銅，大理石，木の技巧的な細工をほどこした優美で多様な家具が使われた。

内部の豪華さとは対照的に，街路に面した入口は控え目で，通りに面しては店舗や貸し部屋があり，住まいと表通りとを保安上の配慮から隔離していた。上階に貸家が作られることもあった。

○インスラ：ローマは都市化が進み，100万人が暮らしていた。そのため，ドムスに住むのはごく限られた富裕層だけで，多くの住民はインスラという大規模な集合住宅に住んだ。土地の高騰から，その多くは投機目的で作られた建物である。後には初期のコンクリートも用いられたが，総じて安普請で建設されたため構造的に弱く，崩落や火災が起きたので，高さ制限が加えられてからは6階建が主流となった。全体構成は，1階は食堂や貸店舗，2階から上層が住宅である。インスラの住戸に水道はなく，トイレは共同であった。上階に行くほど，不便で，かつ危険がともなったので，経済的に余裕のない人々が住んだ。

3-2 中世の住まい

■キープ

中世の支配者たちは，領主として農村で生活していた。戦乱が多かったため，侵入者の攻撃から防衛するための施設で生活し，11世紀には壁厚が2m以上もある堅牢な石造の城が完成した。これをイギリスでは「キープ」と呼ぶ。防御上，建物へは橋や階段をかけて入り，監視用の塔が付くのが特徴である。

安全対策として，簡単に各階に出入りできないような工夫がなされ，窓も必要以上には設けられなかった。建物の構成は多様で一概にはいえないが，地下に牢獄，2階に広間，さらに上階に生活

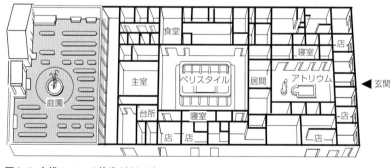

図3-5 古代ローマの住宅（ドムス）

図3-6 アトリウムから中庭を望む

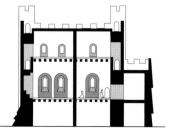

図3-7 城（キープ）の断面図

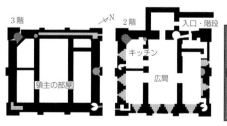

図3-8 城（キープ）の平面図

空間が置かれることが多い。領主家族以外に私室はなく、共同で部屋を使用した。したがって、外部に対しての防備を優先し、居住性を犠牲にした建物といえる。

■マナーハウス

　城主より下位の騎士（領主）は、マナーハウスに住んだ。そこは住宅であるとともに領地の中心的建物で、収穫物の集積場、裁判所でもあり、城であるキープに比べ営農的性格の強い建物である。

　初期はホールだけの簡単な建物であったが、12世紀頃から領主の私室であるソーラーが、建物の中心的存在であるホールに附属して半階上に、ソーラーの下には礼拝堂や倉庫が造られた。これらホールとソーラーなどの諸室は上階に設けられ、1階とは完全に分離していた。これは、大勢が出入する1階の出入口から、ホールやソーラーへの侵入者を警戒した防衛上の造りである。なお、初期の厨房は別棟に作られた。

　13世紀頃から、ホールのソーラー側には、床の一段高いダイスというスペースが作られ、領主はここに配置された立派な椅子に腰掛ける。また、暖房用の平炉は、ダイス側に設けられて領主家族の空間を暖めた。ホールを挟んでソーラーの反対側には、厨房や食料庫が配置され、熱いままの晩餐を食べることができるようになった。こうしてマナーハウスの基本形ができ上がる。空間構成は、主人と家臣がホールで親しく食事する形式から、封建制の上下関係を明確に表す形式へと変化していった。

　14世紀末から、平炉は暖炉に変わった。そして、平和な時代が続くと防御の必要性が次第に薄れ、ホールの位置は、外部から直接入れる1階に設けられるようになる。また、冬用の食事の場所であるウィンターパーラーが厨房近くに作られるようになり、居住性が高まっていった。

　中世の時代は、教会堂のステンドグラスが有名だが、まだガラスは高級品で、マナーハウスでも木製の鎧戸（よろいど）で風雨をしのいだ。採光用の窓には、上部の小窓に油をしみ込ませた布を貼った。

　15世紀以降にガラス窓が広まっていくが、初期はガラスの小さな破片や、丸型や菱形のガラスを鉛の枠で囲ったものだった。中世の絵画にこのようなガラス窓を背景にした肖像画などがあるが、ガラスが人々の憧れで、ステータスを示すものであったことが窺える。

　窓の少ない暗い室内には、装飾として壁や戸口にタピストリーが掛けられた。ベッドは1台に2～6人寝るのが普通で、大型の家具であった。なお、貧しい人々は干し草を敷いた箱がベッド代わりだった。

　移動の多い時代だったので、ベッド以外の家具は持ち運んで使用した。そのため家具の種類は少

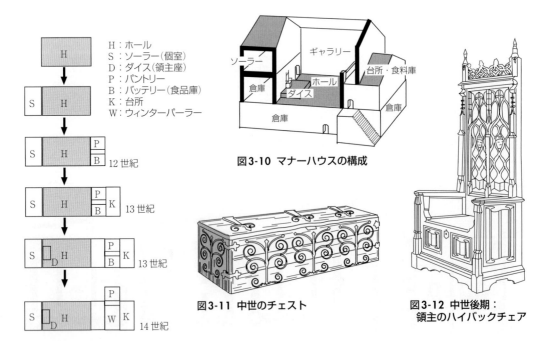

図3-9　マナーハウスの発達過程

図3-10　マナーハウスの構成

図3-11　中世のチェスト

図3-12　中世後期：領主のハイバックチェア

なく，チェストが多用された。椅子の数は限られ，座面部分が収納になっており，テーブルも組立て式のものが，中世後期の特徴である。

■ 都市の集合住宅

都市には，11世紀頃から人口が集中し始め，間口が狭く奥行の深い高層の都市型住宅ができていった。その多くは，1階は店舗や作業所，倉庫などで，上階に広間と家族共用の寝室，3階や屋根裏部屋に使用人の部屋が配置された。

構造的には，ハーフティンバー造りが中世住宅の基本形である。ハーフティンバーとは，柱，梁などの木造骨組をそのまま外部に露出させ，骨組の間を漆喰や石，レンガで埋めて壁を造る方式である。なお，屋根は防火性の優れたスレート葺きが普及していった。

3-3 近世の住まい

■ パラッツォとヴィッラ（イタリア）

貿易によって繁栄したフィレンツェやヴェニスなどの商業都市では，15世紀頃からルネサンス文化が花開き，メディチ家に代表される富豪たちは，街路に面して華やかな館を建てた。都市に建てられたこうした住居を「パラッツォ」と呼び，季節を楽しむために郊外に建てられた別荘は「ヴィッラ」と呼ぶ。これらイタリアルネサンスの住宅は，建築家の設計によって厳格なプロポーションをもつ古典様式で作られた。

パラッツォの建築構成は，古代ローマ風の中庭のある建物である。1階は玄関ホールと回廊に面した部屋，2階3階にはホールや家族のための部屋，屋根裏に使用人室が位置する。外観の特徴は，外観の窓飾りと中庭の柱，最上部の分厚いコーニスで，古代ローマ風の古典様式で装飾されている。

■ フランスの邸宅

16世紀になると，イタリアルネサンスの建築様式を取り入れた宮殿や城館が建てられるようになる。17世紀に入ると，貴族やブルジョアはパリに次々に古典様式の邸宅（オテル）を構える。そして，住まいを舞台とした貴婦人による文化的サロンが流行し，室内は急速に整備されていく。

オテルの建築構成は，通りから大きな門を入ると，中庭を囲んで建物が配置される。正面に主翼，左右の一方の翼部はギャラリー翼，他方は家族や来客用の居室である。主翼には左右対称に夫人と主人の寝室が配置され，階段室や広間が中央に配置され，主翼の奥には庭園が広がる。夫婦の二つの家が，住まいを構成していることが読み取れる。貴族社会の間，およそこの形式は継承される。

○ アパルトマン：各貴族の居室は，数室の生活空間（アパルトマン）であった。寝室と，その後方に控える衣裳室と私室が基本単位で，身分が高いと

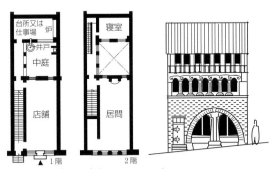

図3-13 中世の町家（フランス12C）

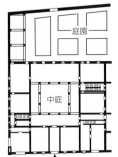

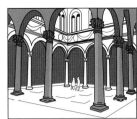

図3-15 フィレンツェのパラッツォ（イタリア15C）

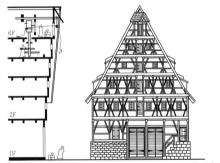

図3-14 中世の町家（ドイツ16C）ハーフティンバー造り

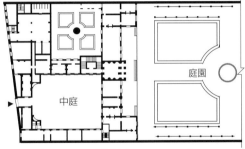

図3-16 パリのオテル（邸宅）（フランス17C）

寝室に前室が付く。17世紀まで，こうした居室群が廊下を介さず一列に連なる。主室は寝室で，正式な接客は寝室で行われる。食堂ができるようになるのは18世紀になってからで，それまでは食事の場所は決まっていなかった。客人は，主人とのその時の人間関係でどこまで奥に入れるかが決まり，親しければ私室まで入れる。動線が一本だけで，アパルトマンの奥には抜け道が作られた。

18世紀になると，寝室は2つに分かれる。謁見などのための儀礼的な寝室と私的な寝室で，主翼のアパルトマンの配置も2列になり，動線が複雑になる。部屋は接客などの機能によって分化して数が増え，それにつれて家具の種類も増える。食堂や音楽室など用途によって部屋が分かれ，それぞれ用途に合わせて多彩に装飾される。

■カントリーハウス(イギリス)

貴族や地主の田舎の館を，近世では「カントリーハウス」と呼ぶようになる。都市化が進みロンドンでの生活が長くなっても，領地のカントリーハウスは象徴的に扱われた。ただし，イギリスはルネサンスの影響を受けるのが遅く，そのため外観は左右対称の古典様式だが，内部は中世のマナーハウスの名残が色濃く見られる。つまり，ホールを中心に，片側には接客や家族が使用する応接間，広間(ホール)，パーラー，反対側に台所など使用人の働く場所が位置する。そして新たに，ロングギャラリーが加わった。

17世紀に入ると，台所など召使いの労働の場所は，地下や別棟に分離され，館は華やかな社交空間になる。グレートパーラー(大食堂)，応接間，図書室，プレールームなど社交のための部屋が作られ，ホールは玄関ホール的な役割へと変化した。

18世紀は，階段室を中心に周囲に機能の異なる社交部屋を配した形式が多くなる。そして，自然への回帰現象がカントリーハウスを特徴づける。例えば，主要室がグランドレベルに作られ，庭にすぐ出られる工夫がされ，また温室が流行する。ただし，儀式としての食事の場は，イギリスの伝統として，住まいの構成に大きく関わる。

■アメリカの住宅

当初は，居住者自らが建てた粗末な住宅で，移民の母国によって特徴が異なった。イギリスからの移民の住宅の基本形は，1階に暖炉を挟んで，ホールとパーラー，2階に寝室が付いた形が原型である。さらに切妻屋根を後方に延ばして，下屋に厨房やパントリーを付加した，ソルトボックスといわれるスタイルが普及した。

その後，合衆国独立前には，ジョージアン・スタイルといわれる玄関上部にペディメントの付いた古典様式の外観が流行し，また独立後は，玄関前に円柱付きのポルティコのある古典的デザインのフェデラルスタイルが流行した。

図3-17 フランスのサロン
（オテル カルナバレ 18C）

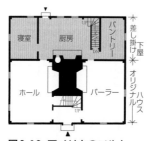

図3-19 アメリカのソルトボックス型住宅

図3-20 ポルティコの付いたアメリカの邸宅（ヘペレル邸1760）

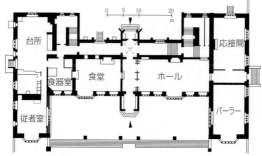

a.モンタキュート邸 16C末
図3-18 イギリスのカントリーハウス

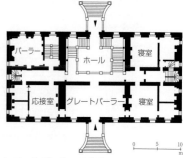

b.コールズヒル・ハウス 17C

3-4 産業革命と住宅

■イギリスのテラスハウス

産業革命によって、社会の中枢機能が都市に集中した。ロンドンでは、17世紀の終わりから上流階層のためのテラスハウス（ジョージアン・タウンハウス）が建てられた。テラスハウスは、広場を囲んだ連続住宅である。集合住宅でありながら、地階から屋根裏部屋までを一住戸とする数階建ての住宅で、独立住宅としての独立性を有する点に特徴がある。また、外観はイタリア後期ルネサンスの建築家アンドレア・パラッディオのデザインを応用した新古典様式である。

全面道路側には、地下への採光のためのドライエリアがあり、その上部を階段で上がる。テラスハウスには裏庭があり、さらにその奥に、馬屋などの附属の建物も作られた。部屋は、地下の厨房や食品庫、洗濯室、1階の食堂と応接室、2階の居間、3階4階に個室、最上階に使用人室がある。

都市への急激な人口集中に対して住宅建設が間に合わなくなり、18世紀後半になると、前後にも住戸が接続したバック・トゥ・バックといわれる住宅が庶民階層用に建てられた。また、郊外には、セミデタッチド・ハウスという2戸建住宅も建てられた。

■田園都市構想

19世紀末、イギリスの都市では、産業革命によって豊かな生活ができるようになった反面、人口が集中して庶民は劣悪な住環境で暮らさなくてはならなくなった。こうした共同便所のある狭い住宅の不便さと不衛生を解決するため、E.ハワードは田園の緑地を中心に住宅と広場を配置した新しい住宅の提案を行った。その後、郊外型住宅が次々に開発されていく。

■パリのアパルトマン

19世紀、人口の急増によってパリは不衛生な過密都市となる。そこで、当時の市長オスマンは、問題解決のためにパリの大改造を行った。

まず、主要な広場や記念建造物を結んだ大通りが造られ、道路の地下には下水管網が整備され、アパルトマンという集合住宅が造られた。それは道に面した5～6階建の建物で、間口が18～35mで中庭がある。内部には、主階段と使用人のための裏階段があり、1～2階は店舗、上層が住戸である。なかでも3階が最も階高の高い立派な住戸で、豪華なバルコニーと贅沢なインテリアで飾られた。住戸は上に行くに従って険しい部屋が続き、屋根窓の付く最上階は、簡素な屋根裏部屋である。現在のパリの町並みは、この時期にでき上がったものである。

■アメリカの新しい工法

19世紀に入ると、移民の増大に対処するために、

図3-21 イギリスのテラスハウスの構成

図3-23 郊外の労働者住宅（イギリス19C）

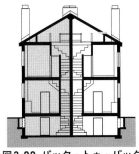

図3-22 バック・トゥ・バック（イギリス18C後半）

図3-24 パリ高級アパルトマン（フランス19C）

ツーバイフォー工法の原型であるバルーン構法の木造住宅が多数作られた。これは、風船のように薄く軽い構造体であることからついた名称である。製材や輸送しやすい2×4インチに規格化された木材の構造に面材を張り、表面に様式建築の部材を付加することで、熟練した技術がなくても効率的に作れる工法である。

また、職住分離によって都市郊外には中流階級用に住宅が作られ、入口側の外部に、憩いの場所として広いベランダのある間取りが流行した。

3-5 建築家の提案

■モリス：レッドハウス

19世紀には、中産階級の台頭によって、新しい住宅が求められたが、建築家はまだ過去の様式のリバイバルにこだわっていた。そうした中、イギリスのウィリアム・モリス(1834-1896)は、友人らとともにレンガ造の自邸を建設した(1859)。仕上げなしのレンガ色が特徴で、「レッドハウス」といわれる。壁紙から家具調度にまでこだわった自由なプランが特徴で、彼の思想であるアーツ＆クラフツ運動とともに、新しい住まいのあり方を模索する契機を与えることとなる。

■ライト：プレイリー・スタイル

アメリカの建築家フランク・ロイド・ライト(1867-1959)は、19世紀末から20世紀初めにかけて、アメリカ南西部の大草原に相応しい水平線を強調した住宅をシカゴ近郊に多数設計した。これを「プレイリー・スタイル（草原住宅）」という。従来の閉鎖的な住宅の概念から脱却し、自然環境と調和し共鳴しあう有機的建築として知られる。

屋根裏や地下室を廃したことによって高さを抑え、外観は深い庇や低い屋根のラインが強調され、2方向や4方向にウィングが広がる間取り、レベルの異なる部屋同士が、連続性をもって緩やかにつながるのが特徴である。

カウフマン邸（落水荘，1936）以降は、庶民のための手ごろな価格の住宅をコンパクトに建てるため、新しい手法を考案する。プレイリーハウスの発展形のこれら工業化住宅を「ユーソニアンハウス」という。

■ベルリンの集合住宅群

1920年代、都市問題に解決すべくドイツで、10万戸に及ぶ集合住宅が建設された。都市の低所得者のために建てられた公的集合住宅を「ジードルング」という。新しい建材を使用し、浴室や便所を備えた衛生的で機能的な間取りの住まいの提供が、建築家らによって考案された。これらの作品は、その後の集合住宅に多大な影響を与え、モダニズムの建築遺産として世界遺産に登録されている。

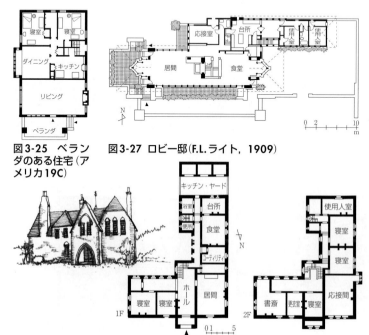

図3-25 ベランダのある住宅（アメリカ19C）

図3-27 ロビー邸(F.L.ライト，1909)

図3-26 モリスのレッドハウス(1859)

図3-28 カウフマン邸（F.L.ライト，1936)

図3-29 ベルリンのジードルング（ハンス・シャロウン，1929)

■リートフェルト：シュレーダー邸

オランダ人のヘリット・リートフェルト(1888-1964)は，まったく新しい幾何学形態の家具や建築をデザインした。水平垂直線と赤・青・黄・白・黒・グレーという色彩の扱いに特徴がある。シュレーダー邸(1924)は，建具や壁面が可動式で，間取りを用途に合わせて自由に変化させることができ，寝室階は開放的なワンルームにすることができる。画期的な歴史的住宅として世界遺産に登録されている。

■コルビュジエ：サヴォア邸

フランス人のル・コルビュジエ(1887-1965)は，コンクリートとガラス，鉄の利用によって，建築の5つの原則を提案した。それは，ピロティ，屋上庭園，自由な平面，横長の窓，自由なファサードである。

サヴォア邸(1931)はパリ郊外の週末住宅で，ピロティによって居住部分が空中に持ち上げられたような形態をしている。入口を入ると中央に緩やかなスロープがあり，2階のコートから屋上庭園まで連続的に繋がるが，これら外部空間も壁によってプライバシーが守られている。水平連続窓，2階のコート，トップライトから明るい光が差し込む。

■ミース：ファンズワース邸

ドイツ生まれのアメリカ人建築家であるミース・ファン・デル・ローエ(1886-1969)のファンズワース邸(1950：イリノイ州)は，緑豊かな環境の中にガラス箱が置かれたような外観の週末住宅である。

建築の構成は，地面から1.6mほど浮いた床と，陸屋根が8本のI型鉄骨の柱で支えられている。外壁はなく，全面ガラス張りで，中央に水回り部分のコアが組み込まれている以外に間仕切りはない。このワンルームは，ユニバーサル・スペースと名付けられた，建築的に限定されない自由に使える空間である。

■コルビュジエ：ユニテ・ダビタシオン

コルビュジエが1945～60年にかけてフランスに作った集合住宅を「ユニテ・ダビタシオン」と呼ぶ。彼の考案したモデュロールという寸法体系に基づいて設計され，鉄筋コンクリートの骨組にプレハブ化された住戸をはめ込む構造が採用されている。1階のピロティ，屋上庭園，側面の開口部にはブリーズ・ソレイユという日除けが日差しを調整している。

規模が最も大きいマルセイユのユニテ・ダビタシオンは，18階建・全337戸の巨大な集合住宅である。1人用から23タイプの多様な住戸ユニットがあり，共用施設も組み込まれている。エレベーターは3階ごとに停止し，メゾネットタイプである。

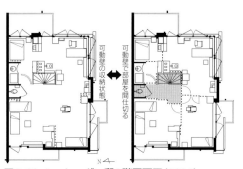

図3-30 シュレーダー邸2階平面図(1924)

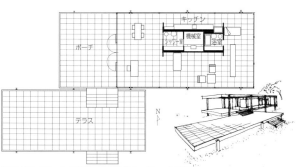

図3-31 ファンズワース邸(ミース，1950)

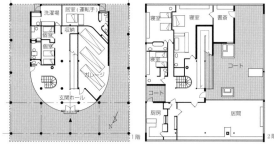

図3-32 サヴォア邸(ル・コルビュジエ，1931)

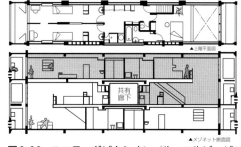

図3-33 ユニテ・ダビタシオン(ル・コルビュジエ，1945～52)

4 住まいの変遷（近・現代）

4-1 プランニングの変遷

■近代から現代へ

わが国の住宅の近代化は、都市型産業の発達にともなうサラリーマン住宅を中心とした西洋文化の導入であった。和室の続き間を基本としながら、洋室に暖炉のある応接間を備えたモダンリビングが大正時代に成立する。その延長として、戦後復興期には、洋風の椅子座の生活を導入することで、最小限の住宅での近代生活を確保するべく、田の字型プランの中にダイニングキッチンを加えた、公団住宅の「51C型」プランに代表される「食寝分離」が新たな住宅スタイルとなった（図4-1）。

その後、公団住宅から戸建住宅へと量産住宅の供給が拡大し、2階建住宅の一般化とそれにともなう形でリビングルームの拡大、個室プランによる「就寝分離」スタイルが一般化し、「nLDK」という基本形が生まれた（図4-2）。

■家族室（リビング・ダイニング）の変遷

日本の伝統的な田の字型プランでは、「茶の間」で家族の団らん、食事、就寝を行うことが一般的とされており、その他の部屋は接客や主人の部屋であり、家長がイエを取り仕切っていた。

20世紀の初頭より、第二次、第三次産業の発達により大都市郊外に流入する核家族がモダンで合理的に暮らすために、ダイニングキッチンによる食寝分離、個室設置による就寝分離により、子育て世代を対象とした設計規範が生まれた。個室数（n）+リビング・ダイニング・キッチン（LDK）からなる「nLDK」は、現代の住宅プランの基本形であり、不動産取引の際の基本情報でもある。

しかし、リビングルームはあるものの使い方はばらばらである。テレビが家庭に普及した1960〜70年代は、テレビ団らんの空間としてリビングルームに大きな目的があった。80〜90年代に入ると、家族一人ひとりの社会生活が拡大し、リビングに集まる機会が減少する。夫婦共働き、学童保育や学習塾が一般化すると、家族が在宅する機会さえ減少している。しかし、男女共同参画社会の進展などを契機に育児支援制度が拡充し、ワークライフバランスが見直されており、親子の在宅時間は増えつつある。

日本人の子どもは、リビングやダイニングで過ごすことが多いため、リビングに親子で使える学習場所や、子ども用の収納を作る例もある。

子どもが巣立った後のシニア夫婦世帯も増加し

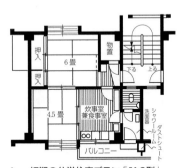

1-a 初期の公営住宅プラン「51C型」

2-a 公団住宅分譲プラン「3LDK」

1-b 初期の工業化住宅プラン（平家）

図4-1 食寝分離の住まい

2-b 初期の工業化住宅プラン（2階建）

図4-2 就寝分離の住まい

ているが，夫婦が自分のことをしながら一緒に過ごせて，子どもや孫が集まることができる大きなダイニングテーブルが有効である。また，主婦が友人を接客する場は，リビングテーブル回りよりダイニングテーブルであるとの統計もある。

■個室の変遷

1960年代後半になると，都市労働者を支えた郊外ニュータウンでは，2階建が一般化する。郊外の庭付きの2階建住宅は，おおむね2階に最低2つの子供室と1つの主寝室を持つ。1階の和室と合わせて4LDKである（図4-3a,b）。

子どもに個室を与える欧米のスタイルは定着したが，リビングでの学習や，両親や兄弟と一緒に就寝する家庭が多く，特に小さいうちは自室で過ごす時間が少ない。

前述のリビングでの学習場所は必要であるが，子どもの発達過程における自立の促進を考えると，個室で一人になることは重要である。自分の収納や遊び場所の確保から始まり，学習場所や就寝場所を個室ゾーンに移行していくという，成長とともに自分のテリトリーを固めていくような可変性のある設計が有効である。

また主寝室も同様に，夫婦2人で就寝する時期は短い。子どもが小さいころは，家族全員が川の字に就寝し，少しずつ離れて夫婦が残れば，標準的な家具レイアウトとなるが，その後，夫婦別寝にするケースも増えている。このように，個室ゾーンの可変性設計が今後，有効になっていく。

■キッチンの変遷

伝統的な日本家屋では，厨と呼ぶ土間であったが，洋風化とともに床を張り，上足のキッチンになっていった。戦後，「ダイニングキッチン（DK）」は，調理と食事をする椅子座の空間となった。住宅の規模の拡大とともに，リビングルームや応接室，個室も次々と椅子座の空間となり，DKにつながるプランが拡がっていった（図4-4a,b）。

その後，システムキッチンの登場や大型冷蔵庫，調理家電の普及で必要床面積が増えたこと，食事空間の快適性向上から，ダイニングと別室化した「独立キッチン」が増えた。

しかし，独立することで，調理する主婦から家族や子どもの様子が見えないという不満が起こり，キッチンがダイニング側を向き，アイレベルがオープンになった「対面キッチン」が生まれ，多くの標準プランに採用された。

近年，夫婦とも子育てに積極的な家族や，仲間と自宅で交流するケース，一緒に調理するケース等が増えており，また集合住宅や都市型住宅等，限られた空間を広く使う設計として，LDKの一体感を重視した「オープンキッチン」「アイランドキッチン」が増加している。

3-a 2階：南面に3個室，2階は全て洋室化

3-b 1階：南面にLDK+和室，キッチンは対面型

図4-3 nLDKの成立：4LDKプラン

4-a 戦前の住宅プラン：キッチンは居間と隔離されていた

4-b アイランドキッチン：キッチンがリビングと一体化

図4-4 キッチン位置の変化

4-2 住宅性能の向上

■住宅性能とは何か

住宅は生活を包む器として、生活者の安全、健康を確保し、快適に暮らすことを支える必要がある。また一方で社会資本として、環境に負荷をかけず、安全で暮らしやすい住まいとまちを形成する必要がある。

これらを総合して、住宅機能として、ここでは、耐震性・耐久性を確保する「構法システム」、日常安全性と使いやすさを確保する「ユニバーサルデザイン」、環境負荷低減を主目的とした「環境技術」、居住環境を調整し、より快適に暮らすための「快適性能」、安全・安心確保のための「防犯・生活サポート」について解説する。

■構法システム

わが国の住宅は、在来木造工法で造られてきた。現代の住宅もおおむねこの軸組構法をベースにしながら、その構成や組立て方に新技術を取り入れた各種構法で建築されている。

構法開発のポイントは、耐震性など耐災害性と、耐候性など耐久性の向上、新築住宅需要に応える工期短縮である。

耐震性は、各地で発生する大地震の都度、設計基準が見直されてきた。壁構造では耐力壁の追加や開口部の耐力構造、ラーメン構造では接合部の強化、特に木造における緊結金物の進化である。1981年の新耐震基準により、耐震性能のベースができ、その後、耐震改修促進や地盤のチェック、耐震性能のグレード化(品確法)など、内容が強化されている(図4-5)。

耐久性では、直射日光と風雨にさらされる屋根や外壁の劣化対策、また木部の防腐やシロアリ対策などである。施工品質に頼らず性能を出すために、乾式外壁や防水シート、水切り材、工場で表面処理された外装材、アルミや塩ビによる高性能化など、現場加工を減らして施工を簡易化し、安定性能を確保する建築建材が生み出されている。

■ユニバーサルデザイン

日常の安全性や使いやすさを確保する技術は、近代生活の利便性向上へと家事関連機能や住宅設備の使い勝手や自動化を目標とした開発が進んだ。また、1980年の国際障害者年をきっかけに、体の不自由な人や高齢者のハンディキャップを低減するバリアフリー設計が進展した。

これらの機能を備えたデザインが、80年代後半に「ユニバーサルデザイン」と呼ばれるようになり、多くの人が利用する環境をデザインする一つの指標となった。2000年代には、子どものための安全設計の見直しが行われ、国際基準ISOガイド50の改訂など、少子化が深刻な先進国での世界的な動きとなってきた(図4-6)。

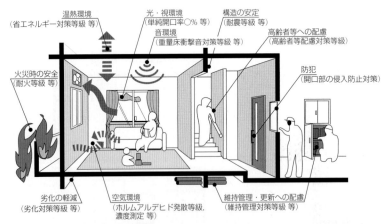

図4-5 「住宅の品質確保の促進等に関する法律(品確法)」による住宅性能項目

立ち座りをサポートする手すり

歩行をサポートする手すり

図4-6 ユニバーサルデザインの例
(写真提供:積水ハウス)

表4-1 スターマークと内装仕上げ制限

区分		ホルムアルデヒド発散速度	内装仕上げ制限
規制対象外	F☆☆☆☆	5μg/m³h以下	使用面積制限なし
第3種ホルムアルデヒド発散材料	F☆☆☆	5μg/m³h超 20μg/m³h以下	使用面積を制限
第2種ホルムアルデヒド発散材料	F☆☆	20μg/m³h超 120μg/m³h以下	使用面積を制限
第1種ホルムアルデヒド発散材料	F☆	120μg/m³h超	使用禁止

■環境技術

　伝統木造住宅では，"夏を旨とすべし"のごとく，風通しが良く，熱や湿気がこもらない構造となっていた。しかし近年，空調技術の発達とともに，空調（主に暖房）を標準として，海外の熱効率の高い高気密高断熱住宅の技術を導入してきた。

　オイルショック（1973，1979）を契機に，1979年に省エネ法が施行されて断熱材が使用されるようになり，1992年の新省エネ法から高気密高断熱仕様の導入が始まった。

　部屋の断熱性には，外壁だけでなく，開口部の性能が大きく影響する。そこで断熱材の高性能化に加え，窓サッシのペアガラス化や，床下の断熱性向上が進んだ。同時に気密性が省エネ性能を上げる必須条件となり，外周壁，小屋裏，床下に気密シートを使用することとなった。

　しかし，締め切って空調し換気をしないことも要因となり，シックハウスが問題となる。その対策として，F☆☆☆☆などVOCの少ない建材の認定と，機械換気（0.5回/時）の義務化が進められた（表4-1，4-2）。

　昨今のエネルギー問題により，政府はさらに補助制度などにより，高断熱＋高効率エネルギー設備の採用や，効率的にエネルギーを使うスマート化を推進している。

■快適性能

　人は，環境との関係を五感でセンシングしている。環境快適を高めるためには，視覚，聴覚，嗅覚，温熱感覚などが関係する。これまで視認性や伝達性といったバリアフリー性能，温熱環境の調整，また悪臭や騒音の低減に力点がおかれてきたが，生理心理研究が進み，快適性を高める環境技術が現れてきた。

　視覚では，自然光と生体リズムの関係が快適性にとって重要である。光によるホルモンの分泌，それによる集中力や睡眠深度が研究され，生活時間帯に合わせた色温度や照度を提供する照明の効果が検証され，LED化により一般化してきた。

　聴覚では，暗騒音が少ないことは当然だが，ハイレゾなど非常にリアルで心地良い環境音が，空間のデザインの一つともいえるBGMとして出てきた。

　嗅覚は短時間で慣れる器官であるが，睡眠やワーク集中などシーンと植物・果実の香りの関係が注目されている。

　温熱環境では，温度と湿度のバランスをとる空調技術や，一方で室内空気を汚さない暖炉など，ニーズに合わせた空調技術が実用化されている。

■防犯・生活サポート

　住宅への侵入盗は，2002年をピークに減少している。伝統的なムラ社会の中では，近隣コミュ

断熱性能に大きく寄与する
遮熱断熱ペアガラス

図4-7 省エネルギーの例
（写真提供：積水ハウス）

表4-2 VOCの室内濃度指針値 （厚生労働省ガイドライン，2001年現在）

ホルムアルデヒド	100μg/m³（0.08ppm）
トルエン	260μg/m³（0.07ppm）
キシレン	870μg/m³（0.20ppm）
パラジクロロベンゼン	240μg/m³（0.04ppm）
エチレンベンゼン	3,800μg/m³（0.88ppm）
スチレン	220μg/m³（0.05ppm）

防犯合せガラス

図4-8 住まいの防犯の例
（写真提供：積水ハウス）

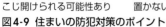

かんぬきが見えるドアは，こじ開けられる可能性あり

足場となるようなものは置かない

バルコニーも見通しよく

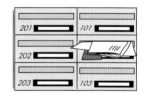
犯罪者に留守を伝えないよう注意

図4-9 住まいの防犯対策のポイント

ニティとして相互の見守りがあったため，門を閉じても住宅に鍵を閉める習慣はあまりなかったといえる。戦後，ベッドタウン開発が進み，住宅地への他人の出入りも頻繁になると，開口部に錠やクレセントを付けていても侵入される被害が増加していった。

錠については，破る技術とのせめぎ合いで開発が繰り返された。玄関ドアではディンプルキーや2ロック，サッシでは内ロックや防犯合せガラスなどである。また見守り機能として，外部にカメラやライトの設置，さらにはIT化によるセキュリティー会社との連携もある（図4-8，4-9）。

セキュリティー会社は，各地に配置される拠点と人材を活用して，防犯だけでなく，高齢者のサポートや日常の家事代行などへと展開し，日常生活の外部化が進み始めている。

4-3 住宅市場の変遷

■住宅市場の捉え方

わが国では第二次世界大戦後，420万戸以上といわれる住宅が不足し，政府主導で新築持家政策がとられたことに起因して，わが国特有の住宅市場が発達した。

ここでは，量的供給によって戦後の新築住宅需要を形成してきた住宅メーカー，建築業者，公営住宅などを通して，制度や社会状況，生活者状況に応じた供給内容の変遷をみていく。

市場を捉える指標となるのは，着工戸数，経済状況，国の制度や法改正，住宅の構造・工法，建築材料やデザインの変遷などである。戦後からの市場を4期に分けて解説する（図4-10）。

■第1期（1945～1973）

終戦直後から，政府はGHQ管理下で応急住宅の供給をスタートし，住宅金融公庫（1950），公営住宅法（1951）につながっていく。しかし，大量供給には建築資材の安定供給が不可欠であり，本格化するのは1955年の日本住宅公団の発足からである。

ここでダイニングキッチンのある「51C型」プランをはじめとする近代的集合住宅が提案され，今日の生活スタイルの原型が築かれる。

戸建住宅では，バウハウス等に学んだ当時の建築家による乾式工法のプレファブリケーションが試行される。プレハブ化量産住宅も，ダイニングキッチンのある生活スタイルを取り入れた商品により，民間企業による市場が確立していった。

プレハブ住宅萌芽期には，大和ハウス工業，積水ハウス，ナショナル住宅（現パナホーム）の3社がスタートし，その後ミサワホームの参入，積水化学工業や旭化成といった化学系の建材メーカーも参入していった。

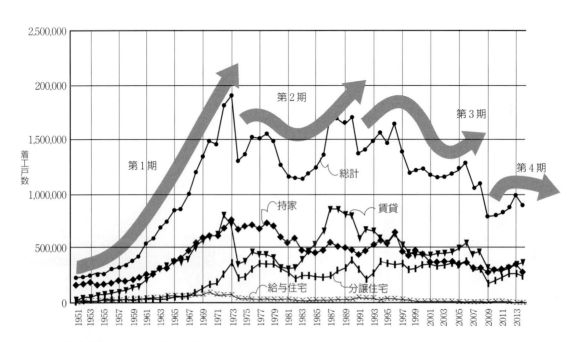

図4-10 利用関係別による住宅着工統計と市場の変遷

第1期は，供給側から洋風の近代的生活を提案し，毎年右肩上がりの着工戸数を記録して，絶対的な住宅不足を解消した1973年までとする。

■第2期(1973〜1991)

1973年に全都道府県で住宅ストック数が世帯数を上回ると，戦後初めて着工戸数が低下した。この時点で多くの住宅メーカーやディベロッパーが参入していた住宅市場では，1966年にスタートした住宅建設計画法を追い風に，新築需要を喚起し，顧客獲得に向けた販売戦略を展開する。

大きな流れは，住宅の質的向上とその拡販であり，1976年に開始したハウス55プロジェクトでは，プレハブシステムの生産や施工の合理化が検討され，一方では床面積の拡大によるリビングや水回りの充実と空間の質的向上に向けて，さまざまなインテリア建材が開発されていった。

このインテリア構成材の多様化にともない，インテリアコーディネーター制度など，インテリア産業が確立されていった。郊外住宅地開発や戦後まもない住宅からの住み替え，建て替えも進み，バブル経済が後押しをして，わが国の住宅産業構造が形成された。

■第3期(1991〜2006)

バブル経済の崩壊により，住宅着工戸数は再び激減した。新築着工戸数の減少は，わが国の住宅産業構造には致命的であると同時に，内需の衰退につながる。折しも社会情勢として，COP3（気候変動枠組条約大会国際会議／京都会議）など環境問題と少子高齢化問題の急速な進展が顕在化し，住宅は，床面積やデザインよりも，社会的課題を解決することが大きな使命となった。

1992年の省エネ法や1995年の長寿社会対応設計指針などの施策を受け，住宅メーカーを中心とする住宅産業の戦略として，省エネルギーやユニバーサルデザイン開発が進展した。

さらに阪神淡路大震災(1995)の発生により，建築基準法などの改正もあり，構造設計に対する変革も行われた。

そして，これらを総合し，住宅の品質を客観的に示すため，2000年に「住宅の品質確保の促進等に関する法律（品確法）」が制定される。研究開発された高度な住宅性能を10項目(当初は9項目)に分類し，性能レベルを等級化するとともに，性能表示制度により，質の高い住宅の流通促進への一歩となった(図4-5)。

性能や居住性の高い住宅を客観的に評価することを一つの柱として，住宅を長寿命化し，住み続けられることにより環境負荷も低減するとして，200年住宅構想が出され，2006年には住宅建設計画法から住生活基本法(2006)へと，住宅政策も既存住宅に焦点があてられていった。

第1期

第3期

第2期

第4期

図4-11 住宅市場の変遷：特徴的な住宅形式

■第4期（2006〜）

リーマンショックや構造偽装問題などがあり，再び新築着工戸数は低下した。新築をベースとした住宅産業は，事業規模を維持するためにさまざまな変革を求められることになる。また，東日本大震災（2011）の復興は，阪神淡路大震災のような住宅建設需要とはなっていない。

新たな第4期の住宅市場では，これまで住宅のメインターゲットであった子育て世帯の減少により，多様な世帯に対応する必要がある。高齢者住宅や単身者向け住宅，都心居住や郊外の再生への対応，セーフティネットへの対応などである。

このような状況に対応するためには，環境負荷低減という大義などがなくても，既存住宅や既存市街地を対象に，より適正な生活の場をつくる必要が生じる。そして，大量供給モデルはジャパンスタンダードとして海外へ向かい始めている。国内では，住宅産業がこれまで供給した住宅のメンテナンスやリフォームがビジネスチャンスとなってくる。

4-4　インテリアデザインの変遷

■インテリアデザインの変遷の捉え方

戦後のわが国の住宅市場は，新築住宅の大量供給を背景に発達した。その中で，西洋の暮らし方やデザイン，日本的デザインへの回帰，シンプルモダンな建築家を中心としたデザインなどが生まれている。

またデザイン開発には，多くの技術開発や素材開発がともなっている。その変遷を，住宅市場の項で利用した4期ごとに解説する。

■第1期（1945〜1973）

住宅の大量供給の中で進められたのは，洋風化とそれによる生活の近代化である。洋風の生活空間を構成するため，海外から多くの建材が入ってきた。壁紙，フローリング，プリント合板，メラミン化粧版，そしてダイニングセットやソファーなどである。また，それによる生活の近代化のために，キッチンセットや洋式バス，洗面化粧台，洋式便器などが登場する。これらはすぐに国産化され，優れた材料や加工技術により，清潔でローコストなインテリアとして普及した。

■第2期（1973〜1991）

量から質の時代に入り，住宅の規模の拡大で個室が増え，その多くが洋室化した。またリビングルームが住空間の中心となり，多様なインテリアスタイルが生まれた。ヨーロッパのクラシックスタイル，南欧風，北欧風，アメリカンカントリーなどデザインの輸入である。

また，水回りにさまざまな技術開発が進んだ。FRP成型ユニットバス，ステンレス一体型のワ

図4-12　第1期：初期の工業化住宅LDK

図4-13　第1期：2階建住宅の子供部屋

図4-14　第2期：西洋の様式デザインを取り入れたリビングルーム

ークトップ，温水洗浄便座，サーモ水栓，塩ビパイプなど，わが国独自の技術により，デザインや利便性が向上した。

インテリア仕上材では，軟質塩ビのクロスや床仕上げ，化粧シート建具が一気に普及した。その後，環境問題もあり，他の樹脂や紙などに置き換えられていく。

■第3期（1991～2006）

環境問題や少子高齢化への対応の必要性が顕在化し，省エネ技術やバリアフリー技術の導入が必要となった。省エネ対応としては，サッシのペアガラス化，断熱気密性の強化が基本であり，換気設備の義務化，床暖房や太陽光発電の導入がある。また，気密性向上によるシックハウス問題が沸き起こり，建材の見直しが進められた。

バリアフリーでは，段差をなくし，手すりを付けることが基本である。手すりのデザイン，和洋敷居やユニットバスの敷居をなくしフラットにする技術，また階段勾配を緩くし，夜間視認性を上げる照明の工夫など，インテリアに新たな技術が加わった。これら技術は，2000年の品確法施行により普及していった。

■第4期（2006～）

住宅のストック価値を追求する時代を迎え，建物の耐久性やメンテナンス性はもちろんだが，インテリアとしては，利用価値を高め，持続させることが目標となってきた。変化する生活，家族に対して，対応できる柔軟性や，住み続けたい，住み替えたいと思わせる愛着をデザインすることである。

そのため，可動間仕切りや，原状復帰条項を外すことで空間の自由度が高い賃貸住宅などが生まれている。

既存住宅のリノベーションの内容も大きく変化している。経年劣化を補修・改修するという目的から，家族に合わせた間取りの変更，廉価な既存住宅を購入して自分らしいインテリアデザインに改修するケースである。

特に第一次取得層を中心に，画一的な工業化製品によるインテリアだけでなく，無垢の木の床や，古材を利用した壁仕上げやドア，収納，自分で珪藻土やペンキを塗装するなど，素材感や使い込まれた味わいを重視したインテリアデザインへと拡がっている。

愛着のあるデザインには，家族や生活の思い出が刻まれていることと，自ら創り出したオリジナリティの2つの視点がある。前者は，代々住み継がれる建物の要素やデザインを残しながら改修すること，後者は，建物本体と切り離して，その時の居住者が自由にインテリアを作れることである。これら2つの視点を両立できるインテリアデザインが必要である。

浴室内に，手すりやグリップを設置する。
浴室と洗面脱衣室の出入りをフラットにする。

図4-15　第3期：浴室動作をサポートするバリアフリーデザインの例

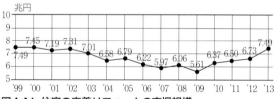

図4-16　住宅の広義リフォームの市場規模（国土交通省資料より）

nLDKにとらわれない自由な間取り・デザインの賃貸住宅

図4-17　第4期：リノベーションの例

5 住まいの形式

5-1 形式による住まいの分類

　社会人となり，住まいを選ぶ機会が出てきた場合に，私たちはどのようなことを考慮すべきだろうか。私たちの周囲には，多くの種類の住宅が存在する。地域の特性や風土により異なっているものもあれば，木造，鉄骨造等の構法や使用する建築材料によって多様化しているものもある。また，分譲，賃貸のように所有形態による分類もできる。
　形式で分類すると，独立住宅と集合住宅に大別される。独立住宅は持家や借家に分類され，借家は，民営，公営に分化する。集合住宅も持家か借家で大別されるが，不動産業界では，分譲，賃貸という表現で分類している。また，集合住宅には，寮，社宅，官公舎住宅等も含まれ，最近ではシェアハウスや高齢者専用住宅も増加してきている。

■住宅の選択

　このように，現代では多種多様な住宅形式が存在しているので，選択に当たっては，地域特性，環境，利便性，家族特性，ライフスタイル，予算等を十分考慮して，最適な住宅を比較検討しなければならない。第二次大戦敗戦後の日本は，持家政策もあり，郊外の一戸建住宅の取得が給与所得者の夢であったが，現在では価値観の変化もあり，賃貸住宅を好む層も増えている。

5-2 所有形態による分類

　住まいの所有形態は，「持家と借家」または「分譲と賃貸」という分類が一般的である。居住者と住宅の所有者が同じである場合と，異なる場合とを比較すると，持家であれば，建物，居住空間そのものに対するリフォームや管理の自由度が高く，借家であれば自由度が低い。その選択の良否は，いかに居住者が家に対する愛着心をもつかによって分かれる。持家であっても，長期ローンの返済や長時間通勤，維持管理コスト，近隣住民との密着性等の制約が短所と挙げられる一方，借家であれば，この逆の長所を生むこともある。
　都市部においては，集合住宅であっても，立地や利便性により高い不動産価値をもつ建物も多く，自己所有地＋独立住宅という従来の考え方が薄れつつある。また，ライフスタイルの多様化により，高価値の集合住宅，個性のある賃貸物件など多様な所有形態・住居を開発し，人々の住まいに対するニーズに供給者側は応えていく必要がある。

表5-1 住宅の種類

借家	一戸建，土地も自分のもの
	一戸建，土地は借地
	長屋建（テラスハウス，タウンハウスを含む）
	公団・公社分譲マンション
	民間分譲マンション
民営借家	一戸建
	長屋建（テラスハウス，タウンハウスを含む）
民営アパート	便所・流しの両方が専用
	便所・流しのいずれかまたは両方が共有
賃貸住宅	都道府県・市町村営のもの
	公団・公社のもの
給与住宅	
その他	

表5-2 持家の特徴

充実面	制約面
・立ち退きの心配なし	・長期ローンの返済
・自由な住み方，増改築・改装可能	・長時間通勤
	・住み替えが容易でない
・資産	・維持管理
・生活拠点の確立	・近隣関係
・生活の安定	・地域活動
・満足感（心理的安定）	

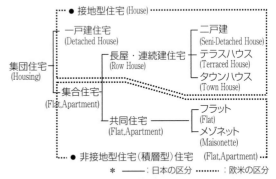

集合住宅

戸建住宅

図5-1 集合住宅の類型化

5-3 独立住宅の特長

持家を考えるのなら，土地から探して自ら家を建てるのか，中古・新築いずれであっても，土地付きの建売住宅を探すことになるが，土地だけ借地にする方式もある。

持家の長所としては，以下の項目が挙げられる。
1) 立ち退きの心配がない。
2) 自由な住み方，増改築・改装ができる。
3) 資産価値が高い。
4) 生活の拠点が確立する。
5) 生活の安定感がある。
6) 満足感(心理的安定)がある。
7) 比較的，自然と一体感がもてる。

以上のようにメリットが多いが，固定資産税や維持管理コストは，集合住宅に比べて割高となるので，長期の修繕計画を立てたり，普段より修繕費用の積立をしておくなどの対策が必要である。

今後の少子高齢化の進捗により，ユニバーサルデザインの採用や，住宅改善の需要が高まる。住宅産業界から見ると，独立住宅の市場は長期に仕事を生むので，官民が一体となった住宅政策が必要となる。

一例を挙げると，都市部の住宅密集地における区画整理や不燃化・耐震化への補助等，安心して独立住宅に住める環境づくりがある。

■独立住宅の立地

都市計画法によって，建物の用途の混在を防ぐことを目的とした用途地域の指定がある。住宅用途に関しては，住居専用地域(低層・中層)，住居地域，準住居地域の3種の指定があり，良好な住宅の環境を確保・保護している。

独立住宅を建築・購入する場合，この3種の地域での選択が望ましい。当然，地価や物件価格は高値となるが，特に分譲住宅の場合は，立地の用途地域規制をチェックする必要がある。

■分譲住宅

分譲住宅の多くは，不動産ディベロッパーの事業として企画され，販売されている。そこには市場原理がはたらき，土地代や金利，経費，近隣対策費などが計上され，販売価格が決められている。また，通学区やインフラの整備状況，将来の発展性(新駅開業や大型商業施設の開発予定等)なども価格に折り込まれている。

このように，ディベロッパーサイドの戦略により分譲されているが，これからは専門家と購入者も参加して企画・分譲されることが望まれる。

■独立住宅の構造と留意点

独立住宅に限らず，建築物の構造は大きく分けて木造，鉄骨造，鉄筋コンクリート造，補強コンクリートブロック造があり，それぞれの構造の中でも，さまざまな工法が工夫されている。それら

表5-3 都市計画法による住居系用途地域

第1種低層住居専用地域	低層住宅に係わる住環境を保護するための専用地域	老人ホーム・保育所可
第2種低層住居専用地域	主として低層住宅に係わる住環境を保護するための専用地域	2階以下で150m²以内の店舗可
第1種中高層住居専用地域	中高層住宅に係わる住環境を保護するための専用地域	病院・児童厚生施設，2階以下で500m²以内の店舗可
第2種中高層住居専用地域	主として中高層住宅に係わる住環境を保護するための専用地域	大規模な店舗不可
第1種住居地域	大規模な店舗・事務所の立地を制限し，住環境を保護するための専用地域	パチンコ屋，カラオケボックス不可
第2種住居地域	店舗・事務所等の併存を図りつつ，住環境を保護するための専用地域	2階以下で300m²以内の自動車車庫可
準住居地域	道路沿道型施設等と調和した住環境を保護するための専用地域	自動車車庫，150m²以内の自動車修理工場可
近隣商業地域	近隣の住宅地の住民のための店舗・事務所等の利便の増進を図る地域	客室部分200m²未満の劇場・映画館等可

表5-4 分譲住宅のメリットとデメリット

メリット	・大量生産のよるコストの軽減。 　＊建築材料の大量購入，同一工法・工程による合理化 ・でき上がった現物を見て購入できる。 　＊部屋の規模，設備の内容，日照，通風などをチェックできる ・土地付き購入で，注文住宅のように家と土地を別々に買うより安く済むことが多い。 ・大規模分譲では，学校やスーパー・病院などが同時に建設される。
デメリット	・間取りは，最初から決まっている。 ・外装も内装も，自分では決められない，など。

表5-5 独立住宅の工法・構造

木造住宅	在来工法
	規格化住宅（2×4工法等）
非木造住宅	鉄筋コンクリート造
	鉄骨造
	PC（プレキャストコンクリート造）
	CB（コンクリートブロック造）
	工場化（プレハブ）工法

の工法には，それぞれ長所と短所，工期やコストにも違いがあるので，各工法の特徴を知って，適切な選択をすることが必要である（「13-1 住まいの構造」を参照）。

木造住宅の留意点として，木材は防腐，防蟻，防湿の処理が不適切だと腐りやすく，火に弱いという性質をもっているため，適切な換気計画や防火を考慮した工事を行う必要がある。

鉄骨造は，鋼材が火熱とさびに弱いため，防錆処理と耐火被覆を適切に施工し，強度を確保する必要がある。

鉄筋コンクリート造では，構造躯体としての重量が大きく，強固な支持地盤が必要になる。また，コンクリートの強度によって建物自体の強度が大きく違ってくるので，施工精度の確保や施工管理を厳しく行う必要がある。

5-4 集合住宅の特長

日本の集合住宅の歴史は，西欧諸国に比べるとまだ浅い。同潤会アパートのように，高所得者や知識人のための集合住宅は存在したが，集合住宅の形式が本格的に一般的なサラリーマンの住まい形態となるのは，1970年代のマンションブーム以降からである。

集合住宅は，共同住宅ともいうが，形態的には一棟の建物が壁や床によって複数の住戸に区切られ，それぞれが独立した住戸となっている住宅のことである。集合住宅は，都市部の土地の有効利用を図る目的や，職住近接を願う勤労者の需要により，大量に供給されるところに特長がある。

集合住宅が戸建の個人住宅と大きく違う点は，躯体が堅牢であるため，老朽箇所を細かく修繕したり，十数年サイクルの大規模修繕工事により，設備がつねに再生できることである。

■都市と集合住宅

集合住宅は，都市への人口集中と土地の有効利用の目的から，高容積で効率的に建設された。日本の住宅史では，1950年代に日本住宅公団が通勤時間1時間内外の都市近郊に複数棟の集合住宅を建設した，いわゆる「団地」が，戦後の集合住宅の始まりである。その後，都市内に民間業者により5階建の集合住宅が建設されていったという官民一体の開発経緯がある。

近年の傾向としては，郊外住宅・都市住宅の老朽化，少子高齢社会，都心部のインフラの充実，利便性の良さなどから，都心部の超高層集合住宅の建設や，高齢者専用の集合住宅建設が目立ってきた。高齢者のリターン現象だけでなく，中年ファミリー，ヤングファミリーの都市生活指向が進んでいる。ただ，都市に集まって住むための住居観や住文化は，ソフト的にもハード的にも十分に

表5-6 集合住宅の歴史

1970年代
・リゾートマンション発売
・オール電化マンション発売
1980年代
・住宅・都市整備公団が発足
・ワンルームマンションブーム
・リゾートマンションブーム
・宅建業法の大幅改正
1990年代
・新借地借家法成立
・阪神・淡路大震災
・住宅品質確保推進法成立
2000年代
・不動産投資信託解禁
・マンション建替円滑化法改正
・景観法成立
・耐震改修促進法改正
・09年の住宅着工戸数が45年ぶりに，80万戸を下回る
2010年代
・東日本大震災
・消費税率引上関連法案が成立
・改正マンション建て替え円滑化法施行

(1) 戸建

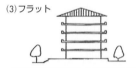

・一方の壁を隣戸と共有しあう。その省土地性，暖炉の煙突を同一壁面に埋めることのできる省エネルギー性，整った町並み形成などのために，イギリスの郊外住宅として発達した。

(2) テラスハウス，タウンハウス

・2戸以上の住宅が水平に連続し，上下に重ならずに各戸が専用庭を持つものをテラスハウスという。
・タウンハウスは，この要件に加えて，住戸・住棟群・専用庭といった私的領域と，共用庭・歩路・車路・駐車場などの共用領域（コモンズスペース）の間に有機的関連性をもつ空間的統合のことをいう。

(3) フラット

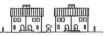

・積層型の共同住宅で，1世帯用住戸が各階空間内におさまっているもの。

(4) メゾネット

・積層型の共同住宅で，1世帯用住戸が2階分にまたがるもの（上図中3,4層目と4,5層目）。

図5-2 集合住宅の典型像

育っているとはいえず，今後の課題といえる。

■平面計画・住棟計画

住棟の平面形状からの分類では，片廊下型と内廊下型がある。前者では，バルコニー側と廊下側に居室が取られるので，各室の独立性が増す。後者では，バルコニー側にしか居室が取れないが，内廊下であるので，廊下の室内環境の保全が可能（自然環境の影響を受けにくい）であり，超高層集合住宅の事例が多い。

集合住宅での住みやすさを同規模の建物で比較すると，共用スペースの充実度が評価を左右する。ある規模以上の集合住宅においては，集会室や多目的室，キッズルーム等を設置して，居住者の利便性を高くしている。エントランスホールにおいては，オートロックシステムや防犯カメラの設置により，セキュリティー機能の充実を計っている。宅配ロッカーやコンシェルジュカウンターの設置により，入居者サービスを充実させる事例もある。

住棟外施設としては駐車場，駐輪場，プレイロット，庭園，植栽等が整備されているが，屋外に設置されているケースが多いので，日頃のメンテナンスが必要である。駐車場については，都市部の建物において，敷地の有効利用のために機械立体式を設置するケースがあるが，メンテナンス費用が負担となるので，自走式の駐車場を整備することが望ましい。また，居住者の意識（マナー）も住みやすさの確保において欠かせない。

上下階間の床騒音や，共用部から発生する騒音もある程度は許容されるが，対策には管理組合が間に入って調整することも必要である。共同生活であるので，お互いが他の居住者への気配りをつねに忘れず実行することが大事である。

このように，独立住宅に比べて制約が多いが，コンクリート製の躯体は，災害に強く，メンテナンスを細かく行うと，50年以上の耐久性があるので，集合住宅を最初から終の住まいとして選択する若年層も多い。

5-5 住宅の住み替え

■住み続けたい理由

現在の住宅に住み続けたいとする理由をある調査結果から分析すると，現在の住宅に住み続ける理由として，「住み慣れた地域に愛着があるから」が各年齢とも最も多く，次いで「現在の住まいに愛着があるから」となっている。

地域への愛着は50歳代が最も多いが，親世代から相続した住宅に住む層が含まれることも要因になっていると思われる。住み慣れた地域や住まいへの愛着は，人間の心理として当然の結果といえる。70歳代では，生活・交通利便性をその理由とする割合が高く，その一方で，住み続けざる

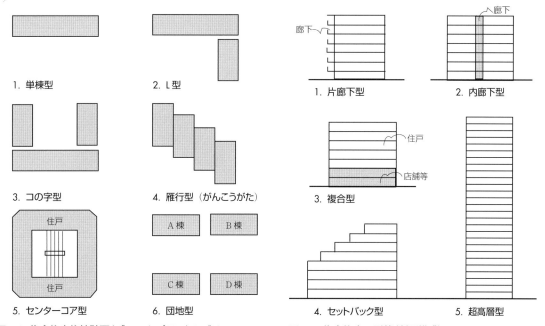

図5-3 集合住宅住棟計画（ブロックプラン）のバリエーション　　図5-4 集合住宅の形状（断面構成）

を得ない状況と推測される消極的な住み続け派の「現住宅を売却しても売却益が見込めない」「住宅ローンの残債がある」とする回答も約15%を占めている。

その他の回答では、「住み替えを考えたことがない」が約27%、「住み替えのイメージが湧く情報がないから」が約9%を占めたが、これらの回答者は、漠然と住み続けているとも考えられるので、何らかのきっかけで、住み替えに転じる可能性もある。

■住み替えたい理由

住み替えたい理由としては、「現在の住宅に不満があるから」が最も多く、50歳代・60歳代では30%を上回っている。次に「老朽化が進行し、長期にわたって住み続けることが困難だから」や「別の形式の住宅に住み替えたいから」の回答がある。

また、「退職した後の生活を変えたいから」や「介護サービスがある高齢者向け住宅に移りたいから」という回答もあり、「退職後の生活」は50歳代で29%、「高齢者向け住宅」は70歳代で約39%を占めている。

「別の形状の住宅への住み替え」（独立住宅から集合住宅、集合住宅から独立住宅への住み替え）については、60歳代・70歳代で比較的割合が高く、その一部は「高齢者向け住宅」への住み替えと思われるものの、それ以外の住宅への住み替えニーズもあり、高齢期に住宅形式を変える住み替えニーズは確かに存在する。

■住み替えを希望する住宅

住み替えを希望する住宅としては、集合住宅と独立住宅に二分されるが、集合住宅（新築・中古）への住み替えを希望する回答が、独立住宅（新築・中古）を上回っている。また、持家から賃貸への住み替えを希望する割合も約10%（集合住宅＋独立住宅）と、一定量存在している。

年齢別にみると、70歳代の住み替え意向「あり」の回答数は少ないものの、高齢者向け住宅や賃貸の集合住宅への住み替え希望の割合が高くなっている。高齢化にともない、住まいに関わる負担を軽減させたいとの思いが感じられる。高齢期に賃貸住宅に移り住むという発想は、身体機能の低下や、低い利便性などの不満を解消するための選択といえる。50歳代、60歳代では、集合住宅（持家）を希望する回答が最も多く、大きな相違はない。

住宅別に住み替えを希望する住宅形式をみると、集合住宅居住者は、集合住宅から独立住宅（持家＋2世帯）を希望する割合が約32%、賃貸の集合住宅から分譲の集合住宅は約48%、残りは高齢者向け住宅や賃貸の集合住宅である。

独立住宅住居者では、独立住宅から集合住宅（持家）への住み替えを希望する割合は約36%、独

表5-7 生活ニーズと住み替え

	生活ニーズ	住み替え自由度	所得水準	教育費
若年期 20代後半 ～30代前半	都市サービス	大	低	低（高）
壮年期 30代後半 ～40代前半	教育環境	中	上昇	中（中）
実年期 50代後半 ～60代前半	生活環境 都市サービス	大	高	高
老年期 60代後半～	生活環境 医療環境	小	安定 減少	低

表5-8 集合住宅の歴史

単身向け	・40歳未満は、9割以上が借家住まい ・65歳以上は、3分の2が持家
単身世帯住戸	・40歳未満は、平均39m² ・40～64歳は、平均61m² ・65歳以上は、平均83m²

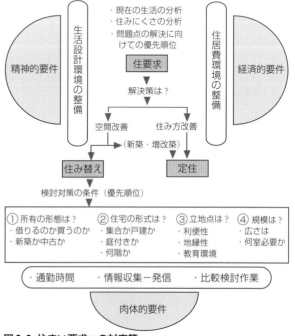

図5-5 住まい要求への対応策

立住宅から独立住宅（持家＋2世帯）への希望は約42％である。

集合住宅，独立住宅ともに50％程度は，住宅形式の変更をともなう住み替えを希望しており，現在の住宅形式にこだわることなく，柔軟な住み替え希望をもっていることがわかる。

この結果から考えると，総住宅数が総世帯数を上回り，空き家数も過去最高となるなど，住宅ストックに対する関心が高まっている状況下で，住み替えや改修分野に限っても，種々の住宅ニーズが生まれてくるのは確実であり，今後，新たな事業展開が発生すると思われる。

5-6 新しい住まいの形式

現代人の一生を考えると，シングル（単身）で暮らす機会は何度かある。第一の機会は高等教育，就職のための都市部への移動である。第二の機会は，就職後〜結婚までの期間を過ごす期間，第三の機会は，単身赴任や高齢時の一人住まいである。これらのさまざまな機会に応えているのが，ワンルームの集合住宅やシェアハウスである。

前者は，集合住宅の一住戸を専有使用する形態であり，後者は，一種の集団生活でありながら，個室が確保されており，居間，食堂，浴室等を共同使用することにより，賃料を低廉化した住宅である。シングル向け住宅やシェアハウスに特に求められるのは，防犯性能であり，セキュリティー対策が厳重である住宅は，人気も高い。

3世帯住宅は，現代の少子高齢化の産物であるともいえるが，代々の土地遺産である土地の有効利用の一面もあり，都市部において増加している。3世帯が同一建物に居住することにより，世代間のコミュニケーションが生まれ，子育てや介護にも好都合である。近年の建築基準法の法改正による木造住宅の高層化も，3世帯住宅建設の追い風となっている。

■シェアハウス

シェアハウスは，一つの住居に複数の人が，それぞれプライベートの個室を持ち，キッチン，リビング，浴室，ランドリールーム，トイレ等の設備を入居者が共同で使用することを基本とする。必要最低限の家具や家電類がそろっていることが多いので，便利で効率的な「気軽な賃貸」と認識されている。

新しい居住形態を創造したシェアハウスであるが，課題も多い。さまざまな要因により住まいの選択肢が妨げられている人にとって，シェアハウスは入居者の生活感，価値観，向上心を高めているのは明らかであるので，こうしたコミュニティに対して，専門家や運営者が第三者として関与することが，入居者間のトラブルを防止することに

表5-9 住み替えたい理由 (2014年 民間調査から)

30代	・同居家族が増え，広い住まいが必要だから。 ・通勤通学や買物などに，より便利な場所に住みたいから。
40代	・今の住まいが古くなってきたから。 ・通勤通学や買物などに，より便利な場所に住みたいから。
50代	・今の住まいが古くなってきたから。 ・世帯の人数が減り，今の住まいが広すぎるから。
60代	・今の住まいが古くなってきたから。 ・通勤通学や買物などに，より便利な場所に住みたいから。
70代	・今の住まいが古くなってきたから。 ・加齢に伴い，階段や浴室などが使いづらくなってきたから。

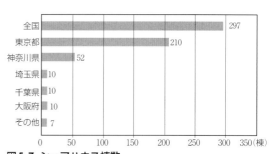

図5-7 シェアハウス棟数
(2014年1月〜12月にシェア暮らしの専用ポータルサイトの新規登録棟数)

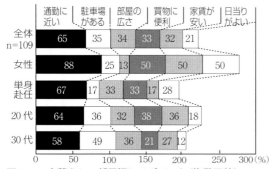

図5-6 1人暮らしの部屋探しのポイント（複数回答）

図5-8 6人入居のシェアハウスプラン例

なる。

2013年9月に国土交通省がシェアハウスに対し、建築基準法上の「寄宿舎」の基準を適用して指導するよう業界へ要請を行った。シェアハウスのうち約8割が、独立住宅を改造したものであり、用途上の不適合となるものもある。今後は法規制に照らし合わせ、いかに安全性を確保していくかについての議論が必要である。また、空き家対策に有効な居住形態でもあるので、課題をクリアしながら、住まいや暮らしを豊かにし、社会的課題の解決に有効活用すべきである。

■シェアハウス市場と規模

わが国のシェアハウス市場を見ると、全国の約2,800物件のうち、2/3が東京都内に立地し、東京都内の物件のうち9割が23区内に集中している（2014年調査）。京阪神地区では、これまでに230件が供給されている。

東京を含む大都市では、シェアハウスには、家賃や入居費用を安く抑えて、かつ利便性の高いエリアに住むことができるというメリットを感じる入居者が少なくないが、それ以外の地方都市においては、一人暮らし向けの家賃水準が低く、居住費用の低さではなく、他の人との交流や、さまざまなライフスタイルに応じた物件のコンセプトが入居者を惹きつける魅力となっている。

シェアハウスの規模をみると、全体の50%弱を10人未満の小規模な物件が占め、10〜20人未満、20〜50人未満がそれぞれ20%程度を占める。大阪府では、10人未満が20%、10〜20人が50%、20〜50人が30%を占め、10〜20人の規模が全国平均の25%に比べて高いのが特徴である。

シェアハウスの居室のタイプについての傾向をみると、個室タイプが全体の80%程度で、ドミトリータイプ（4人部屋が主流）は20%である。ただし東京都では、ドミトリータイプが30%と他の地域より比率が高い。都心部でドミトリータイプが多く供給されているのは、各運営事業者が家賃の安さや居住者間の積極的な交流など、大都市ならではの多様化したニーズに対応しているからと想定される。

■2世帯住宅

親世帯と子世帯が同居する住宅が、2世帯住宅である。阪神淡路大震災後、親の土地に子世帯が戻って、新築2世帯住宅を建てるケースが目立った。親が高齢化する中、子世代による見守り、介護などがその動機である。また、子世代の子育て支援を親ができることも動機となる。孫と祖父母の関係も家族の絆となる。反面、「嫁と姑」「婿養子」「老親と孫」などの問題が原因で、ストレスが発生することもあり、家族関係を考慮した建築計画に工夫が必要である。

住居の形式は、同一の棟に2世帯が住まう場合、

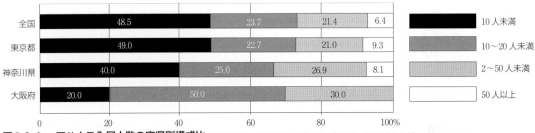

図5-9 シェアハウス入居人数の府県別構成比 (2014年1月〜12月にシェア暮らしの専用ポータルサイトから)

1階

2階

図5-10 2世帯住宅プラン例

別棟で，例えば共有のリビングを持つ場合などがある。同一棟でも，玄関共有，玄関分離のパターンがあり，配置計画，動線計画が重要である。

■ 3世帯住宅

3世帯住宅での住居世帯には，数種のパターンが考えられる。両親2世帯と子1世帯，親/子/孫の3世帯（3世代），両親1世帯と兄弟2世帯などあるが，最多は両親2世帯と子1世帯である。子が両親2世帯と同居する理由は，両家平等に負担やメリットを共有できるところにある。

3世帯住宅は，建物や土地の大きさが必要となるが，各家族の負担が3分割されるので，世帯ごとの負担は軽くなる。他の長所として，①生活費の分担，②万一の病気やけがなどの緊急時対応が可能，③親や子ども，孫と一緒に住める安心感，④子育てや留守時の防犯面の充実などがあげられる。短所としては，①プライバシーの取りにくさ，②生活リズムの相異，③親子間での甘えの問題，④金銭面での負担等の問題がある。

■ 3世帯住宅における同居スタイル

3世帯住宅における同居スタイルについては，1.完全同居，2.一部供用，3.完全分離の3パターンがあるが，世帯間での距離をどのくらい確保するかによって選択が分かれる。世帯間の絆が強ければ完全同居，プライバシー重視であれば完全分離とする。また，世帯がどういう構成なのかによっても選択が分かれ，両親が健在の場合と単身では条件が異なり，完全同居は困難である。一般的には，完全分離か一部共用かの選択になる。

5-7 高齢者の住まい

近年，高齢者の増加がさまざまの社会問題を起こしている。ここで高齢者の定義を確認する。

WHO（世界保健機関）の定義によると，65歳以上を高齢者とすることが多いが，個人差もあるので限定することは困難である。心身機能の低下が目立つようになる75歳から区分して，65～75歳を前期高齢者，75歳以上を後期高齢者という。高齢者は，さまざまな疾患や障害をもつことも多いので，個々人の老化の程度や疾患，障害に応じて住環境を考えることが必要である。

高齢者の住居には，住宅系では有料老人ホーム，サービス付き高齢者住宅，特別養護老人ホーム，グループホーム等さまざまな選択肢がある。各高齢者には，それぞれの生活スタイルや，必要とする介護の状況等に応じて，適切な住まいを選択することが求められているが，施設数の不足や高額な入居一時金等の課題が指摘されている。

高齢者は，まず自宅で暮らすことを前提とするが，都市一極集中により子どもが親元を離れ，孤立化した親たちを収容するための専用住宅の確保

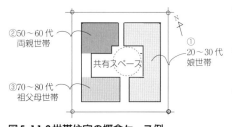

図5-11 3世帯住宅の概念ケース例

① 20～30代 娘世帯
多世帯が同一敷地内に住むので，子どもの世話を親が見やすく，プライバシーも保てる。

② 50～60代 両親世帯
子ども，両親が身近にいるので，育児，介護の両面でメリットがある。

③ 70～80代 祖父母世帯
自立をしながら，孫や子どもとの交流ができる。共有スペースの活用が可能。

図5-12 3世帯住宅プラン例

が急がれる．今後は，住生活基本法，高齢者住まい法，住宅セーフネット法などの法整備や運用を続けながら，より快適な老後を暮らすための努力を行わねばならない．

■グループホーム

「グループホーム」は，ヨーロッパから始まった障害者解放運動の一環で，隔離施設からの解放という脱施設の精神が現代まで引き継がれて，認知症対応型である認知症高齢者グループホームに発展したものである．

この施設では，病気や障害などで生活に困難を抱えた人たちが，その施設の専門スタッフの介助を受けながら，少人数での構成や，自宅に近い独立住宅のような施設形態で地域社会に溶け込みながら，集団生活型介護を受ける．

入居の対象者は，認知症と診断され，介護が必要となる人で，5〜9人を1ユニットとして，最大2ユニットまでの入居者が，家庭的な雰囲気の中で介護サービスを受けながら，残された能力を生かし，互助の環境で生活を行う．

グループホームには世話人が配属され，家事支援，日常生活などの相談が行われる．他にサービス管理責任者が常駐し，個別支援計画の作成やサービス内容の評価等，サービス提供のプロセス全体を管理する．

また，利用期限は設けられないが，状態が改善した場合の移行先として，福祉ホームやアパート，公営住宅が想定される．

建物は，独立住宅を改造したものから，病院やデイサービスセンターに併設したものまで，施設の形態はさまざまである．

近年，このグループホームで火災が発生し，高齢者が被災する事故が発生したが，平成21年度より社会福祉施設に関して，防火管理業務を義務付けられる収容人数が，30人以上から10人以上に変更になるとともに，消防用設備等の設置が義務付けられた．また，延床面積275m²以上のグループホームには，スプリンクラー設備の設置も義務付けられるようになった．このように，良好な環境と安全の確保のために，今後も事業者が積極的に改善を実行しなければならない．

■ケアハウス

「ケアハウス」は，厚生労働省が定める老人福祉法における軽費老人ホームの一種で，低額な料金で高齢者を入所させ，日常生活上，必要な便宜を供与することを目的とした福祉施設である．社会福祉法人や地方自治体民間事業者などによって運営される．

平成2年に新設された施設で，「軽費老人ホーム（C型）」と称されることもある．全室が個室で，施設内はバリアフリー構造となり，基本的には食事の提供が主なサービスとなっている．軽費老人

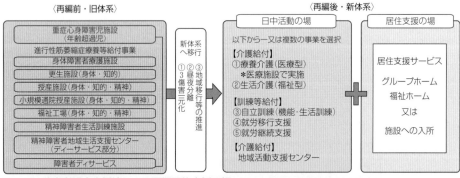

図5-13 障害者総合支援法による再編居住支援の場（2013年4月1日施行：厚生労働省資料より）

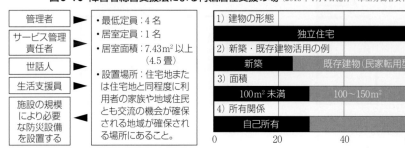

図5-14 グループホームの設置基準　　図5-15 グループホームの利用建物の状況

ホーム（A型・B型）と比べ，ケアハウスの入居には，入居一時金や家賃が必要となるが，所得による入居制限がないことが魅力である。入居条件は，60歳以上の個人，または夫婦どちらかが60歳以上で，家庭や家族の事情で自宅で生活できない人が対象となる。

ケアハウスには，自立しているが単身生活に不安をもつ高齢者向けに，介護職員による見守り・掃除・洗濯の世話といった生活援助などを提供する「一般（自立）型」と，特定施設入居者生活介護の指定を受けて，重度の要介護者も受け入れ，入浴や食事の介護のほか，機能訓練や医療ケアなどを提供する「介護（特定施設）型」がある。

介護型ケアハウスは，要介護者3人に対して介護職員を1人配置する必要のある，特別養護老人ホームと同レベルの介護サービスが受けられるのが特徴である。

一般型のケアハウスでは，介護が必要な時には，訪問介護や通所介護などの在宅サービスを利用し，自立状態でないと見なされた際には，施設からの退去を求められる。一方で，介護型のケアハウスでは，重度の要介護状態になっても住み続けることが可能である。

最近のケアハウスには，居室にトイレやミニキッチンが設置され，共用設備として食堂，レクリエーション設備を持つものもある。今後は，より経費の安い都市型ケアハウスの建設が進み，介護施設選びのバリエーションの増大が望まれる。

■ケアハウスの参考事例

東京都内に建設されたケアハウスの事例をみてみる。地上3階建で，50室（全個室）の規模である。職員体制は要支援者および要介護者に対して，常勤換算1名以上の職員体制をとっている。なお，夜間最少時の介護職員数は3名である。

この施設での特徴は，①季節に合わせた食事を提供。②24時間制出入り自由で家族とくつろげる部屋を用意。③車いすでも過ごしやすい段差の少ない住空間を確保。④協力医療機関の医師が定期的に往診などがある。診療内容としては，入居者の健康管理上の助言・指導をホーム職員に対して行うほか，入居者に緊急の体調変化が生じた場合には，この医師が必要な助言・指導を行う。⑤その他，この施設のこだわりとして，以下の2点が明示されている。1）入居者の身体の状態や人柄，趣味，これまでの生き方を細かく伺い，入居者を徹底的に理解する。2）この施設における居住の付帯設備として，ナースコール，介護用電動ベッド，温水洗浄器付きトイレ，洗面台，クローゼット，冷暖房設備，テレビ配線，電話配線などである。フロアごとの設備としては，リビングルーム（食堂），中小浴場，洗濯室，トイレ，健康管理室兼事務室などがある。

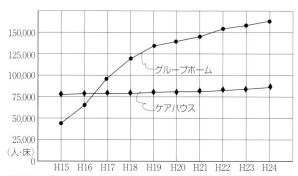

図5-16 グループホームとケアハウスの定員数の推移

建築	設備
1）建築面積：入所定員1人当たり39.6m²以上 2）居室面積：21.6m²以上（有効14.85m²） 3）夫婦室面積：31.9m²以上 4）居室内設備：洗面所，便所，収納，簡易流し台 5）共用設備：相談室，談話・娯楽室，集会室，食堂 　　　　　　調理室，浴室，洗濯室，事務室，会議室 　　　　　　介護職員室，宿直室，便所，洗面所等	1）非常通報装置 2）消火設備 3）避難設備 4）避難空き地
配置・構造	
建物の配置・構造は日照，採光，換気等利用者の保健衛生及び防災に十分配慮する。また，建築地の選定にあたっては，外観等地域との調和にも配慮が必要である。	

図5-17 ケアハウスの必要条件・設備

図5-18 ケアハウス居室階プラン参考例

6 住まいの問題

6-1 住まいの市場と政策

■ 戦後住宅政策の三本柱

1945年に第二次世界大戦が終了し，敗戦後の日本は420万戸の住宅不足に直面した。空襲での焼失と，戦時中の供給不足に起因したものであった。それに対処するため，1950年に住宅金融公庫が設立され，1951年に公営住宅法を制定，1955年には日本住宅公団が設立され，いわゆるわが国の住宅政策の三本柱が整った。

住宅金融公庫は，民間金融機関が戦後の産業復興向けの融資を優先したのに対して，主に個人が住宅を建てるときに低利で直接融資するために設立されたものである。景気調整の役割も担い，多いときには注文住宅の半分以上が公庫融資を利用するという時代もあった。

公営住宅は，国と地方公共団体が協力して，住宅に困窮する低所得者に対して，低廉な家賃で直接供給する目的をもっている。1966年に始まる住宅建設計画法に基づく各5カ年計画では，公営住宅の計画戸数が掲げられた。

日本住宅公団は，住宅不足の著しい地域において，住宅に困窮する勤労者のために，耐火性能を有する構造の集合住宅の供給等を目的として設立されたものである。戦後の経済成長にともない大都市圏への人口集中が続く中で，中堅層を対象に広域的な需要に応えた。中層耐火構造の戸数や住棟計画，団地の配置計画やニュータウン開発計画のリード役を担ったのである。

■ 民間住宅市場の成長

1955年から始まる高度経済成長の下で，住宅着工戸数は右肩上がりに急上昇する。1972年には182万戸もの住宅が新たに供給された。農村部から大量の若い労働力が大都市に移動し大都市圏が拡大した。公的な住宅が供給されたとはいえ，きわめて不十分なもので，彼らをまず受け止めた住宅は木造賃貸アパートであった。世帯の成長にともない郊外化が進み，ミニ開発や公共施設の不足など，いわゆるスプロール現象が問題となった。

木造賃貸アパートは「木賃アパート」とも呼ばれ，1960～70年代にかけて，1室木賃から2室木賃へと変化した。東京などでは，木賃ベルト地帯と呼ばれる密集地域を生み出し，現在でも耐震や防火の面で問題を抱えた住宅地として残されている。

郊外に供給された「ミニ開発」は，開発許可を

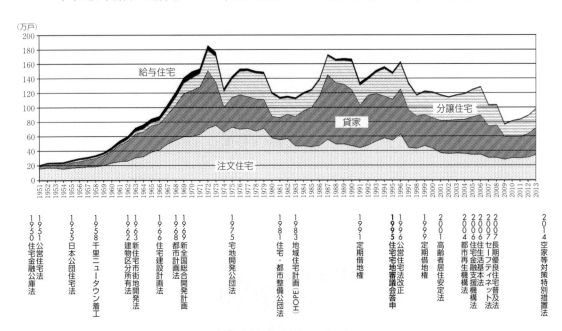

図6-1 住宅着工の推移と住宅政策関連年表

逃れるため1,000m²未満の小規模な開発地に，100m²以下の敷地をもつ分譲住宅として供給されたものである。ニュータウンや大規模団地にぶら下がるように開発されたものが多かった。

大都市圏の拡大は地価の上昇をもたらし，公的賃貸住宅の新規供給にも大きな影響を与えた。いわゆる「高・遠・狭」問題は，住宅供給戸数がピークを迎える1970～80年にかけての公的直接供給の行き詰まりを示したものであった。

一方，経済の成長とともに，民間において供給される住宅の質も向上してきた。公団住宅が先導した非木造中層住宅の建設技術が普及し，民間賃貸住宅市場でも非木造の住宅が供給されるようになる。また，1962年には区分所有法が導入され，集合住宅でも区分所有という形で所有が可能となった。この分譲マンションは，1963～64年の第一次マンションブームから何度ものブームを繰り返し，近年では高層・超高層分譲マンションの供給が盛んになっている。一戸建だけではなく，集合住宅でも「持家化」が進むことになる。

■持家化社会

戦後の持家化をめぐっては，大きな議論となっている。戦前の大都市における借家率が高いことから，戦後の住宅市場が歪められているとの意見もある。とはいえ戦争直後からわが国の持家率は上昇し，現在も高いままである。持家を志向する要因は，地価が戦後約40年間上昇し続けてきた影響が大きいとの見方もある。しかし1980年代末に地価バブルが崩壊し，長期にわたる地価の低迷にもかかわらず，持家志向は大きく低下していない。老後の生活などを考えると，ローン支払後の居住の安定性が評価されていると考えられる。

■新しい住宅政策

すでに1973年の住宅統計調査では，全都道府県で住宅数が世帯数を上回っていた。1990年代に入り，少子・高齢化，人口・世帯の減少が現実のものになり，住宅政策にも大きな変化が生じることになる。1995年の住宅宅地審議会答申で住宅政策の役割として，①基盤整備と制度的枠組みの整備，②市場誘導，③市場の補完が打ち出されたことが大きな転機となった。

日本住宅公団は，1981年に住宅・都市整備公団に組織替えされた後，数度の改組を経て，現在では都市再生機構（UR）となっている。約77万戸の賃貸住宅は，UR賃貸住宅として引き継がれている。住宅金融公庫は，2007年から住宅金融支援機構に改められ，民間金融機関が融資した住宅のローンを買い取るという後方支援の役割を担うことになった。公営住宅は，低所得層向けという性格をより強くもたされることになり，現在では約220万戸のストックがある。とはいえ近年は建て替えが中心であり，総戸数は減少傾向にある。

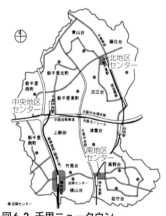

図6-2 千里ニュータウン
（大阪府タウン管理財団ホームページより）

図6-3 公営住宅団地（増築後）

図6-4 木賃アパート

図6-5 零細住宅

図6-6 超高層住宅

図6-7 住宅地地価の対前年比の推移 （不動産経済研究所資料より作成）

6-2　住まいの供給

■住宅の統計

住宅市場の動向を見るためには「住宅着工統計」,「国勢調査」(以下「国調」),「住宅・土地統計調査」(以下「住調」) という3つの主な住宅関連統計の特性を理解しておくことが大切である。

「住宅着工統計」は，新しく着工届が出された住宅の戸数やタイプが月別・年別に公表されるものである。住宅の着工動向は，経済の重要な指標とされ，対前年同月比などの指標がよく用いられている。一般的には「フロー調査」と呼ばれている。

「国調」は，大正9年より5年ごとに実施され，全世帯が調査対象とされているため精度は高いが，住宅についての調査項目は所有関係や建て方などに限られている。

「住調」も5年ごとに実施され，2013年の調査では，約350万戸が対象とされている。抽出調査であるが比較的精度が高く，調査項目も多い。「国調」と合わせてこれら2つの調査は，「ストック調査」と呼ばれている。

1990年代に入ってからの住宅着工戸数をみると，1995年くらいまでは150万戸程度の新規供給が行われていた。その後の10年間は120万戸程度となり，最近5年間では100万戸を下回る水準となっている。わが国の住宅は短寿命であるといわれているが，2013年の住宅総戸数が約5,200万戸あることを考えると，最近5年間の着工戸数でみる限り，約50年程度の更新周期となる。日本の住宅寿命は長くなっているといえる。

■持家と分譲

住宅着工統計では「利用関係別」という区分が使われる。利用関係別とは「持家」「貸家」「給与住宅」「分譲住宅」という4つの区分のことである。

ここでは「持家」と「分譲住宅」の区分が重要である。利用関係別で使われる「持家」とは，注文住宅のことであり，その多くは一戸建住宅である。「分譲住宅」は売却を目的として供給されるものであり，建て方では一戸建（建売）だけではなく，集合住宅(分譲マンション)も含まれている。

最近5年間では，注文住宅が伸びており，また分譲住宅でも一戸建のものが健闘している。全国的には，一戸建を所有したいという志向は，なお根強いものであることが伺える。

■プレハブとツーバイフォー

住宅着工統計でもう一つよく使われる区分は「建築工法別」である。「在来工法」「プレハブ工法」「枠組壁工法」の3つが区分されている。

「プレハブ工法」は工業化住宅とも呼ばれ，工場生産された部品を組み立てて作られる。1959年にミゼットハウスという名で発売されたのが，プレハブの商品化第一号である。その後は現在の

統計の種類	実施・発表	調査対象	調査内容	備考
住宅着工統計	着工時の届出 毎月・毎年公表	10m²以上の新設着工届が出された全住宅	資金，建築工法，利用関係，住宅種類，建て方，住宅戸数，延床面積	月ごとに都道府県が集計して国に報告
国勢調査	5年ごと実施	10月1日現在で日本に住む人全員（外国人含む）	居住期間，前住地，住宅種類，建て方，延床面積など	大正9年より開始
住宅・土地統計調査	5年ごと実施	国調の調査区をもとにした1/2～1/20の抽出調査	構造，階数，建て方，延床面積，家賃，設備など	昭和23年より開始
住宅の定義	完全に区画された建物の一部である（コンクリートや板壁による界壁）。 一つの世帯が独立して家庭生活を営むことができる。 ・一つ以上の居住室 ・専用の流し ・専用の便所 （ただし，共用の場合は，他の世帯の居住部分を通らずに居住室に行けること） ・専用の出入口			

図6-8 住宅関連統計の特徴と住宅の定義

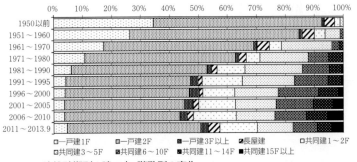

図6-10 建築時期別の建て方・階数別の変化（「平成25年住宅・土地統計調査結果」総務省統計局より作成）

一戸建	1建物が1住宅であるもの。 なお，店舗併用住宅の場合でも，1建物が1住宅であればここに含む。 	
長屋建	2つ以上の住宅を一棟建て連ねたもので，各住宅が壁を共有にし，それぞれ別々に外部への出入口をもっているもの。 いわゆる「テラスハウス」も含む。 	
共同住宅	棟の中に2つ以上の住宅があるもので，廊下・階段などを共有しているものや，2つ以上の住宅を重ねて建てたもの。 ※1階が店舗で，2階以上が住宅になっている建物も含む。 ※建物の階数により「1・2階建」,「3～5階建」,「6～10階建」,「11～14階建」,「15階建以上」に5区分している。また，平成17年調査から世帯が住んでいる階についても，建物の階数と同様に5つに区分している。 	

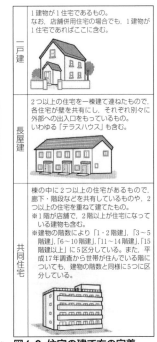

図6-9 住宅の建て方の定義

大手住宅メーカーによって，主に鉄骨系・木質系の一戸建注文住宅として発展してきた。近年では住宅需要の多様化にともない自由設計のものが多くなり，プレハブ化のメリットが失われてきているとの指摘もある。比較的高価格帯の商品が多く，住宅着工全体に占めるプレハブ住宅の比率は，15％前後のところで頭打ちになっている。

「枠組壁工法」はツーバイフォー工法とも呼ばれており，寸法規格に従った製材を用いて作られた枠組みに，構造用合板などの面材を釘止めして作られる。わが国では1974年に工法がオープン化され，現在では大手から中小までツーバイフォー住宅を手掛けている企業は多い。北米由来の構法で，当初はわが国の気候風土に合わないのではないかという批判もあったが，耐震性・耐火性・断熱性などに優れており，近年では12％を超えるシェアを占めるに至っている。

「在来工法」には，木造だけではなく，RC造や鉄骨造のものも含まれる。このうち在来木造と呼ばれるものも大きな技術変化をしてきている。従来の継手・仕口を機械によって加工するプレカット技術が一般化し，さらには接合部に金物が多用されてきている。これらは在来工法の弱点とされた職人による性能のばらつきを少なくすることに繋がっている。各種部品や構造用合板の使用も一般化し，耐震性・断熱性も向上している。

このように一戸建住宅における3つの構法に関しては，いずれの技術開発も顕著であり，民間による技術開発が中心となっている。

■高層・超高層化

「在来工法」に区分されるRC（鉄筋コンクリート）造やSRC（鉄骨鉄筋コンクリート）造の分野における技術開発は目覚ましい。都市部における「高層化」「超高層化」の動きがそれを主導している。都市部では地価が高いため，高層化への志向が強い。これに対して大手建設会社による独自の技術開発による建設価格の低下や，容積率の緩和が進むことにより，その流れが加速されている。

「住調」による建築時期別の構造の変化を見ると，非木造化の傾向が顕著である。当初は公共住宅が主導した不燃化や高層化の動きは，民間の住宅供給にも普及した。超高層建築の技術開発も今は民間主導となっている。

図6-10をもとに建築時期別に建て方・階数別の変化をみると，一戸建から共同建へと変わってきたことが読み取れる。特に1996年頃よりは，高層・超高層化が進んでいる。大都市や地方中核都市でも，高層化の進展は日々実感される。高層・超高層マンションは，建設時に周辺環境との摩擦（マンション紛争）を生んでいるだけではなく，都市景観問題や将来の建て替え問題に大きな課題を残しており，その解決が求められている。

図6-11 ミゼットハウス

図6-12 プレハブ住宅工場

図6-13 在来プレカットの継手・仕口

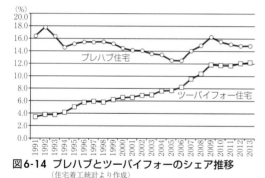

図6-14 プレハブとツーバイフォーのシェア推移
（住宅着工統計より作成）

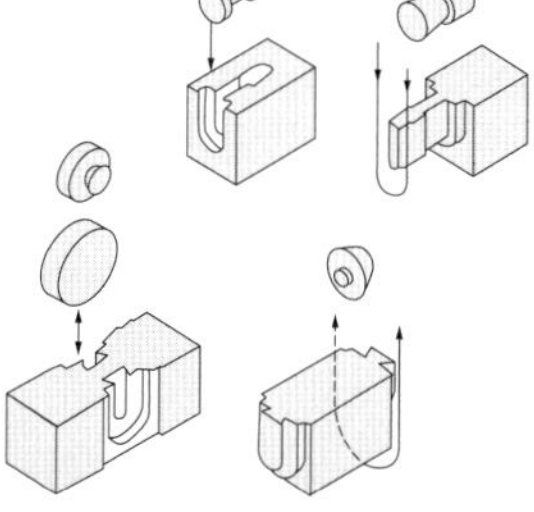

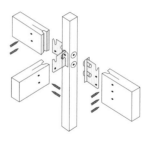

図6-15 在来プレカット加工法

図6-16 在来新金物工法
（図提供：エヌ・シー・エヌ）

6-3 住まいの流通

■住み替えと中古住宅

住宅の市場は，新しく供給される市場（新規供給市場）だけではなく，すでに供給された住宅が流通する市場がある。賃貸住宅の場合には，借家人の転出にともない次の入居者の募集が行われる。持家の場合には，取り壊された跡地に新しく建てられることも多いが，中古住宅として売買されることも多くなっている。近年注目されているのは，リフォームしてから売却したり，シェアハウスとして利用されたりするケースである。

「住調」によれば，2009～13年9月にかけて民借（共同建）に入居した世帯数（以下では「最近5年間入居世帯」）は約446万世帯である。2013年の民借（共同建）の総戸数は約1,223万戸であり，5年弱の間に36％以上が住み替えていることになる。この間に新規供給された数は約109万戸（推計値）であるから，それ以前に供給された貸家ストックの多くで住み替えが進んでいる。このように貸家は，新たに世帯を形成する人や，単身世帯などの流動性の高い世帯の需要を受け止めていることがわかる。

持家（共同建）に最近5年間に入居した世帯数は約80万世帯である。2013年の持家（共同建）の総戸数は596万戸であり，住み替え率は13％となる。この間に供給された数は約56万戸であるから，貸家ほどではないが中古マンションは一定の流通がみられる。持家系のマンションが賃貸に出される場合には「分譲貸マンション」と呼ばれる。駅前など立地の良いものや建設時期の古いマンションで賃貸化が進んでおり，今後の大規模修繕や建て替えにあたって問題となっている。

持家（戸建）に最近5年間に入居した世帯数は約221万世帯である。2013年の持家（戸建）の総戸数は2,630万戸であり，住み替え率は8.4％と低い。この間に供給された持家（戸建）の数は約206万戸であるから，持家（戸建）で中古住宅を購入した数は，おおむね15万戸程度にすぎない。わが国の持家（戸建）市場では，中古住宅流通の比率はまだまだ低い。アメリカやイギリスなどの住み替えでは，9割近くが中古住宅である。中古住宅の流通については，住宅の長寿命化の問題とともに，検討すべき課題を多くかかえている。

■建て替えとリフォーム

建て替えは住宅が古くなり，中古住宅としての売却が期待できなくなる段階で選択される。共同建住宅の建て替えは，複数の世帯が居住しているため，戸建住宅と比較して一般に難しい。とりわけ区分所有されている分譲マンションの建て替えは，大きな問題となっている。

区分所有マンションの建て替えをスムーズに進

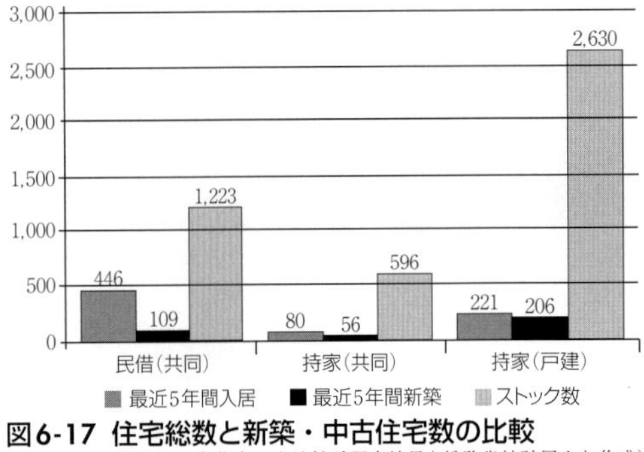

図6-17 住宅総数と新築・中古住宅数の比較
（「平成25年住宅・土地統計調査結果」総務省統計局より作成）

日本：2008 住調／アメリカ：Statisutical Abtract of U.S.2006／イギリス：コミュニティ・地方政府省ホームページ（既存住宅流通量はイングランド・ウェールズのみ）／フランス：運輸・設備・観光・海洋省ホームページ

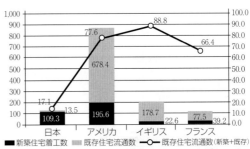

図6-19 既存住宅流通量の国際比較（％）（国土交通省資料）

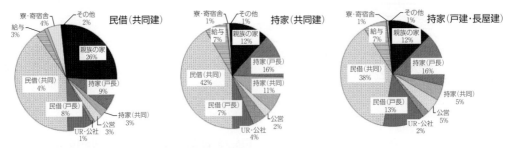

図6-18 最近5年間に入居した世帯の現在の住宅別前住宅（「平成25年住宅・土地統計調査結果」総務省統計局より作成）

めるため，2002年に「マンションの建替えの円滑化等に関する法律」が制定され，建て替えにあたっては区分所有者等の4/5以上の賛成でよくなった。また2014年改正では，耐震性不足などが認められるマンションでは，建物の解体と跡地売却について，4/5の賛成があれば可能となった。

しかしながら，高層・超高層化とともに1棟に住む世帯が多くなり，また賃貸化や世帯の高齢化，低所得化などの問題により居住者の間での合意形成が難しく，今後の検討課題として残っている。

一戸建住宅の場合には，比較的短い寿命で建て替えが選ばれることが多かった。土地に対して建物の評価が低く，多くの木造住宅では法律上の耐用年数をもとに20数年で建物の価値がゼロと査定されることによる影響が大きいといわれている。これに対して，リフォームを適切に行うことで住宅の長寿命化をはかる方向が模索されている。

リフォーム市場については，国土交通省が2008年に約6兆円規模の市場があるとの推計を行っている。しかしながら住宅設備の取り換えや，賃貸住宅では入居者が入れ替わるごとに内装をやり換えるなど，日常的なリフォームも多く行われている。近年の新設住宅着工数は低迷しているが，改築・増築はかなり増大している。先の中古住宅流通に関するフロー統計とともに，改築・増築についての統計など，正確な実態を把握することは検討課題の一つである。またリフォームに関わる事業者は多彩であり，リフォーム工事の専門的な知識も強く求められている。

■空き家問題

2013年の住宅統計調査で，わが国の住宅総数に占める空き家の比率は13.5％になった。空き家のうち52％が賃貸用である。賃貸住宅においては，一定の空き家率は住み替えをスムーズにするためにも必要だが，近年の空き家率は適正な空き家率を超えてかなり高くなっている。賃貸の多くが共同建のため除却が難しいこと，家主の高齢化にともなう建て替え意欲の低下などにより，空き家率が高まっているものと思われる。

近年は持家がそのまま放置されて，周辺に迷惑をかける空き家が問題となっている。約4割がそのような空き家の予備軍であると考えられている。世帯減少が予想される中で，この種の空き家の増加が一番懸念されている。相続した住宅が思うように売却できない問題や，地方や郊外での住宅需要の減少問題，さらに除却すれば固定資産税が高くなってしまう問題など，さまざまな理由が指摘されている。社会的には降雪による倒壊や不審火の危険があるものが注目を集めている。強制的な除却や，場合によっては除却費を補助し，一時的に公共が利用することにより固定資産税の減免をするなど，多様な解決方法が求められている。

図6-20 リフォーム市場規模の分野別推計（国土交通省資料）

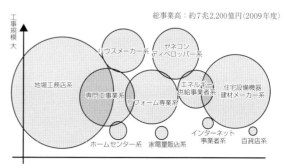

図6-21 主要な住宅リフォーム事業者（国土交通省資料）

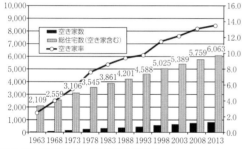

図6-22 空き家数・空き家率の推移（国土交通省資料）

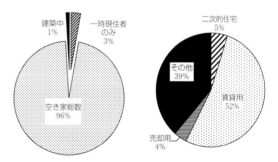

図6-23 空き家の内訳（「平成25年住宅・土地統計調査結果」総務省統計局より作成）

6-4 新しい住宅政策

■市場重視・ストック重視

民間の住宅市場の発展にともない，住宅市場全体を対象とした方向へと住宅政策は大きく変化している。2000年6月の住宅宅地審議会答申は，この「市場重視」「ストック重視」の方向を明確に宣言したものであった。

「市場重視」とは，住宅分野での多様な選択が可能になるには，市場機能を活用することが効率的であるとの立場を示す。ただし，市場の歪みの是正や住教育，市場の整備，市場の誘導や補完は，住宅政策として重要であると考えられている。

「ストック重視」とは，社会的資産としての住宅・住宅地を，自由に住み替えを行うことにより，有効に活用できるよう制度の整備を行ってゆこうとするものである。

この答申に沿った住宅政策は，1990年代に入るとともに先行的にさまざまな分野で具体化されてゆく。公団・公社住宅による住宅の直接供給は，民間でも可能になったことで，新規の分譲住宅や一般の賃貸住宅の供給から撤退することになった。日本住宅公団は改組が繰り返され，地方の住宅供給公社でも縮小・廃止となったものが多い。

1995年の「建築物の耐震改修の促進に関する法律」，1999年の「住宅の品質確保の促進等に関する法律（品確法）」，2000年の「借地借家法改正」による定期借家権の導入，さらには幾度にもわたる容積率の緩和などは，「市場重視」の住宅政策の先取りでもあった。以下では「ストック重視」の住宅政策をいくつか具体的にみていく。

■住宅の長寿命化

2009年に「長期優良住宅の普及の促進に関する法律」が制定され，一定の基準に適合すれば，長期優良住宅としての認定が受けられる制度が設けられた。大手・中堅の一戸建住宅メーカーを中心として申請が増加し，2014年9月までの累計で約32万戸が認定されている。2007年に施行された「住宅の品質確保の促進等に関する法律（品確法）」とともに，良質な住宅ストックを誘導してゆこうという政策目標に沿ったものである。

■マンションの維持・管理

分譲マンションは建て替えという大きな問題を抱えている。同時に維持・管理を適正にしてゆくことで，長期にわたって価値を保全してゆくことが求められている。長期的に計画的な修繕を行うため，積立金不足の解消，リフォーム技術の開発などが進められている。またマンション管理の専門家の育成や，大規模修繕時の合意形成をしやすくするなどの支援が検討されている。2000年には「マンション管理の適正化の推進に関する法律」によりマンション管理士という国家資格が誕生し

住宅政策の新しい方向！
Ⅱ新たな政策体系への転換の具体的方向
(1) 良質な住宅ストック・居住環境への再生
・マンションストックの新たな更新・維持管理
・都市の居住地再生
・新たな地域居住
・良質ストック誘導型の税制・融資
(2) 既存ストック循環型市場の整備による持続可能な居住水準向上システムの構築
・中古住宅市場の活性化
・賃貸住宅市場の活性化
・リフォーム市場の活性化
・市場を通じた住環境の向上
・総合的な住宅関連サービス市場の育成
(3) 少子・高齢社会に対応した「安心居住システム」の確立
・持家のバリアフリー化
・高齢者対応型の民間賃貸住宅ストック形成
・高齢者対応型の公共賃貸住宅政策の充実
・子育てしやすい環境整備
(4) ストック重視・市場重視の住宅政策体系を支える計画体系の再編
・新たな居住水準
・新たな住環境水準
注）・は主なものを取り上げている。

図6-24 住宅宅地審議会答申（2000年）の主な内容

長期優良住宅とは，長期にわたり良好な状態で使用するために，大きく分けて以下のような措置が講じられている住宅を指している。
① 長期に使用するための構造及び設備を有していること
② 居住環境等への配慮を行っていること
③ 一定面積以上の住戸面積を有していること
④ 維持保全の期間，方法を定めていること

図6-25 長期優良住宅とは

図6-26 住宅性能表示として表示される内容
（住宅性能評価・表示協会ホームページより）

た。また2002年の「区分所有法」の改正では，大規模修繕の多くが過半数の賛成で可能となった。

■住情報の発信

欠陥住宅問題などに見られるように，住宅市場では，売り手と住み手では情報に格差がある。また住宅の耐震・断熱性能判定などには専門性が必要とされる。リフォームにあたっての業者選び，住まいに関わる助成制度や高齢期の住み替えなどのアドバイスも求められている。

このような住まいに関わる情報をわかりやすく発信する努力が始まっている。多くの自治体で住情報は，住宅政策の柱とされている。先進的な自治体では，住情報を発信するための組織がつくられ，インターネット上での公開や研修会による知識の普及がはかられている（図6-28）。

■中古住宅の評価と流通

一戸建の持家が「終の棲家」といわれた時代はすでに終わったといわれている。長寿命化とともに生活圏が縮小し，介護が必要になるなどで，高齢期の住み替えが問題となっている。住み替えにあたり，現在の持家を容易に貸せるようにしたり，売却できたりする仕組みを整えるべきではないかという考え方が強くなっている。一方で，リバースモーゲージという形で，現在の住宅を担保に老後の生活費を確保しようという試みもある。

また適正に維持・管理した中古住宅が，市場で正当に評価されるべきであるという視点から，リフォームなどの履歴情報を整備し，売買時に活用する取組みもなされている。

■住宅・土地税制

土地・建物に関わる税金は多い。不動産の購入時には，不動産取得税が課せられる。それを所有している場合には，固定資産税や都市計画税がかかる。また，それを売却した時には，売却益（譲渡益）に対して所得税・住民税がかかり，相続や贈与の際には，相続税や贈与税が課せられる。

住宅政策的には，住宅ローンに対する所得税の減免措置が，新規供給政策として積極的に活用されてきた。現在でも景気刺激策として，住宅ローン減税は大きな役割を果たしている。

近年では世帯減少の時代に入り，相続税制や固定資産税制などが住宅政策と関連して議論されることが多くなっている。相続税の問題では，2015年以降に相続人の基礎控除額が引き下げられることにより，相続税を払う必要がある人が多くなってきた。また空き家問題では，建物が建っている宅地の固定資産税が安くなることが，空き家問題を助長しているのではないかとの議論もなされている。もともと税制と住まいや都市計画行政との連携性は希薄であったが，ストック重視の社会を迎え，住宅の長寿命化やまちなみ形成などと結びついた不動産税制の転換が求められている。

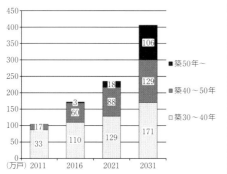

図6-27 分譲マンションストックの予測
（国土交通省資料）

図6-28 住宅情報の発信
このように自治体がウェブを使って住まいの問題に困っている人に対して発信を行っている。これは神戸市が住情報を発信している「すまいるネット」のトップページ。

図6-29 平成27年度よりの相続税制変更事例
土地や住宅に関わる税制は多い。左は平成27年度より相続税改正にともなう控除等の変化を紹介したものだが，この他にも贈与税や住宅取得税，固定資産税や都市計画税など，住まいのあり方に大きな影響を与えている税制についての理解が必要である。

6-5　住まいのセーフティネット

■住まいの格差

　戦後におけるわが国の住宅市場の特徴は「持家化社会」として特徴づけることができる。住宅を持つことは資産選択の一つとして考えられ，地価の上昇期には住宅ローンの金利を支払っても有利という状況が長く続いた。戦後の住宅統計をみると，所得の高い層ほど持家率が高くなってきている傾向をみることができる。

　この強い持家志向に支えられて，平均の住宅床面積は上昇してきた。アメリカを除いては，諸外国と比較しても劣ることはない。しかしながらわが国においては，持家と借家の格差が大きいことに注目が集まっている。2013年の住調では，持家の平均延床面積が122m²に対して，借家は48m²というように，2倍以上の開きがある。

■ローン破たん

　住宅は高額の商品であり，ローンを支払いつつ生活をするためには，それなりの収入の安定が必要となる。多くの場合，住宅を購入するにあたって長期の住宅ローンを組むことが一般的であり，ローン破たんのリスクがある。もともと支払い能力の低いことを承知で住宅ローンを組ませ，そのリスクの多い債権を複雑に組み合わせつつ売買する仕組みが崩壊したのが，リーマンショックといわれる住宅バブルの崩壊であった。

　わが国では，1980年代末に土地バブルの崩壊を経験し，株価は大幅に下落し，その後に地価低迷の時代を迎えた。そのため住宅は購入しやすくなったようにみえるが，1990年代に増大した不安定な就労や，退職後の収入不足により，ローンの定期的な支払いが困難な層も発生している。

■ホームレス・貧困ビジネス

　ローン破たんが一定の収入のある世帯の問題であるとすると，現在の住宅問題の底辺にはホームレス等の問題がある。わが国の法律では，ホームレスを野宿者・路上生活者のみに限定している。地価バブル崩壊後の経済低迷が続く中で，社会的にも注目された。2002年に「ホームレスの自立支援等に関する特別措置法」が制定され，全国的な実態がわかるようになった。その人数は経済情勢と強い関連をもっている。狭義の定義に基づくホームレスの人数は，2003年調査で約25,000人であった。これが2014年には7,500人となり，法律制定後は徐々に減少している。

　しかしながら近年話題となっている「貧困ビジネス」をみれば，「ゼロゼロ物件」「家賃保障」「宿泊所ビジネス」「生活保護者の囲い込み」「無届老人ホーム」など，狭義のホームレスから外れたところで多くの問題が発生している。住まいの底辺をとりまく問題は多様化しているといえる。

	住居戸数	平均世帯人員	平均延床面積
持家（合計）	31,256,100	2.74	121.90
持家（一戸建）	25,404,000	2.83	131.12
持家（共同建）	5,526,200	2.31	73.39
借家（合計）	18,448,800	1.83	47.75
民借（共同建）	12,221,300	1.66	41.37

図6-30　住戸規模でみた持家・借家の格差
（「平成25年住宅・土地統計調査結果」総務省統計局より作成）

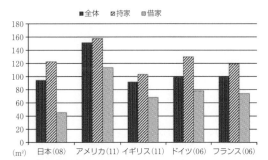

図6-31　住戸規模の国際比較（壁心換算値による）
（国土交通省資料）

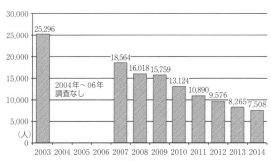

図6-32　ホームレスの人数推移（厚生労働省資料）

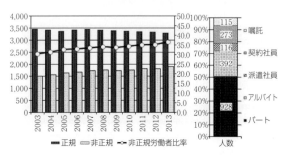

図6-33　非正規職員の増大とその内訳（厚生労働省資料）

■格差の原因

　民間市場での住宅供給能力が高まり，持家を中心として居住水準の向上がみられる反面，生活格差や所得格差が広がっているという指摘が多く見られる。住まいの貧困という問題も，あらためて議論が始まっている。

　第一の原因は，わが国において世帯分離が進むとともに，少子・高齢化が急激に進展していることにある。高齢者世帯は所得の差が大きく，その比率が高まることにより格差は拡大するのである。

　第二の原因として，特に若年層におけるフリーターなど「不安定就労」比率の拡大があげられる。これらは市場の失敗に起因するものとして，まず正常な市場環境を整備することが重要との考え方がある。とはいえ市場メカニズムが有効に働いたとしても，格差は残るという主張もある。住まいのセーフティネットをどのように再構築すればよいのか，という議論が盛んになっている。

■住宅セーフティネット法

　2005年の住宅宅地分科会は，低所得層向けのセーフティネットとしては公的関与のもとで適切な賃貸住宅を供給する必要があると報告した。そのためには公的直接供給から民間賃貸住宅を含む家賃補助政策への転換が必要であったが，それは棚上げにされた。2007年に「住宅セーフティネット法」が成立する。住宅確保要配慮者（低額所得者，被災者，高齢者，障害者，子育て世帯他）に対する賃貸住宅供給の促進を目的としたものである。対象となる世帯が従来よりも広く捉えられたことは住宅政策としての前進であるが，民間賃貸住宅には入居制限をなくしてゆくことしか政策化されなかった。その結果，わが国の住宅分野における狭義のセーフティネット政策は依然として公営住宅に依存せざるを得ない。しかしながら公営住宅の建設は抑制されたままであり，居住世帯の高齢化が進んでおり問題は残されている。

■高齢単身低収入層

　今後の住宅セーフティネットの重要課題は，低収入の高齢単身世帯ではないかと思われる。中年の未婚世帯率も高まっており，その予備軍は多い。公営住宅は低収入の核家族世帯を対象に，最低居住水準の向上をめざしたものであるが，近年では居住する世帯が変化している。高齢単身世帯が老齢基礎年金だけで生活することは難しい。高齢者の介護費ならびに医療費が増大してゆくことは確実である。生活保護という最後のセーフティネットをどうするかという問題に加えて，住まいの分野でどのような第二のセーフティネットが準備できるのかという検討が必要となる。多くの自治体で住宅政策と福祉政策との連携が始まっている。住まいのセーフティネット問題は，住まいを学ぶ人にも是非取り組んでほしい課題の一つである。

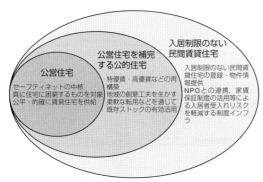

図6-34　住宅政策におけるセーフティネットのイメージ

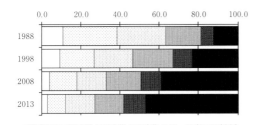

図6-35　公営住宅居住世帯の高齢化
（各年度の「住宅・土地統計調査結果」総務省統計局より作成）

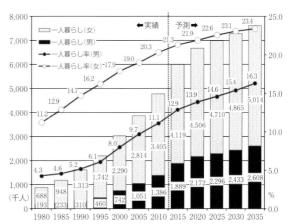

図6-36　単身高齢者の増加（折れ線は全高齢者に占める比率）

最低居住水準	計算例			
世帯人数に応じて，健康で文化的な住生活の基本として必要不可欠な住宅の面積に関する基準	単身	2人	3人	4人
注）子どもに関わる世帯人数の換算 　　3歳未満＝0.25人 　　3歳以上6歳未満＝0.5人 　　6歳以上10歳未満＝0.75人 ただし換算により2人に満たない場合には2人とする。	25	30	40	50

図6-37　住生活基本計画における最低居住面積（m²）

7　住まいとまち

7-1　生活の広がりとまちと文化

私たちの生活は、住居内だけで成立しているのではない。学生も通学や授業、買物、アルバイトなど、住居の外に滞在する時間は多い。住居外への生活の広がり、まちでの生活時間や活動・行動に大きな意味があるといえる。プライベートな空間である家から一歩外に出てパブリックな空間に踏み込むと、隣近所の人との軽い挨拶から活動を共にするなど、さまざまなレベルで人との交流・出会いが生まれる。このような住居外・まちでの交流・出会いは、私たちの暮らしを豊かにするものであり、幅広い生活の基盤ともなっていく。

■まちの文化

まちは、その地域の歴史と先人の智恵の積み重ねの上に形づくられてきており、成り立ちの過程や場所独自の地理的要因等によって育まれてきた固有の文化をもっている。これらは住居の間取りや建物の形態、装飾等の中に反映されていたり、生活の一部として習慣や慣習のようなかたちで日常生活に組み込まれていたり、お祭りのような非日常の地域独自の行事に表されたりしている。

■まちの成り立ち

役割や機能に基づいて形成された町としては、城を中心に発展した城下町や寺社を中心とした門前町、宿場町等があり、おのおの独自の形態をもつ。港に適した地理的状況から発展した港町は、外からの情報が一番初めに届く場所であり、そこから異国情緒を醸し出す独特の町と文化が生まれている。また、交通手段も町の成り立ちに影響を及ぼしている。水上交通が盛んであった時代には、街中においても川や運河が活用され、今も川岸に船着き場が残っている町などもある。

■道とまちの形

住居へのアクセスには道が不可欠であり、道の通り方によって町の基本的形状が決まる。例として、格子状に道が走る町(京都や奈良等)、ヨーロッパによく見られる中心の広場から放射状に道が伸びる町、渦巻き状の町(例えば江戸)等があり、それぞれの形状自体にも歴史がある。

■地域への愛着

古くからの歴史のある町も新しい町も、それぞれに成り立ちの背景があり、育まれてきた地域の文化や特色がある。住まいの周囲にも目を向け、地域に愛着を感じることが、人との交流、そして住みやすく豊かさのある生活に繋がっていく。

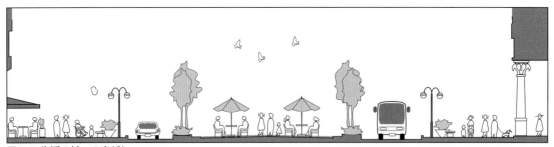

図7-1　生活の外への広がり

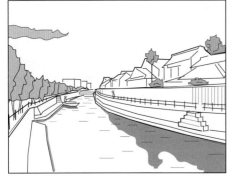

図7-2　船着場のあるまち

図7-3　道の形状

図7-4　見せる外観

7-2 まちづくり

犬の散歩等で近所をゆっくり歩くと，それまで気づかなかった花とか，街灯とか周りの細かいことに気づくとよくいわれる。このように住まいの周囲に目を向けることが，まちづくりへの第一歩であり，住みやすく気持ちよい町にしたいという思いが，まちづくりの基礎となる。

■住民参加型まちづくり

より良いまちづくりには，そこで生活している地域住民の参加が不可欠となる。なぜならば，町の主体は住民であり，住民自らが日々の生活を振り返って地域の暮らしを考え，より良い生活のためのニーズや改善策，地域の将来像をハード面・ソフト面双方から探る必要があるからである。

住民参加型まちづくりでは，「まちづくり憲章」，「まちづくり条例」があげられる。「まちづくり憲章」は，住民が中心となってメンバーを構成し，目指すまちの将来像やそのための基本計画を明記したもので，それに基づいてさまざまな活動を行っている。一方，「まちづくり条例」は，市民のためのより良いまちづくりの目標や手法を行政が定めるものであり，市民主体のまちづくりを推進することや市民参加の仕組み等が書かれている。

■コーポラティブ住宅

コーポラティブ住宅は，集合住宅の一つのタイプであるが，単に人が集まって住むのではなく，そこに住もうとする複数家族が集まり，それぞれがどのような暮らし・住まいを望んでいるのかなど何度も話し合い，建てていくプロセスを共有する。このような過程からは，互いの連帯感も生まれ，一つのコミュニティを形成する。これも小さい単位でのまちづくりの一つといえる。

7-3 住まいと景観

■住まいを外から

住まいは内側からだけではなく，外から眺めて見ることも重要である。なぜなら，道からの眺めは，内空間を思い起こさせると同時に，地域の景観を構成する要素の一つとなり，まちのイメージを作っているからである。

外から見ると，美しい窓回りの表情がすぐ見える場合，塀の内の庭が見え，その奥に家が見える場合等，いろいろな見え方があることがわかる。そして，自分の住居の外観が，町に対して少なからず影響していることにも気づくはずである。

そこで，ここでは，住まい（プライベート空間）と道（パブリック空間）とを隔てる境界と，そこに作られる層について考えていく。

■境界を作る層1

建物外壁自体が境界となる場合，欧米のタウン

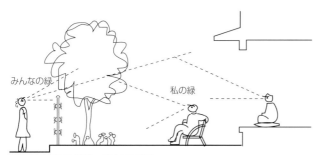

図7-5 外からの目，内からの目

図7-6 フレンドリーな仕掛け（ユトレヒト）

タイプ	境界設定		図
境界の層1	建物外壁	視界を遮る	
境界の層2	すき間のない塀	視界をしっかり遮る	高い塀 
			高くない屏 
境界の層3	すき間のある塀	緩やかに遮る	
境界の層4	塀なし	地表面の違いのみ。視界を通す	

図7-7 境界の層

図7-8 そろっている坂の街並み（八尾市）

ハウスでは，植栽やカーテンで外壁の窓回りが内外ともにきれいに整えられ，ドレーパリー，レースカーテンという層が作られている。また，建物玄関前の数段の階段も，一つの層を作ったりする（図7-11）。

日本の町家では，内からは外が見えるが，外からは内が見えにくい格子窓が見られる。いずれにしても，外壁のデザイン自体が，まちに対してある種の雰囲気を与えている。

■境界を作る層2

建物と境界との間に敷地がある場合，外壁とは別途に空間を隔てる層を作ることができる。

視界をしっかりと遮る塀や生垣を境界に設ける場合，その高さによって内側の見え方が変わる。塀などが高いと，道からの視界は道空間で完結し，漆喰や石積みのような風格のある塀や綺麗な緑の生垣の場合は，独特の道の景観を作り出すことができる。塀が低いと，塀に続いて敷地内の庭など外回りの空間が見え，続いて建物が視界に入る（図7-9）。

ここでは，塀，庭，建物外壁といった層の重なりが境界を作っており，敷地内に視界が伸びることから，道空間の広がりも生まれてくる。

■境界を作る層3

ソリッドではなく，格子や垣根のようにすき間のある塀で，視線をいくぶん通しつつ，緩やかに遮る層境界もある。緩やかに遮る塀，塀のすき間を通して見える庭という一つの空間の層，テラス，軒下，窓辺のカーテン等，徐々に内に向かうさまざまなタイプの層の連なりが外からも感じられる。

■境界を作る層4

境界に視界を遮るものを設けない場合である。アメリカなど海外の郊外住宅地によく見られる，地面に芝生や低い植栽を植えただけのため，建物がそのまま見える場合であり，道から建物まではある程度の距離がある。その距離自体が緩やかな境界となる層を作り出すとともに，建物前面や周囲に設けられたテラス，窓辺のカーテンやオブジェ等が幾重もの層を作っている（図7-10）。

■独特の景観

前述の景観に関わる「境界を作る層」の典型に加え，それらが複合的に使われる場合，そもそも道に向けて建てていない場合などがある。

沖縄の伝統的な家屋では，珊瑚礁を積んだ石垣は入口で途切れ，その一歩内側にヒンプン（図7-12）と呼ばれる目隠し的石垣が設けられている。また，伊根湾に面した舟屋（図7-13）は，海辺ぎりぎりに建てられ，1階は船ガレージと海からの入口で，海に開いた独特の景観を形成している。

境界の生み出す表情は，住み手のちょっとした工夫による部分も大きい。外からも「あの素敵な家」といわれるような住まいにしたいものである。

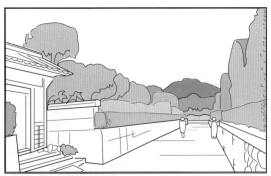

図7-9 層2：知覧市 武家屋敷（石垣・高生垣）

図7-10 層4：Cherryhill アメリカ郊外の芝生と家

図7-11 層1：フィラデルフィアのタウンハウス

図7-12 沖縄のヒンプン

図7-13 伊根の舟屋

7-4 都市計画

■用途地域

快適に住まうことができる住環境を確保するために，都市には用途地域の指定がある。異なる用途の建物が混在することで住環境が悪化するのを防ぐために，住居，商業，工業を主軸として12の地域に市街地を区分けしている（**表7-1**）。地域ごとの特徴に応じて，建物の用途が規制され，建物の高さや建ぺい率，容積率，敷地境界線からの壁面後退等の規制が定められている。これらは，各都市の都市計画図でみることができる。

■都市インフラストラクチュア（インフラ）

人々が，安全で（安全性），健康的な（保健性），利便性の高い（利便性），快適な生活を享受できる都市基盤として，都市全体の電気，ガス，上下水道，通信といったライフラインのためのさまざまな設備が地下や空中，地表に設けられている。

地中に埋設されているガスや上下水道の設備は目につかないが，道端に建てられている電柱や空中の電線等は視界に入る。そこで，景観の妨げになる場合は，その地下化が勧められている。

また，目的地に達するための徒歩や自転車，公共交通，車などの交通網や，それに関わる設備も都市の重要なインフラである。

■人と環境にやさしい都市

近年では，少子高齢化と世界的な環境問題からも，機能を拡散させるのではなく，都市中心部に集約し，短い移動距離でさまざまな施設にアクセスできる「コンパクトシティ」という言葉が注目されている。

また，今までの車中心の社会から環境と人にやさしい交通を目指す社会への転換，交通弱者をなくすための公共交通整備の推進が進められており，特に欧米では，新しいタイプの路面電車であるLRT（Light Rail Transit）を中心とした都市交通計画が進められている。そして，限られた道空間の中での快適な歩行空間や，自転車道創出のための道路再配分も重要となってきている。

■理想の都市：ユートピア

都市の理想的な住まいの場，生産の場，憩いの場等のあり方とその配置，繋ぎ方について，いくつものユートピアが構想されてきた。

その中で，E.ハワードがユートピアとして描いたのは，円形広場を中心として，その周りにホールや博物館，病院等の公共建築群，次に水晶宮に囲まれたレクリエーション広場，環状に配された住宅群と続き，その外周に酪農場や工場等が並び，これらが中心広場から放射状に伸びる道と環状道路で繋がれている田園都市構想である（**図7-16**）。多くの理想都市が実現に至らない中，この案はイギリスのレッチワースで実現されている。

表7-1 用途地域

住居専用地域	低層	第1種	低層住宅のための良好な住居の環境を保護するための地域
		第2種	主として低層住宅の良好な住居の環境を保護するための地域
	中高層	第1種	中高層住宅の良好な住居の環境を保護するための地域
		第2種	主として中高層住宅の良好な住居の環境を保護するための地域
住居地域		第1種	住居の環境を保護するための地域
		第2種	主として住居の環境を保護するための地域
準住居地域			道路の沿道として地域の特性にふさわしい業務の利便の増進を図りつつ，これと調和した住環境を保護するための地域
近隣商業地域			近隣の住宅地の住民に対する日用品の供給を行うことを内容とする商業，その他の業務の利便を図る地域
商業地域			主として商業その他の業務の利便を増進するための地域
準工業地域			主として環境の悪化をもたらすおそれのない工業の利便を図る地域
工業地域			主として工業の利便を増進するための地域
工業専用地域			工業の利便を増進させるための地域

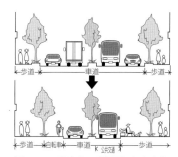

図7-14 車中心の道路から人中心の道空間へ

図7-15 サラゴザの歩行者空間（噴水や遊具，オープンカフェあり。両脇に公共交通LRT軌道と車道がある。）

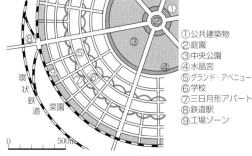

①公共建築物
②庭園
③中央公園
④水晶宮
⑤グランド・アベニュー
⑥学校
⑦三日月形アパート
⑧鉄道駅
⑨工場ゾーン

図7-16 E.ハワードのユートピア

7-5 都市施設とオープンスペース

■都市の公共的施設

まちには,人々が多様で豊かな生活を送ることができるように,住居と仕事の場,商業・娯楽施設のほかに,学校や図書館,博物館,音楽堂等の文教施設,病院やクリニック等の保健施設,郵便局等の通信施設,行政機関関連施設等,さまざまな公共のための施設がある。これらは相互に機能的にふさわしい関係が維持できるように配置されていることが望まれる。また,これらの施設には,容易にアクセスできる適切な交通手段,バリアフリーで,誰でもが利用しやすい公共交通網が整っていることが必要である。

■オープンスペースとアフォーダンス

都市には,広場・公園,ポケットパークのほかにも,建物の外回りや時には内側にも,多様なオープンな空間が作られている。これらオープンスペースでは特に,もともと予定されていたわけではない随時的,社交的な行為をアフォードできるようなデザインがなされていれば,人と人との偶発的な社会的接点を生み出す場となる。

そのため,ストリート・ファニチャーの形態や配置,空間のヴォリューム計画などにソシオペタル・ソシオフーガルという人の心理的距離や心理的側面に注意を払い,人の行為に対する「仕掛け」の装置であることに留意する。

■ストリート・ファニチャー

広場や街路といったオープンスペースでのストリート・ファニチャー(**表7-2**)は,歩行者に快適な歩行空間を提供する以上の重要な役割をもっている。

ベンチやパラソルは,歩行中に腰掛けて休息できる憩いの場を提供すると同時に,そこで人との会話を生み出すかもしれない。キヨスクや広告塔,インフォメーションセンターは,歩行者に都市の楽しみのための情報提供や商品販売によって,都市の文化的・娯楽的側面をサポートするが,そこから新たな行動につながるかもしれない。

また,交通施設である停留所は,他の交通手段とのスムーズな連続性を提供する結節点であり,そこにあるベンチやシェルター,プランターは,交通機関の待ち時間のための場所であるが,移動行為の中に憩いをもたらす役割ももっている。さらに,これらは都市景観を構成する要素でもあることを忘れてはならない。

■道空間

道空間も一つのオープンスペースといえる。単に歩くだけのスペースではなく,誰かに出会い,立ち止まって雑談が生まれたり,沿道の何かを眺めたりする所でもある。このような歩行以外の行為によって,人々の交流が生まれる場となる。

図7-17 都心のポケットパーク(フィラデルフィア)

図7-18 LRT停留所のシェルターとベンチ(ナント市)

表7-2 ストリート・ファニチャー

機能・目的	内容
憩い	ベンチ
	パラソル
	ベンチも兼ねた噴水
	プランターボックス
	ベンチも兼ねた照明器具
情報提供	キヨスク
	広告塔
	サインボード
	インフォメーションセンター
交通機関	停留所のベンチ
	シェルター

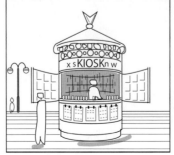

図7-19 都市の装置 キヨスク

図7-20 歩行者空間のベンチ付き噴水(ニューヨーク)

7-6 まちの風景

■風景のエレメント

　都市の風景は，建物ファサード，道の舗装面，街灯，街路樹／植栽といった空間の大まかな形を作っているエレメント，7-5で述べたストリート・ファニチャー，噴水やオブジェ，オープンカフェ等の空間演出系エレメント，また停留所や駅などの交通施設によって構成されている（表7-3）。

　これらさまざまなエレメントには，キヨスクのように，夜には閉じられる物もあり，開閉双方にきれいな姿が求められる。そして，個々ばらばらにデザインされて自己主張するのではなく，配色や形状，スケール等の一貫性や全体としての統合的なデザインによってはじめて，街の美しい風景に貢献していくことになる。

■風景のシークエンス

　人は，まちの中を移動していくため，次から次へと，人の動きに従って開けていく視界に現れる一連の風景，すなわち都市景観のシークエンスが大切となる。道の曲がり具合や角のデザイン，道幅の変化，また，フォーカルポイントとなるオブジェの配置や視線の抜け感を上手に利用することで，シークエンスに変化をもたらし，楽しいまち歩きの時間を演出していくことができる。

■変化する風景

　建物など構築物の存在は変わらないものの，その見え方はさまざまな要因によって変わっている。夜になると，人工照明でどのように照らすかによって，昼とは異なる姿を演出することができる。晴天，曇り，雨，雪などの天候によっても，まちのイメージは大きく変わり，街路樹や植栽のような季節によって姿を変える植物も，まちの風景を変えていく。

　また，最近ではシーズンやイベントに合わせた期間限定のイルミネーションやプロジェクションマッピング，街路の飾り付けなども見られ，日常生活の空間を非日常の世界へと変化させている。

■道の風景

　まちの風景には，必ずといっていいほど道が登場する。道はさまざまな交通手段で使われるが，人のための空間，すなわち歩道が拡張されれば気持ちよく歩く人も増加し，より生き生きした風景を描くことができる。また，最近注目されている芝生が敷かれた路面電車軌道は，都市にグリーンベルトをもたらし，まちの風景を変えている。

■次世代へ引き継ぐ風景

　世界遺産にちなみ，地域遺産として住民が親しみを感じる風景を，よりよい形で次世代に伝えていこうという動きも見られる。このような意識で改めて自分のまちを眺めると，今まで見えていなかった新しい風景が見えてくるに違いない。

図7-21　オープンカフェのあるまち（広島）

図7-22　夜のまち（フライブルグ）

表7-3　風景のエレメント

風景構成エレメント	
空間のかたちを構成	建築のファサード
	道路舗装面
	街路樹・植栽
	街灯
空間演出装置	ストリート・ファニチャー
	噴水・水盤
	オブジェ・彫刻
	オープンカフェ
交通施設	停留所シェルター
	車両

図7-23　芝生軌道と停留所のアーチ（ミュルーズ）

8 住まいの環境

8-1 住まいのインフラ

■電力

需要家が受ける電気には，配電方式により，単相2線式，単相3線式，三相3線式，三相4線式があるが，一般住宅の電気は，単相2線式100Vか単相3線式100V/200Vが使われる(図8-1)。

これは住宅で使われる電気負荷が，照明や家電機器などの単相100Vの負荷と，エアコンや電磁調理器などの単相200Vの負荷の2種類があるためである。

■上水道

水道の水源水が需要家に供給されるまでには，原水の質，量，地理的条件，水道の形態などに応じて，取水設備，貯水設備，導水設備，浄水設備，送水設備，配水設備，給水装置の作業プロセスを経て，家庭に供給される。

水道水により供給される水は，水質基準（厚生労働省第101号）で50項目にわたり規制されている。**表8-1**に基準の抜粋を示す。

■下水道

○**公共下水道**：主として市街地における下水を排除または処理するために地方公共団体が管理する。
○**流域下水道**：河川や湖沼の流域内にあり，2つ以上の市町村の行政区域を越えて下水を排除する。
○**都市処理水路**：市街地の雨水を排除する。終末処理場がないため水質規制がある。
○**分流式**：汚水と雨水とを別々の管路系統で排除する排水方式である(図8-2)。
○**合流式**：汚水と雨水とを同一の管路系統で排除する排水方式である(図8-2)。

■ガス

一般のガス事業を行う一般企業または自治体の地方公営企業が供給する都市ガスと，地域ごとにあるLPガス会社より，ボンベで配送されるLPガスに分類される。

○**都市ガス**：メタンを主成分とする天然ガスのことで，空気より軽い。液化天然ガスを気化させ，熱量調整をしたのち，ガス導管を通じて各需要家に供給される。各需要家では，ガス漏れや地震発生時に，自動的にガスを遮断する機能が付いたガスメーター（マイコンメーター）を通して使用する。一酸化炭素を含まないため無害であるが，室内に充満すると窒息につながるので，事故防止のため本来無臭であるガスに，臭いを添加して供給している。

表8-1 水質基準(抜粋)

項　　目	基　準　値
大腸菌	検出されないこと
水銀及びその他の化合物	水銀の量に関して，0.005mg/ℓ以下であること
鉛及びその化合物	鉛の量に関して，0.001mg/ℓ以下であること
蒸発残留物	500mg/ℓ以下であること
味・臭気	異常でないこと
色度	5度以下
濁度	2度以下

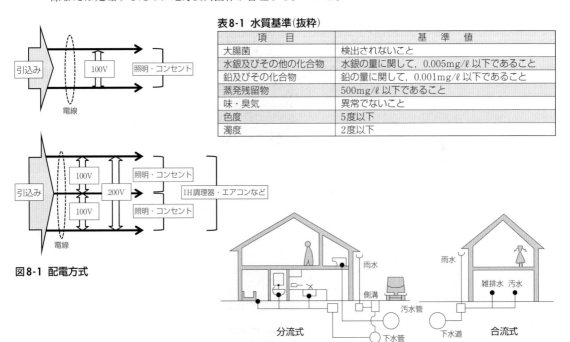

図8-1 配電方式

図8-2 排水方式

○LPガス：プロパン・ブタンを主成分にもつ液化石油ガスのことで，空気より重い。LPガスが入ったボンベを，業者が各家庭まで配送する。

■通信

現代の住宅では，通信技術やコンピュータ技術の発展により，通信・情報システムが，高度化・複合化されている。

一般には，電話，テレビ，パソコン（インターネット）などが使われているが，今や生活に欠かせない機能となっている。インフラとしての通信用ケーブルは，より高速・大容量のデータ送信が可能な光ケーブルに置き換わりつつある。

8-2　住まいの日照と風向

■日照

室内に太陽光が入射することを日照という。明るさ，熱，殺菌，健康維持，安らぎなどの利点があり，人の生活に欠かせないものである。一般的に，天空光（大気によって十分に拡散された太陽光）を室内に取り入れることを採光という。

○昼光率：自然採光の良し悪しを判断するため，天空からの光が窓を通り抜けて，室内のある地点にどれだけ届いているかを表す指標で，全天空照度と室内にある一点の照度の比で示される（図8-3，図8-4）。

■通風

気流は，一般的に自然に生じる空気の流れをいい，なかでも水平方向の気流を「風」と呼んでいる。地球上に起こる気流は，温度分布に基づく対流である。

住まいと風との関係は，「風通しの良い住まい」というように表現される。冬季以外では，風が室内を通り抜けることにより，建物の熱負荷を取り去り，風が人体に当たると，体表からの熱伝達・水分蒸発により，人体の温感覚が改善されることになる（図8-5）。

8-3　室内環境

■光環境

可視光線の範囲は，ほぼ400～800nm（ナノメートル）であり，それより波長が短いものを紫外線，長いものを赤外線といって，目には見えない（図8-6）。

人の目が，光の波長ごとに明るさを感じる強さを数値化したものを比視感度といい，明るい所では555nm付近，暗い所では507nm付近の光を最も強く感じる。

また，人が明るい所から暗い所に順応することを暗順応，逆に暗い所から明るい所に順応することを明順応といい，回復は明順応のほうが早い。

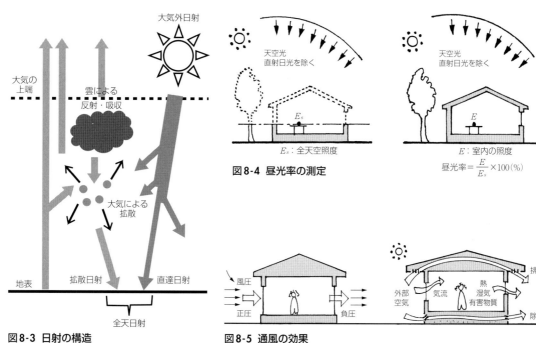

図8-3　日射の構造

図8-4　昼光率の測定

昼光率 $= \dfrac{E}{E_s} \times 100 (\%)$

図8-5　通風の効果

さらに見やすさのことを明視といい、「視対象の大きさ」「視対象と背景の輝度対比」「明るさ」「視速度(早く動くものほど見にくい)」の4条件で決まる。

○**光束F**：標準比視感度で補正した光のエネルギー量[lm：ルーメン]

○**照度E**：受照面に入射する単位面積当たりの光束[lx：ルクスまたはlm/m²](図8-7)

ある面の照度は、点光源の光度に比例し、点光源からの距離の二乗に反比例する。これを「逆二乗の法則」という。一般的に用いられる室内の平均照度は、下記の式で表される。

$$\text{平均照度}\,E[\text{lx}] = \frac{F \cdot N \cdot U \cdot M}{A}$$

F：ランプ1個の光束[lm]　N：ランプの個数
U：照明率(器具と室の特徴で決まる)
M：保守率　A：床面積[m²]

明るさは、人の感覚が作用するため、これまでの指標では十分に評価できなくなってきており、新たな指標が提案され、実用化されてきている。

○**光束発散度**：ある面から出射する単位面積当たりの光束[rlx：ラドルクスまたはlm/m²]

○**光度I**：点光源から特定の方向に出射する単位立体角当たりの光束[cd：カンデラまたはlm/sr：ルーメン/ステラジアン](図8-8)

○**輝度L**：ある面から特定の方向に出射する単位面積当たりの光度[cd/m²またはlm/m²·sr]

○**効率**：消費電力1W当たりの発散光束[lm]のことで、照明器具の省エネルギー度の評価などに用いられる。最近では、LED照明器具と従来の照明器具との性能比較に用いられる。

○**演色性**：照明による物体の見え方を決定する光源の性質[Ra：ラジアン]で、演色性が高いほど色がきれいに見えるといわれる。最近では、LED照明も演色性の高い器具が発表されている。

○**色温度**：光の色を表す値[K：ケルビン]で、色温度が低い(例〈白熱電球：約2,850K〉)ほど赤みがかり、高い(例〈昼光色蛍光灯：約6,500K〉)ほど青みを帯びる。

■**音環境**

一般的に「音」といわれるのは、空気中、液体中、固体中を伝わる縦波(粗密波)のうち、人が聴き取れる範囲(可聴範囲)の波で、おおむね20Hz～20kHz、通常の音圧レベルでは、3,000～4,000Hz付近が最も敏感に感じられる。強さ(大きさ)、高さ、音色を「音の3要素」という。

○**音の強さI**：単位時間に単位面積を通過するエネルギー量[W/m²]で表される。音響出力Wの点音源から距離r離れた点での、物理量としての音の強さIは、次の式で表される。

$$\text{音の強さ}\,I[\text{W/m}^2] = \frac{W}{4\pi r^2}$$

種類	名称(色)	波長域(概値)
紫外線	↑	≦400nm
可視光線	青	435～480nm
	緑	500～560nm
	赤	610～750nm
赤外線	↓	800nm≦

図8-6　色と波長域

表8-2　騒音レベルの目安

騒音の値(dB)	騒音の例
130	ジェット機の離陸
100	電車のガード下
80	交通量の多い道路
60	普通の会話
40	畳のすり足
20	木の葉のそよぎ

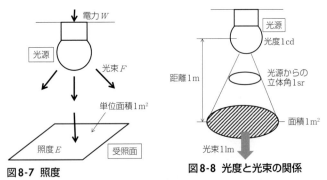

図8-7　照度　　図8-8　光度と光束の関係

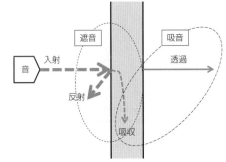

図8-9　遮音と吸音

○**音の大きさ** IL：音の強さのレベル[dB：デシベル]。人はエネルギーの大きさを、「音の大きさ」として知覚するので、音の強さは音の大きさで示し、音のエネルギーの対数で示す。

○**音の大きさのレベル**：人には同じに聞こえる音でも、周波数によっては音の大きさが異なる。1,000 Hz の A[dB]の音を基準に、これと同じ大きさに聞こえる音を A[ホン]の音という。

○**音の合成と距離減衰**：同一レベルの値の2つの音を合成した場合、1つだけの場合より約3dB大きくなる。また、点音源からの距離が2倍になると、音の強さは6dB減衰する。

○**騒音**：日本工業規格(JIS)で規定された騒音計における周波数補正回路のA特性(聴覚に合わせて補正した音圧レベル)で測定した値を、騒音レベルという(**表8-2**)。

○**遮音**：空間の間に障害物を設けて、音を伝わらないように遮断することをいう(**図8-9**)。

遮音性能は、入射音と透過音の差で表され、透過損失[dB]として表される。透過損失が大きいほど遮音性能は高く、単一材料の障害物の場合、単位面積当たりの重量が大きいほど、透過損失は大きくなる。また材料の密度が大きいほど、厚さが厚いほど、音の周波数が大きいほど大きくなる。

室間の壁の遮音性能は、遮音等級(D値)で表され、D値が大きいほど室間の遮音性能は高い。また床の衝撃音に対する遮音性能も、遮音等級(L値)で表され、L値が小さいほど床の遮音性能は高い。集合住宅においては、これらD値、L値が住宅性能評価に大きく影響する(**表8-3**)。

○**吸音と反射**：吸音とは、音のエネルギーが吸収されることにより、反射される音を少なくすることをいう。入射音のエネルギーに対して、吸収された音のエネルギーの割合を吸音率といい、表面が柔らかく空気を含み、多孔質のものは吸音率が高い。質量が比較的小さな材料は、遮音性能は期待できない。

また入射音のエネルギーに対し、反射された音のエネルギーの割合を反射率という。表面が固く緻密な材料は、反射率が高い。

■**熱環境**

室内の熱環境は、外部との熱の流出入や、日射熱、建物の熱容量、室内の照明、家電製品や人体などからの発熱によって大きく影響される。熱は高温側から低温側へ伝わる。この現象を熱貫流といい、次の3種類の伝わり方がある(**図8-10**)。

伝導：物質内または接触した物質間での熱の移動
対流：空気や水などの流体を介しての熱の移動
放射：空間的に離れた物質間での電磁波による熱の移動(輻射という場合もある)

熱容量は、物質がもつことができる熱量の大きさを表し、物質がもつ比熱と質量の積で決まるが、

表8-3 集合住宅の遮音等級と生活実感との対応

空間の壁の遮音性能(抜粋)

適用等級	1級	2級
遮音性能の水準	遮音性能上優れている	遮音性能上標準的
D値	D-50	D-45
生活実感	・日常生活で気兼ねなく生活できる ・隣戸をほとんど意識しない	・隣戸住宅の有無がわかるが、ほとんど気にならない

床の遮音性能(抜粋)

適用等級	1級	2級
遮音性能の水準	遮音性能上優れている	遮音性能上標準的
L値(軽量衝撃源)	L-45	L-55
生活実感	・上階の生活が多少意識される状態 ・スプーンを落とすと、かすかに聞こえる ・大きな動きはわかる	・上階の生活がある程度わかる ・椅子をひきずる音は、うるさく聞こえる ・スリッパの歩行音が聞こえる

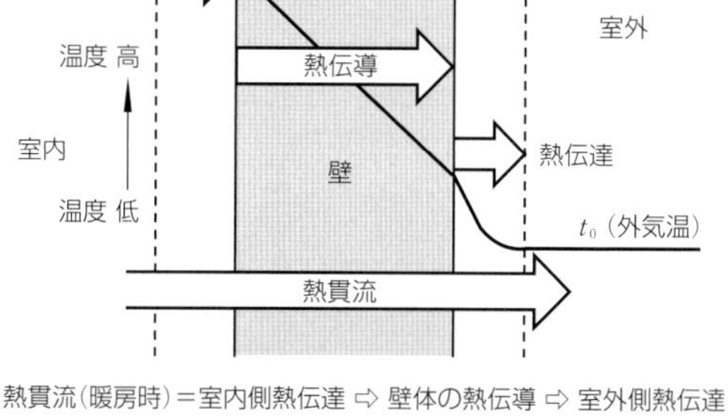

$$K = \cfrac{1}{\cfrac{1}{\alpha_0} + \cfrac{d_1}{\lambda_1} + \cdots\cdots \cfrac{d_n}{\lambda_n} + \cfrac{d_0}{\lambda_0} + \cfrac{1}{\alpha_i}} = \frac{1}{R}$$

K：熱貫流率[W/(m²·K)]
α_i：構造体内側表面の熱伝達率[W/(m²·K)]
 (一般的には $\alpha_i = 9$)
α_0：構造体外側表面の熱伝達率[W/(m²·K)]
 (一般的には $\alpha_0 = 23$)
$d_1\cdots d_n$：構造体を構成する各層の厚さ[m]
$\lambda_1\cdots\lambda_n$：各層材料の熱伝導率[W/(m·K)]
d_0：空気層の厚さ[m]
λ_0：空気層の相当熱伝導率[W/(m·K)]
R：熱貫流抵抗[m²·K/W]

熱貫流(暖房時)＝室内側熱伝達 ⇒ 壁体の熱伝導 ⇒ 室外側熱伝達

図8-10 熱の伝わり方

建物全体を熱容量の観点からみると，熱容量の大きいどっしりとした建物は，熱しにくく，冷めにくい。逆に熱容量が小さな建物は，熱しやすく，冷めやすいといえる。

屋根や外壁，床などを構成する材料は，それぞれ熱の通りやすさが異なる。これを熱貫流率Kという指標で表す。K値が小さいほど熱を通しにくいといえる。外壁や屋根裏に断熱材を組み込むのは，この熱貫流率を小さくして，熱の流出入を防ぐためにある。

外壁やガラス窓に空気層を組み込む場合があるが，これは密閉度が高い空気層には，断熱効果があるためである。逆に夏季に，外壁の空気層の空気を，上下の温度差を利用して積極的に入れ替えてやれば，外部から入る熱を，室内に入る前に排出することができる。

◉**結露**：住宅において悩まされるのが，冬季の結露である。空気には水蒸気が含まれており，その含むことができる量は，温度の上昇とともに増加する。一定の温度の空気に含むことができる水蒸気量を，その温度における飽和水蒸気量といい，飽和状態で含まれている水蒸気の圧力を，飽和水蒸気圧という。

湿度の指標には，相対湿度と絶対湿度があるが，一般的に，家庭の湿度計などに用いられているのは相対湿度である。一定温度の空気の飽和水蒸気圧に対する，現在の飽和水蒸気圧の割合[%]を示している。一定量の空気に含まれる水蒸気量が同じであっても，温度が異なれば，相対湿度も違った値となる。つまり，室内の温度が上がれば，室内の相対湿度は下がることになる。

それに対し，絶対湿度というのは，温度に関係なく，一定量の空気に含まれる水蒸気量を示したものである。$1kg$の空気中に含まれる水蒸気量を示す質量絶対湿度[kg/kg]と，$1m^3$の空気中に含まれる水蒸気量を示す容積絶対湿度[kg/m³]がある。室内の温度が変化しても，絶対湿度は変化しない。

◉**結露発生のメカニズム**：空気の温度が下がると，含むことができる水蒸気量が減少するため，ある水蒸気量を含んだ空気が，ある限度以下の温度になると，空気中の水蒸気が水滴となって物体の表面や内部に現れる。これが結露発生のメカニズムである。水滴が現れるときの，その位置の温度を，露点温度という(図8-11)。

◉**表面結露**：壁などの物体の表面温度が，空気の露点温度よりも低くなったときに，物体の表面に結露が生じる。これを防止するには，壁などの表面温度を露点温度以上に保持すればよいわけで，断熱性能を高くするか，ヒートブリッジ(熱橋)と呼ばれる熱の伝導路ができないようにすることが必要である。さらには，換気を行い，室内の湿度

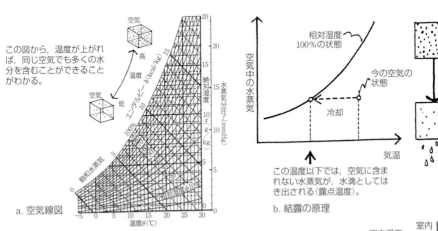

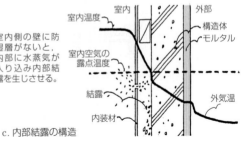

露点温度，空気温度，相対湿度(%)の関係

露点温度 (℃)	空気温度(℃)						
	0	5	10	15	20	25	30
16.4	←		飽和		80	59	44
14.1			飽和	→	94	68	51	38
11.3			飽和	→	78	57	42	31
8.0		飽和		87	63	46	34	25
3.8	飽和		92	65	47	34	25	19
-1.9	87	61	43	31	23	17	13

図8-11 結露発生のメカニズム

を下げ，家具と壁とのすき間などの空気の流れをよくすることも有効である。

○**内部結露**：表面に結露が発生しない場合でも，壁体などの内部で結露が発生している場合がある。これを内部結露という。これは壁体の内部のある位置の温度が，その位置の空気の露点温度以下の場合に発生する（図8-11）。壁の表面からは結露が確認できないため，被害が大きくなる場合がある。断熱材の室内側（高温高湿側）に防湿層を設けたり，空気層を設け，壁体内に侵入した湿気を外に排出するなどして防止する。さらに，外壁の外部層に断熱層を設ける外断熱構造は特に有効であり，寒冷地などに多く見られる。

8-4　住まいの設備システム

■電気設備

現代生活において，電気がなくてはならないことは自明の理である。全国的に見て，家庭用のエネルギーの約45％を電気が占めている。

○**照明**：電気エネルギーを光エネルギーに変換して，人間の生活に役立てる人工光源が照明器具である。自然採光を得にくい場所や夜間において，人工光源により視環境を確保し，さらに住空間をより快適に演出することができる。

現在では，多種多様な光源があるが（**表8-4**），これらには省電力，高演色性，小型化，長寿命，利便性などの質的な要求や，デザイン的な要求も強く，多様化に拍車をかけることになっている。低消費電力，長寿命の旗手であるLED照明も，さまざまな仕様の製品が開発されており，住まいの中にも定着しつつある。

○**LED照明**：発光ダイオード（LED：Light Emitting Diode）を使用した照明器具である（**図8-12**）。省電力，低発熱性，長寿命という長所があるが，電源回路を必要とし，放熱板や配光レンズ，散乱パネルなどにより，一般の照明器具より高価格である。近年，従来の照明器具と同等の種類やデザインのものが開発されており，価格も下がり，光環境的にも従来照明と同等の効果が得られるようになってきたことも，普及に大きく影響している。

○**コンセント**：コンセントは，もともと電気スタンドなどの補助的役割があったが，現代の住宅の中では，家電機器やOA機器の電源用として使われている。

住宅で一般的に使用されるコンセントは2口形で，容量は許容電流値で表され，一般的には15Aである。高容量の家電機器などを複数使用すると，事故につながるので注意する。洗濯機，冷蔵庫，電子レンジなど感電のおそれがある家電機器には，接地極付きまたは接地端子付きコンセント（**図8-13**）を設けなければならない。

表8-4　照明システムの特徴

		一般白熱灯	蛍光灯	LED
光源	明るさ（輝度）	△	△	○
	効率（光束）	×	◎	○
	省エネ性	低	中～高	高
	放熱の必要性	不要	不要	要
	寿命	×	○	◎
システム	安定期	不要	要	要
	価格	非常に安価	安価	高価

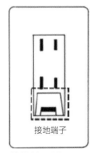

図8-13　接地端子付きコンセント

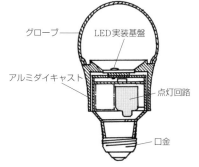

図8-12　LED電球の構造

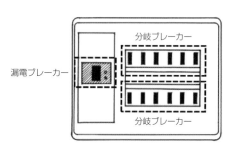

図8-14　住宅用分電盤

○**分電盤**：電気の供給と電路の保護を目的として設置される。主開閉器と，各室へ個別に電気を送る分岐ブレーカーで構成され，感電のおそれがある機器に接続される回路については，感電したり漏電した場合に自動的に遮断する漏電ブレーカーを設置する。住宅では，主開閉器に漏電ブレーカーが設置されている場合が多い（図8-14）。

○**情報・通信設備**：テレビや電話のデジタル化やインターネットの普及により，現代生活では不可欠な設備である。一般的には，屋内は有線で設備されるが，任意の場所で情報が取り出せる無線ルーターなども普及している。また住宅内で，複数のIT機器をつなぎ構築されたネットワークを宅内LANという。一般的には，引込みからモデム，ルーター，ハブと呼ばれる機器を通して，LANケーブルでIT機器まで配線している。

■**給水設備**

一般の戸建住宅では，上水を引き込んで，そのまま水栓などの器具まで配管し直圧で供給する方式だが，集合住宅では，受水槽にいったん貯めた上水を，高架水槽を介したり，ポンプ圧送により各住戸に供給する方式を用いる。

一部小規模な集合住宅では，直圧方式や，引込管からブースターポンプを介して各住戸に供給する方式が用いられることもある。

■**給湯設備**

全国的にみると，家庭で消費されるエネルギーの約3割が給湯に使われており，給湯器の高効率化も重要な課題である。キッチン，洗面，浴室（シャワーを含む）の3箇所給湯が一般的だが，今後は給湯のみでなく，一般暖房や床暖房など多元的に利用されるシステムが求められる。例えば，家庭用ガスエンジンコージェネレーションや家庭用燃料電池は，発電した電気はもとより，排熱を給湯や暖房に利用できるシステムである。

○**潜熱回収型給湯器**：給湯器の燃焼排ガスの潜熱を利用し高効率化を実現した。貯湯槽を持たないので集合住宅などで普及している（図8-15）。

○**CO_2冷媒ヒートポンプ給湯器**：安価な深夜電力を利用した高効率電気給湯器で，CO_2冷媒を用い，ヒートポンプ方式により，最高90℃の湯を貯めることができる（図8-16）。

○**家庭用ガスエンジンコージェネレーション**：ガスコージェネレーションという発電機を家庭用に小型化したもので，運転時の排熱を給湯や暖房に利用する。戸建住宅に普及している（図8-17）。

■**排水設備**

排水設備で最も重要な点は，排水管の勾配と通気である。排水勾配をとることは，異物を含んだ排水を，異物を残すことなく流下させるうえで重要である。また通気管を通して，排水管の内部に

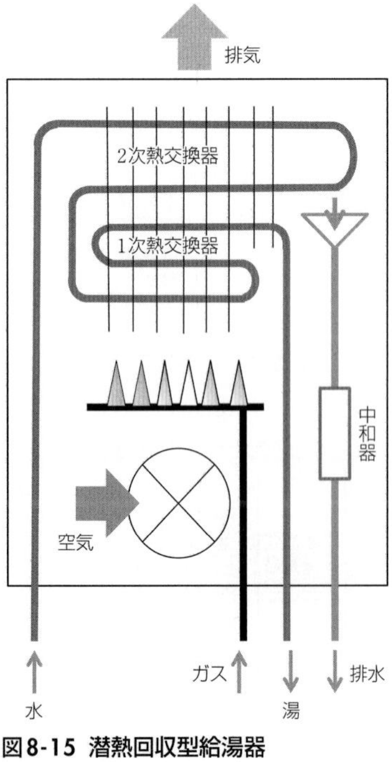

図8-15 潜熱回収型給湯器

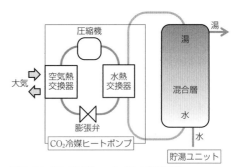

図8-16 CO_2冷媒ヒートポンプ給湯器

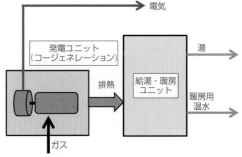

図8-17 家庭用ガスエンジンコージェネレーション

空気が十分供給されることで，排水の流下機能が確保される。

○**トラップ**：排水をともなう器具などと排水管を接続する箇所に，必ずトラップ(封水)が取り付けられる。これは，排水管を通じて臭気や虫・小動物などが室内に入ってこないようにするもので，形状によりSトラップ，Pトラップ，わんトラップなどがある(**図8-18**)。また，同一の排水管系統に，二重にトラップを設けることは，トラップ間の空気圧が不安定になり，排水性能を低下させるため禁じられている。

■**冷暖房設備**

冷房や暖房には，ルームエアコンやファンヒーターが利用されているが，より多く普及しているルームエアコンについて記す。

日本におけるルームエアコンの歴史は，1953年に業務用の出力500Wのウインドー型エアコンの販売が開始されたことに始まる。その後，1955年頃からの家電ブーム，さらには1966年頃からの3C(カラーテレビ，クーラー，車)ブームに乗って，住宅用ルームエアコンの需要は確実に伸びた。現在では90％を超える普及率である。住宅用ルームエアコンの発展は，つねに日本のエアコン技術をリードし，時代とともにさまざまな機能が付加されてきた(**表8-5**)。

○**ヒートポンプ**：現在の一般家庭用エアコンに用いられているシステムで，室外機と室内機で構成され，冷媒用配管で結ばれている。気候に合わせて1台で冷房と暖房に使用できる。

冷房運転では，室内機で室内の熱を吸い上げ，室外機でその熱を放出する(**図8-19**)。暖房運転は逆の動きになる。暖房運転においては，外気温度が0℃に近づくと，室外機に結露が発生するため，著しく能力が低下するが，これを防ぐため，デフロスト運転と呼ばれる除霜運転を行う。

○**インバータ**：エアコンのファンや圧縮機は，交流電気によって運転されるが，電気の周波数を制御することにより，負荷の変化に合わせて回転数を変化させ，効果的に省電力運転を可能にする装置である。

○**無給水加湿**：冬季，室外より外気を取り入れ，外気が含む水分を抽出し，室内への送風に乗せて放出することにより加湿ができる機能である。

○**おそうじ機能**：フィルターの清掃は手間がかかるが，エアコンの運転終了後，自動的に清掃する機能である。同時に機器内部を乾燥させるため，ファンの残留運転ができる機種もある。

○**気流コントロール**：エアコンからの気流は，これまで一方向に限られていたが，温度のムラや，直接風を感じる不快感などがあった。エアコンからの気流を，多方向に制御することにより，快適性を増すことができる。

図8-18 住宅で用いられるトラップの種類

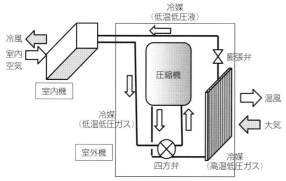

図8-19 ヒートポンプ(冷房時)

表8-5 日本におけるエアコンの変遷

年代	変遷内容
1950年代	◆ウインドー型(1953)
1960年代	◆ウインドー型ヒートポンプ(1961) ◆セパレート型(1965) ◆マルチ型(1967)
1970年代	◆セットフリー(1972) ◆小型ウインドー型(1976)
1980年代	◆埋込型室内機(1984) ◆インバータ制御(1984) ◆ワイヤレスリモコン(1985) ◆カセット室内機(1986) ◆HA JEM-A(1988) ◆空気清浄機能(1988)
1990年代	◆室外機小型化(1991) ◆蓄熱インバータ(1991) ◆省エネシリーズ(1995) ◆無給水加湿(1999) ◆換気機能(1999)
2000年代	◆おそうじ機能(2004) ◆気流コントロール(2013)

■換気設備

一般の住宅では，人間に必要な新鮮外気の導入，CO_2などの有害ガスや臭気などの排出のため換気が必要である。換気方式には，自然換気（図8-20）と機械換気（図8-21）がある。

キッチンのレンジフード，洗面・浴室や便所の排気ファン，その他シックハウス対策などのため，いくつかの換気装置がある。

一般の住宅では，給気を自然給気で行い，排気をファンで行う第3種換気方式（図8-21）が多く用いられているが，給気口が必要であることに注意する。

■キッチン

日本の台所は，古くは「調理の火を扱うところ」として存在し，外井戸からの「水の確保」や，「竈の火おこし」が，台所で働く者の重要な仕事であった。しかし，水は水道の普及により，水栓のコックを回すだけで好きな時に利用でき，固形燃料（薪や炭）に頼っていた燃料は，ガスや電気に代わった。そして1970年代に登場したシステムキッチンにより，台所はキッチンへと変貌し，1981年にJIS規格が制定されたことにより，以降急速に普及した。

調理のエネルギーも，電磁調理器の登場により，オール電化住宅も実現された。生活スタイルの変化に対応できるよう，キッチンを中心とする水回りの位置が変更できる「サスティナブル住宅」の考え方も取り入れられるようになってきた。

◎電磁調理器：IHクッキングヒーター。電源は単相200Vの機種が多い。電気容量が一般の家電機器に比べ大きいので，集合住宅においては，各住戸に配電する幹線や関連設備の容量に制限があり，設置前に慎重に検討する必要がある。

■便所

日本の家庭では，温水洗浄便座が一般的に使われるようになって久しい。現在では8割以上の家庭に設置されているという統計データもある。また洋式大便器の洗浄水量が，従来の13ℓ程度ではなく，6～8ℓ程度の節水型機種もある。

住宅用便器は多様化・多機能化し，自動洗浄，タンクレス，便座カバー自動開閉など，機能は進化し続けている。タンクレスでは，一般的なロータンクタイプにあった手洗い用蛇口がないので，手洗い器を別途設ける必要がある。

■洗面所・浴室

昭和20年代に洗面台が日本で登場し，現在では浴室と同様に生活の一部になっている。特に「モーニングシャンプー」が洗面の役割を大きく変化させた。浴槽も和洋折衷形のゆったりしたタイプが主流となっている。それらを実現しているのは，洗面・浴室のユニット化である。ユニット化することにより，デザインされた均一の仕様や

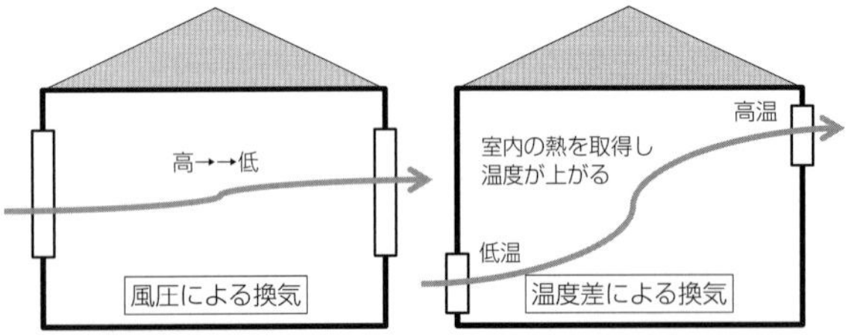

図8-20 自然換気

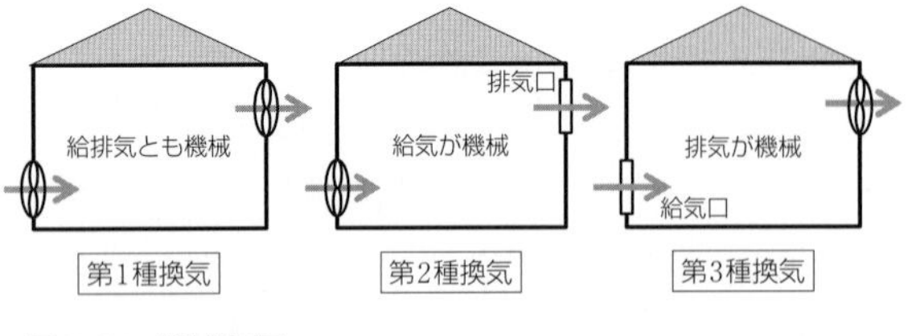

図8-21 機械換気

表8-6 日本におけるキッチン，便所，洗面所・浴室の変遷

年代	変遷内容		
	〈キッチン〉	〈便所〉	〈洗面所・浴室〉
1950年代	◆ステンレストップ流し台		
1960年代	◆食器洗浄機		
		◆水洗トイレの普及	
			◆住宅公団向け洗面化粧ユニット
			◆バランス釜式浴槽
1970年代	◆セクショナルキッチン		
	◆システムキッチン		
			◆2バルブ混合水栓
			◆ステンレス製給湯式浴槽
			◆住宅用システムバス
1980年代		◆温水洗浄便座	
	◆JIS A 4420(キッチン設備の構成材)		
	◆簡易施工型システムキッチン		
	◆システムキッチンの普及拡大		
			◆洗髪洗面ユニット
			◆シングルレバー水栓
			◆シャワー水栓
			◆サーモ水栓
			◆戸建用システムバス
1990年代	◆IHクッキングヒーター		
			◆壁付水栓
			◆自動水栓
	◆卓上型食器洗浄機		
			◆ユニバーサル仕様洗面化粧ユニット
		◆節水型便器	
			◆戸建用システムバスの普及
2000年代			◆両開き三面鏡
		◆超節水型便器	

品質で提供され，さらに設置の際の電気，給排水，給湯，換気などの設備接続工事が容易で確実になり，機能品質も大いに向上した。

8-5 住まいの空気環境

■空気環境

過去の日本の住まいは，すき間風が多い木造，瓦屋根，土壁，畳敷きというイメージである。

夏季には，瓦屋根の下の大きな天井裏空間や，深い軒が日射熱を緩和し，土壁や畳のもつ調湿作用や透湿作用により，多湿な季節でも緩やかに室内の湿度コントロールがなされてきた。

冬季は冷たいすき間風に悩まされながらも，囲炉裏，火鉢，炬燵などで暖を採り，囲炉裏や火鉢に鉄瓶をかければ，立派な加湿器になった。日本人の知恵から生まれた住まいは，室内環境の点からも気候に合ったものであったといえる。

「温熱の4要素」は，温度・湿度・気流・放射である。これに人体の要因の代謝量，着衣量を加えて，「温熱環境の6要素」という。

人間自身は発熱する上に，発汗作用によって体温調節している。これにより同じ温度下でも，湿度が異なると，快・不快の感じ方が変わるというように，上記要素の組合せが異なることで，温熱感覚が変化する（図8-22）。

現在よく使用される温熱環境の体感指標としては，主に次のようなものがある。

○**不快指数** THI：温度と湿度のみから算出される。夏季の蒸し暑さを数量的に表した指数。

○**有効温度** ET：アメリカのヤグローらによって考案された温度・湿度・気流の3つの影響による体感を，温度の値で示したもの。

○**修正有効温度** CET：有効温度に放射熱の影響を加えたもの。

○**新有効温度** ET^*：上記6要素をもとに，現実の環境条件に近づけて評価したもの。蒸暑の指標に適する。

○**代謝量**（メット[met]）：人間の安静時の体表面当たり代謝量を $58W/m^2 = 1met$ としている。

○**着衣量**（クロ[clo]）：衣服の熱絶縁性を表す。無着衣時0clo，背広上下着衣時1clo，半袖着衣時0.6cloを目安とする。

○**シックハウス対策**：建設後の建物において近年，建築材料や家具，日用品から発散する揮発性有機化合物（VOC：Volatile Organic Compound，クロルピリホス，ホルムアルデヒドなど）による室内空気の汚染等から，「シックハウス症候群」と呼ばれる居住者の健康に対して有害な影響が発生した。このため，原因となる揮発性有機化合物の室内濃度を下げるため，建築基準法で，建築材料，換気に関する規制がなされている。住宅において

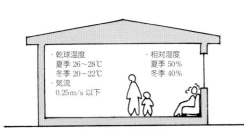

快適な室内の温熱環境

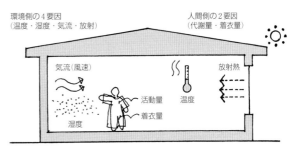

温冷感に影響する6要因

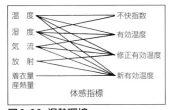

図8-22 温熱環境

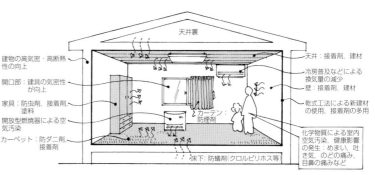

図8-23 シックハウスの原因

は，いくつかの条件に適合する場合，24時間換気できる機械換気設備の設置が義務付けられている（図8-23，表4-1，表4-2参照）。

8-6 住まいの防災・防犯

■防災

平成16年の消防法改正によって，すべての住宅に住宅用防災機器の設置（寝室，階段部分）が義務付けられた（図8-24）が，自治体によっては，キッチン等にも設置が義務付けられているので注意を要する。住宅用防災機器としての火災警報器には，煙式と熱式があり，寝室や階段部分には煙式を設置する（図8-25，図8-26）。ガス漏れ検知器は，設置がガス事業法や液化石油ガス法で規定されており，都市ガスの場合は，空気より軽いため天井面に設け，LPガスの場合は，空気より重いため床上30cm以下に設ける。

■防犯

昔の日本は，地域のコミュニティが犯罪を防止してきたが，現代では，そのコミュニティは崩壊したに等しく，自らが住まいを犯罪から守らなければならない。門や玄関には，ドアホンが設置され，玄関を開けることなく訪問者の確認ができる。確認後，遠隔操作による電気錠の開錠などもできるシステムもある。録画機能の付いた防犯カメラの設置や，窓ガラスからの侵入を知らせる振動センサー，敷地内，室内への侵入を知らせる赤外線センサーなど，目的，部位に合わせ，多種多様な設備が選べる。警備会社との個別契約も可能で，さまざまなメニューが用意されている。

8-7 省エネルギーとスマートハウス

■住まいの省エネルギー

近年，住宅は木造から鉄筋コンクリート造や鉄骨造に変わり，建材の進歩もあって，気密性能，断熱性能が向上した。生活スタイルに合わせ，エアコンや給湯器の使用が一般的になったが，一方でエネルギー問題も大きく顕在化し，省エネルギーをしつつ，生活レベルを維持しなければならない状況になっている（図8-27）。

○ZEH（ゼッチ）：「ネット・ゼロエネルギー・ハウス」のことで，住まいでの年間エネルギー消費量をおおむねゼロにすることを可能にする。さまざまな省エネルギー手法や再生可能エネルギーの採用などで可能となる。

○パッシブな省エネルギーとアクティブな省エネルギー：建物の気密性や断熱性能を高め，外乱によるエネルギー負荷を抑え，自然換気などにより省エネルギーを図ることを「パッシブな省エネルギー」といい，高効率のエアコンや給湯器の使用，

図8-24 住宅用火災警報器の設置

壁取付けタイプ

天井取付けタイプ

図8-25 住宅用火災警報器のタイプ

図8-26 住宅用防災警報器
合格表示

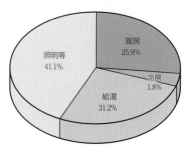

図8-27 部門別最終エネルギー消費量と
家庭用用途別エネルギー消費率（全国）

照明のLED化などにより省エネルギーを図ることを「アクティブな省エネルギー」という。エネルギー消費量を抑えるためには，パッシブ化の推進が望まれる。

○**改正省エネルギー法**：建物全体の省エネルギー性能評価をする法律（住宅は平成25年10月1日施行）で，「一次エネルギー消費量」を指標として評価する。「一次エネルギー消費量」とは，化石燃料や自然エネルギーのことである。建物で使用されるさまざまなエネルギーを「一次エネルギー消費量」に換算することで，エネルギーを合計して評価できる。

○**スマートグリッド**：電力の供給量に応じて，需要を調整できる次世代送電網で，スマートメーターなどの通信・制御技術を活用する送電側・需要側双方向形システムである。ただし，不安定な再生可能エネルギーが増えてくると，管理・調整が必要となる（図8-29）。

○**HEMS**：Home Energy Management Systemの略で，家庭におけるエネルギーの見える化や，設備や空気環境機器を最適に制御して，スマートグリッドなどと連携しながら，住まいの省エネルギーを図るシステムである（図8-30）。

○**スマートメーター**：通信機能や制御機能をもつ次世代電力メーターのこと。デジタルで使用電力量を計測し，30分ごとに電力会社へデータを自動送信する。電力会社では，得られた情報から負荷変動の状態を把握することで，より効率的な発電・送電が可能となる。

○**デマンドレスポンス**：電力使用量が多い時に，需要家に電力の使用を抑えるように促す仕組み。

○**ピークカットとピークシフト**：電力使用量は，季節や時間帯で変化する。同時に多く使用されると電気供給量が不足する。これを防ぐために，各需要家で負荷を減らすことにより電力使用量を抑える。これを「ピークカット」という。またピークの電気の使用をずらし，電力使用量の平準化を行うことを「ピークシフト」という。

○**再生可能エネルギー**：太陽光や太陽熱，風力など自然エネルギー源を再生可能エネルギーという。一般の住宅では，太陽電池による発電，太陽熱による給湯などが多く普及している。自然エネルギーにより発電された電力は，電力会社に売ることができ，これを「固定価格買取り制度（FIT：Feed in Tariff）」という。

○**太陽光発電**：太陽光により電気を作る太陽電池と，作られた電気(直流)を，家庭で使用できる電気(交流100V)に変換するパワーコンディショナーと呼ばれる機器で構成される。

○**雨水利用**：雨水を溜めて，庭への散水などに使用する。専用のタンクを設置することで簡単に省エネルギーができる。

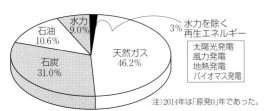

図8-28 日本の年間発電量の構成（2014年度）
(電気事業連合会資料より)

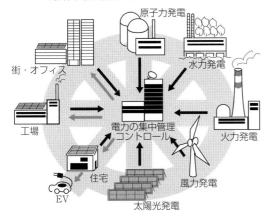

図8-29 スマートグリッド

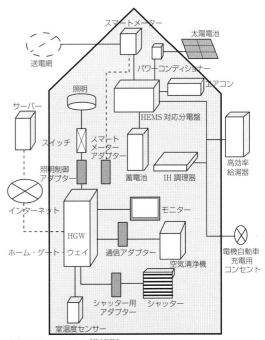

図8-30 HEMSの構想例

9 住まいの管理

9-1 独立住宅の維持・管理

住宅は，新築されたときから，日ごとに老朽化していく。人間と同様，住宅にも寿命があり，常日頃の維持管理が必要である。居住者全員で住まいに関心をもつことが，管理の第一歩である。

■耐用年数

老朽化で実際に使用できない状態になることを物理的耐用年数という。一般に木造で30～40年，鉄筋コンクリート造では70年といわれている。また，居住者の事情により，その住宅の機能が増改築では間に合わず，建て替えが必要になる時期を機能的耐用年数という。

■管理・修繕

新築時から2～3年の間は，住宅の傷みに気付かないが，5年以上過ぎると複数の箇所で目につくようになり，年数が立つほど維持管理に要する費用がかかるようになる。分譲集合住宅では，管理組合で修繕計画を策定し，修繕費用の積立を行っているが，独立住宅においても修繕計画を立て，計画的な準備を行う必要がある。

日本は高温多湿な環境条件にあるので，住宅が傷みやすく，腐朽菌やシロアリが繁殖しやすい。特に，湿気対策は重要であり，雨漏り，外壁のひび割れ，床下の通風・換気，土台回りの水はけ，庭の排水の点検を定期的に行い，問題の早期発見と対処・修繕が重要である。

従来，住宅の管理や修繕は，大工などの専門家に任せることが多かったが，住宅メーカーが建築や販売した住宅では，管理に居住者自身が責任をもち，修繕を手配する。近年は，住宅メーカーやリフォーム会社が，修繕・アフターケアやリフォームを請け負うケースが増えている。

■メンテナンス手法・費用

住宅は多くの材料を使って作られており，丈夫な材料であっても，年月とともに傷み朽ちるため，定期的な点検と修繕が必要である。寿命が短い材料は，他の部品に影響を与えずに取り替えができるよう，計画時に配慮をしておく。傷みが小さいうちに修理や改善を行うと，手間と時間を節約でき，経済的負担も少なくてすむ。

また，屋根，外装，土台など自然の影響を受ける部分は，数年ごとの点検，修理が必要であるが，日常生活で使われる水回りの機器，給排水管，照明器具も老朽化するので，改修の時期を見極めながら，その費用を積み立てるなどの費用計画が必

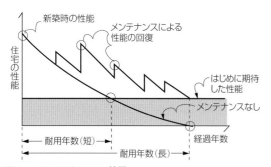

図9-1 メンテナンスの効果

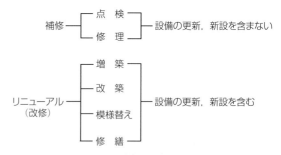

図9-2 住戸内の修理・修繕の考え方

表9-1 住宅の保証期間

	保証期間	
	主体構造	その他（内装・設備等）
民法第637条	1年	
民間連合工事契約約款第29条	1年（木造） 2年（鉄骨造・コンクリート造）	内装・家具は引渡し時に要求されなければ責任なし。ただし，隠れた瑕疵は1年
同上 （ただし請負人の故意過失による瑕疵）	5年（木造） 10年（鉄骨造・コンクリート造）	
分譲マンション （アフターサービス基準）	10年	雨漏り：10年 その他：2～5年
プレハブ住宅 （プレハブ住宅の供給業務管理基準）	10年	雨漏り：10年 その他：1～2年

表9-2 依頼する工事内容による業者の選定

依頼する工事の内容	依頼する会社
自分でプランやコーディネートを行う場合 プランやコーディネートの必要でない工事	ハード系の会社 （施工中心の会社）
工事に関する相談や意見を多く出した場合 斬新なデザインや設計に重点をおく工事	ソフト系の会社 （設計中心の会社）
プランやコーディネート，設計，施工など総合的に必要な場合	ハード，ソフト双方 （ディベロッパー，住宅メーカー系の会社）

要である。

■住まいのカルテ

中古住宅の売買が多いアメリカでは，住まいの価値を高めるために，いつ，どんな手入れを行い，どれだけの費用をかけたかなど，住宅管理の記録を作る習慣がある。

日本でも最近，中古住宅の売買が増加しており，長期優良住宅普及制度も普及してきた中で，アメリカのように住まいのカルテを作り，長期的な修繕計画・維持保全計画づくりにこれを生かす必要がある。

■セキュリティー・防犯・防災

独立住宅では，各住宅が公道や公共施設等の不特定多数の人々が通行する動線に面しているため，各種の犯罪に出会う機会が多い。このような環境で，住宅に求められる防犯機能（セキュリティー）には，開口部の施錠や防犯カメラ等の設置があるが，それらの機器に頼りすぎず，つねにスキを与えない細かな配慮も必要である。近年，専門業者と住宅内防災，住宅周辺の遠隔監視などを契約する方法が一般化されつつある。

管理組合や自治会，子供会等を主体とした近隣住民によるコミュニティを強化して，地域ぐるみの防犯体制をもつことが最も有効である。自然災害に対しても，これらの組織が有効に働いたケースは多い。高齢者の単身住宅が増え，地域による見回りや行政による防犯知識の啓蒙も必要である。

■防災手法

火災や震災に対する防災対策であるが，住居内の天井に煙感知器，熱感知器，ガス感知器を設置するとともに，耐震診断による構造補強や住居の耐火性能アップも，専門家や行政に相談しながら実施すべきである。

独立住宅には，木造住宅の比率が高く，自然の力による雪害，豪雨，風害，津波などの予期せぬ現象が突然襲うので，食糧の備蓄，非常時の情報入手手段の準備，避難経路の確保など，日頃からの準備が必要である。

■建て替え

建物の寿命がくるまで修繕は続くが，物理的耐用年数，または機能的耐用年数が訪れた場合には，その建物を解体し，建て替えるという事態が発生する。建て替えは，同一敷地において建物を再生するという事業であり，土地の有効活用という見地からも，評価される手段である。

建て替えに当たっては，解体工事をはじめ，整地や基礎工事による近接住民への騒音被害のおそれもあるので，事前の告知や工事中のフォローも必要である。また，従前の機能を上回る住まいを建設する努力も重要である。

仮住まいや家財の仮置き場の手配，その費用についても計画が必要である。

表9-3 日常災害の種類

分類		種類	関係部分
日常災害	落下型	墜落	手すり，窓，窓手すり
		転落	階段，階段周辺
		転倒	床仕上げ，床段差
		落下物による打撲	天井，壁，照明器具
	接触型	ぶつかり	ドア，引戸，窓
		はさまれ	ドア，引戸，窓
		こすり	壁仕上げ
		鋭利物による傷害	ガラス，ガラス周辺
	危険物型	火傷・熱傷	熱源，熱源周辺
		感電	電気設備，器具
		中毒・酸欠	ガス設備，器具
		溺水	浴槽，池

表9-4 防水工事保証期間

防水の種類		保証年数
ウレタン塗膜防水	アクリルウレタントップ	5 年
	フッ素トップ（シリコントップ）	10
塩ビシート複合防水		5
改良アスファルトシート防水		10
アスファルトシングル葺き被せ工法		10
シート防水（専用金物固定等）		10

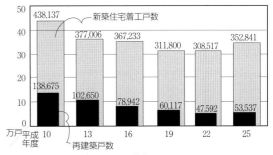

図9-3 持家建て替え需要の動向

9-2　集合住宅の維持・管理

■改造・改修

独立住宅の場合は，住宅のすべてが自分の所有物となるため，法律や近隣の居住環境を損なわない限り，住まいの改造・改修を自由に行うことができる。

一方，集合住宅の場合は，所有権と使用権が別で，これが複雑にからみあっているので，独立住宅のように簡単に改造・修繕をすることができない。

■共用部分の管理

独立住宅の場合は，庭や軒下を使うことは自由であるが，集合住宅の共用部分の使用面においては，管理上の制限を加えられており，廊下，階段室などに自転車や乳母車のような日常使用するものを平常的に置いたり，戸棚や箱類を置いて倉庫代わりに使用するなどの共用部分の使用は，「不当使用行為」と見なされる。

■居住以外の使用

家族の生活，労働形態が急激に変化する今日，ホームオフィス，在宅勤務やその延長としてホビー教室，学習塾などが，集合住宅の住戸内で行われる例が多くなっている。

しかし，不特定多数の訪問者が，集合住宅の共用部分を通過して出入りすることにより，防犯，騒音などの点である限界を超えたときは，管理上の問題として制約の対象となる。

■高齢化社会への対応

日本では，集合住宅を購入する者の年齢層は，30代半ばから40代半ばの10年間に集中している。この傾向は，過去30年間変わっていない。したがって，昭和50年頃に区分所有者となり，今もなお住んでいる入居者の年齢は，75歳を超えていると考えてよい。区分所有者が高齢に達しているということは，身体的な老化，収入の低下という2点を認識しなければならない。

さらに，その時代に建設された集合住宅は，設備的にも不十分なものが多い。5階建であってもエレベーターのない建物もある。これらは，高齢者に対しては欠陥住宅といってよく，車いすが使えないし，緊急時の避難設備も不十分で，至急の対策が必要である。

■集合住宅の老朽化

集合住宅の老朽化の中で，一番早く現れるのが設備関係，とりわけ給排水設備である。昭和30年～60年頃までに建てられた集合住宅には，設備も資材も良質でないものが使用されている。

設備の改造や省エネルギー対策などには，多額の費用が必要になる。高齢者の可処分所得が減少する一方で，修繕費や改装費は増加傾向にあるため，その食い違いをどのように調和させていくの

表9-5　共用部分と専有部分のリニューアル

	共用部分	専有部分	共用配管
主体	管理組合	区分所有者	管理組合
費用	修繕積立金	各戸の家計	修繕積立金
進め方	専門委員会，説明会，総会	各戸の計画	専門委員会，説明会，総会
工事	建設工事会社	リフォーム業者	設備工事会社等

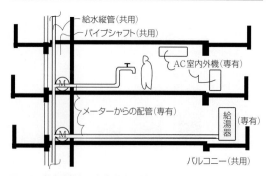

図9-4　共用部分と専有部分の区分

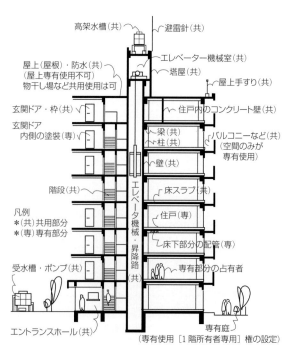

図9-5　マンションの共用部分と専有部分

かが，高齢化社会における大きな問題となっている。

■区分所有法と管理規約

集合住宅には，分譲型と賃貸型の2種類があるが，分譲型では「建物の区分所有等に関する法律」により，建物の区分所有が認められている。一棟の建物に，構造上区分された部分で独立し，住居，店舗，事務所または倉庫を所有権の目的とすることもできる。

この法律では，区分所有権を有する者を「区分所有者」とし，区分所有者の専有を目的とする建物の部分を「専有部分」，専有部分以外の建物の部分を「共用部分」という。廊下やベランダ，玄関扉，窓サッシなどは「共用部分」にあたる。

区分所有者は，全員で，建物並びにその敷地及び付属施設の管理を行うための管理組合を構成し，この法律の定めるところにより，集会を開き，「管理規約」を定める。

この規約は，国土交通省の「マンション標準管理規約」を基本とし，建物の管理組合ごとに制定され，活用されている。

一方，賃貸型集合住宅では，主に建物所有者が管理を行うとして，この所有者が管理会社へ運営を委託する場合が多い。

■長期修繕計画

集合住宅を構成している材料や設備は，それぞれに異なった耐用年数をもっている。この耐用年数を把握して，適切な時期に手入れをしていけば，建物は長持ちするので，このような維持管理が必要である。

維持管理の体系は，大きく保守・点検と修繕に分けて考えることができる。大規模な修繕工事については，実施時期と工事費用を明確に示した長期修繕計画を作成しておくことが必要である。

長期修繕計画は，作成時点において，計画期間（長期修繕計画作成ガイドラインでは，新築時30年，見直し時25年以上が推奨されている）に発生することが予想される修繕工事の内容，時期，概算の費用等に関して計画を定める。費用不足となることがないように，必要な修繕工事等の費用を算出し，月々の適正な修繕積立金を設定する。

■関連法規等

集合住宅における戸別住宅の改修に関係する法律は，建築基準法と消防法と区分所有法である。また，管理組合ごとに決めている管理規約，使用細則，協定類も法律ではないが，共通のルールとして守らなければならない。

○建築基準法

新築の場合は，建築基準法に従い設計内容を建築確認申請書として提出し，行政の建築主事による建築確認の手続きが必要となる。

集合住宅の住戸内のリニューアルは，修繕また

○区分所有法は民法の特別法として，マンションを含む区分所有建築物の所有関係や，建物及びその敷地の共同管理について規定。
○同法は，建替えの意思決定についても規定。

[主な規定内容]
○独立した専有部分は，単独所有できる。
○その他の共用部分は，区分所有者全員の共有に属する。
○原則として，専有部分と共用部分・敷地利用権を分離して処分することはできない。
○区分所有者全員で団体（いわゆる管理組合）を構成。
○マンション管理の基本ルールとして規約（管理規約）を定めることができる。
○共用部分の変更等は，集会で決議する。
○建替え決議をすることができる。

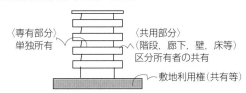

図9-6 区分所有法の概要 (国土交通省ホームページより)

表9-6 民法と区分所有法の関係

	民　法	区分所有法
共用部分の各共有者の持ち分	相等しいものと推定。 ＊当事者の合意等があれば，それにより決まる。	その有する専有部分に床面積の割合による。 ＊議決権も当該割合による。
共用部分の使用	各共有者は持ち分に応じた使用ができる。	各共有者は（持ち分にかかわらず）規則に従って使用できる。
共用部分の保存行為	各共有者がすることができる。	各共有者がすることができる。 管理規約の別段の定めも可能。 （例：管理組合の理事長に実施させる。）
共用部分の管理	各共有者の持ち分の価格に従い，その過半数で決する。	区分所有者及び議決権の過半数で決議する。 管理規約で別段の定めも可能。 （例：理事長で決定。）
共用部分の変更	共有者の全員の同意が必要。	区分所有者及び議決権の3/4以上（形状又は効用の著しい変更を伴わないものは過半数）で決する。 ＊共用部分の変更が専有部分の使用に特別の影響を及ぼすときには，その専有部分の所有者の承諾が必要。
マンションの建て替え	共有者の全員の同意が必要。	区分所有者及び議決権の4/5以上で決議。
共用部分の分割請求	各共有者はいつでも分割請求が可能。	分割請求をすることはできない。
区分所有関係の解消	共有者全員の同意が必要。	規定なし。 →民法の規定に戻る。

は模様替えに相当する。建物全体の主要構造部の1種類以上について，1/2を超える「大規模な修繕」か「大規模な模様替え」でない限り，建築確認の必要はない。一般的に，1住戸のリニューアルは確認申請が不要である。

○消防法

住戸の内装を可燃性のものに変えたり，住戸内にある防火区画を変えたりすることに対する制限。災害時の避難計画も順守しなければならない。

○区分所有法

先述したが，共用部分と専有部分を規定し，専有部分は所有者の責任で管理するが，共用部分は管理組合が管理する。したがって，個人の所有者が共用部分に勝手に手を加えることはできない。

○管理規約

区分所有法で決められていない部分とは，規約共用部分として決められている集会室や設備室などである。

共用部分で日常，各戸が使っているバルコニーや玄関ポーチなどは，国土交通省の基準管理規約で，専有使用部分として規定されている。したがって，バルコニーの防水工事や玄関扉の塗り替えは，管理組合が行う修繕工事として行う。

○使用細則と協定

個人の住戸内改修でも，その集合住宅の構造上の特性から考えて，管理組合への届出や隣戸の承認を義務付けしている管理組合もある。

■個人の住戸内改修

住戸改修が，近隣居住者にさまざまな影響を与えることが考えられる。工事が，共用部分である躯体や共用配管に影響がないとしても，バルコニーや玄関ポーチなどの共用部分に手が加えられていないか，床仕上げの変更で，階下の住戸に対して遮音性能を確保しているかなどの配慮が必要である。

工事の進め方については，資材の搬出入経路や工事時間帯等も考慮する必要がある。

多くの管理組合では，これらの問題に対応するために，管理規約や使用細則・協定によって届出と承認をルール化している。

届け出る書類の取り扱いは，管理組合によって違うが，

①工事内容（設計図や仕様書）
②工事期間
③工事時間帯
④工事会社（責任者や緊急連絡先）
⑤近隣住戸の同意書
⑥居住者の仮住まい先

などの書類を作成する。

■メンテナンス費用（修繕積立金）

住生活を営むために必要な費用を「居住費」と呼ぶ。持家の場合は，土地家屋取得費，住宅ロー

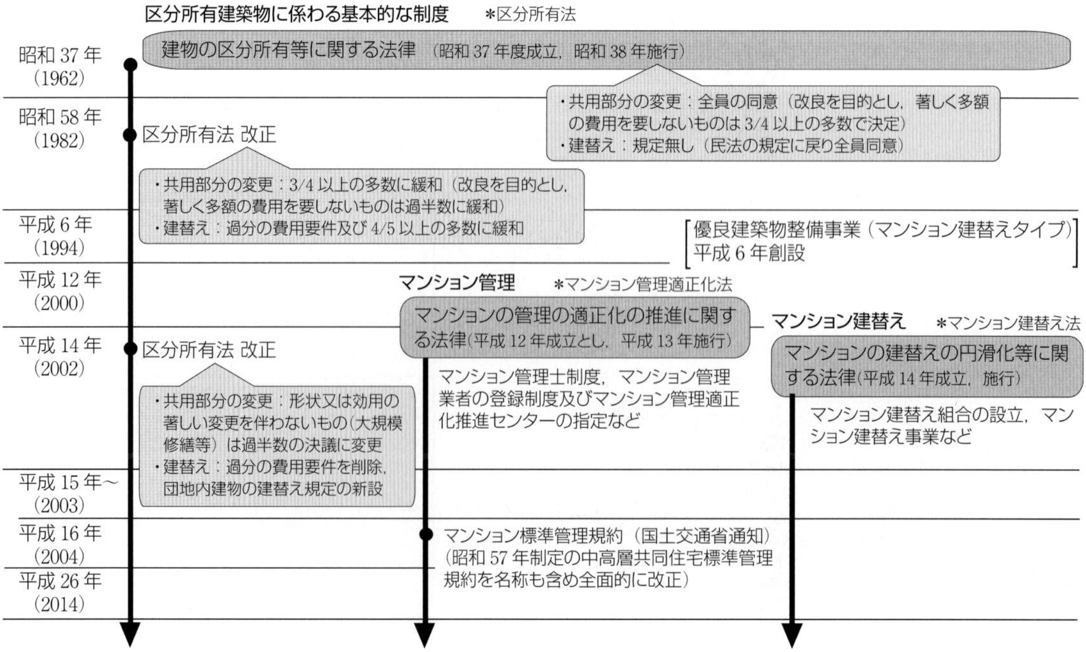

区分所有建築物に係わる基本的な制度　*区分所有法

年	区分所有法関連	マンション管理	マンション建替え
昭和37年(1962)	建物の区分所有等に関する法律（昭和37年度成立，昭和38年施行）		
昭和58年(1982)	区分所有法 改正 ・共用部分の変更：全員の同意（改良を目的とし，著しく多額の費用を要しないものは3/4以上の多数で決定） ・建替え：規定無し（民法の規定に戻り全員同意）		
平成6年(1994)	・共用部分の変更：3/4以上の多数に緩和（改良を目的とし，著しく多額の費用を要しないものは過半数に緩和） ・建替え：過分の費用要件及び4/5以上の多数に緩和		［優良建築物整備事業（マンション建替えタイプ）］平成6年創設
平成12年(2000)		マンション管理　*マンション管理適正化法 マンションの管理の適正化の推進に関する法律（平成12年成立とし，平成13年施行）	マンション建替え　*マンション建替え法
平成14年(2002)	区分所有法 改正 ・共用部分の変更：形状又は効用の著しい変更を伴わないもの（大規模修繕等）は過半数の決議に変更 ・建替え：過分の費用要件を削除，団地内建物の建替え規定の新設	マンション管理士制度，マンション管理業者の登録制度及びマンション管理適正化推進センターの指定など	マンションの建替えの円滑化等に関する法律（平成14年成立，施行） マンション建替え組合の設立，マンション建替え事業など
平成15年〜(2003)			
平成16年(2004)		マンション標準管理規約（国土交通省通知）（昭和57年制定の中高層共同住宅標準管理規約を名称も含め全面的に改正）	
平成26年(2014)			

図9-7 マンションの主な制度・施策等 (国土交通省ホームページより)

ン返済,固定資産税等のほか,分譲型集合住宅においては,さらに管理費と修繕積立金を含む共用部分の維持管理費などが必要である。

管理組合は,各区分所有者が納入する修繕積立金を積み立てるものとし,積み立てた修繕積立金は,次の各項目の特別の管理に要する経費に充当する場合に限って取り崩すことができる。

① 一定数の経過ごとに計画的に行う修繕
② 不測の事故,その他の特別の事由により必要となる修繕
③ 敷地および共用部分等の変更
④ 建物の建て替えに係る合意形成に必要となる事項の調査
⑤ その他敷地および共用部分等の管理に関し,区分所有者全体の利益のために特別に必要となる管理費用

■改修工事に対する融資

改修工事に対する融資には,専有部分向けのリフォーム融資(個人向け)と共用部分向けのリフォーム融資(管理組合向け)とがある。

専有部分向けのリフォーム融資(個人向け)では,財形貯蓄型の融資や都市銀行系のリフォームローンがある。

また,共用部分向けのリフォーム融資(管理組合向け)やリフォームローンには,住宅金融支援機構の「マンション共用部分リフォーム融資」が利用できる。

■防災対策

阪神・淡路大震災や東日本大震災を経験し,建物の防災に関する知識は向上してきているが,近い将来起こるとされる首都直下型地震や南海トラフ地震などに対する準備は万全とはいえない。地震対策,津波対策は今後の緊急な課題である。

東日本大震災の前には,管理会社にすら災害対策マニュアルが常備されていない場合も多かった。集合住宅の防災は,家族を含む住民の自助,住民同士,あるいは町内や自治体との共助がないと成り立たない。特に自然大災害に対しては,自治体レベル,国家レベルの対策との連携が必要である。

■セキュリティー

セキュリティーでは,防災機器の設置(主に防犯カメラ)により,敷地周辺,駐車場,エントランスホールを監視するシステムが多く採用されている。

エントランスホールにおいては,自動ドアとオートロックシステムによって入館者のチェックを厳重に行っている。

自然災害に対する防災手法としては,負傷者を搬送するための担架や階段避難車,緊急救護用品,水や食料の購入,備蓄を積極的に行う集合住宅が全国的に増えている。

都心部では,超高層集合住宅も増えており,防

表9-7 集合住宅の防災対策

自主防災組織作り	・本部長,消火班,避難誘導班,救護班,物資班,情報班等 ・防災訓練
住民名簿の作成	・災害時の連絡ルール作り ・高齢者・障害者・妊婦支援
設備管理	・エレベーター,消火設備 ・高架水槽,給水ポンプ,配管
生活面の管理	・災害時のトイレ・入浴対策 ・ゴミ処理対策 ・防災備品
耐震対策	・耐震診断
保険対策	・火災保険,地震保険

表9-8 放火を防ぐポイント

集合住宅の場合	・共用部分に物を放置しない。 ・自転車・バイクのカバーは防災品にする。 ・ゴミ収集日は,朝にゴミを出す。 ・集合郵便受けに新聞・チラシを貯めない。 ・監視カメラなどで悪意ある人を監視する。
戸建住宅の場合	・家の周囲は整頓する。 ・家の周囲を照明する。 ・門や車庫・物置などの扉は施錠する。 ・ゴミ収集日は,朝にゴミを出す。 ・集合郵便受けに新聞・チラシを貯めない。

◀● 住戸玄関はインターホン　　◀● ダブルロックで暗証番号を入力　　◀● カードを入れる

図9-8 集合住宅のセキュリティー概念図(新聞や宅配が住戸に届くまで)

災訓練の実施や防災マニュアルの見直しも必要である。

■大規模修繕

集合住宅の経年にともなう劣化や不具合に対しては，大規模修繕などの計画修繕を適切に実施していくことが必要である。

また，経年の集合住宅では，質および価値を長持ちさせていくために，修繕による性能の回復に加えて，現在の居住水準，生活水準に見合うよう建物の性能をグレードアップし，住みよい住宅にしていくことが重要である。

修繕工事は，共用部分を対象とし，通常は共用部分の管理行為として必要部分に実施されるが，大規模修繕工事・改修工事は，その規模・内容・程度等から，共用部分の全般的な工事となる。

大規模修繕は，快適な居住環境を確保し，資産価値を維持するために行う修繕工事や，必要に応じて建物および設備の性能向上のために行う改修工事のうち，工事内容が大規模，工事費が高額，工事期間が長期間にわたるものをいう。

実施時期は，工事の種類にもよるが，10年目前後に実施しているものが多い。

また，平成14年（2002）の「建物の区分所有等に関する法律」の改正により，一般的な大規模修繕は集会の過半数の決議で行えるようになった。

この平成14年には「マンションの建替えの円滑化等に関する法律」が成立・施行されて，建て替えが実施しやすくなった。その後，建て替え・改修に関するマニュアルも整備され，検討を進める組合も増加している。

建て替え決議とは，集会において，区分所有者および議決権の5分の4以上の多数で，建物を取り壊し，かつ，新たに建物を建築する旨の決議をすることである。

■大規模修繕の実施方法

大規模修繕の実施方法には，次の3パターンがある。

①設計監理方式：設計と施工を分離する方式で，管理会社や建築設計事務所がコンサルタントとして，設計と工事監理を管理組合から受託する。

②責任施工方式：特定の一施工業者に，設計から施工までを一括して任せる方式で，施工会社が設計をし，施工・工事監理を行う。

③価格開示方式：コスト（原価）とフィー（利益）に分けて構成し，いずれも開示を行い，複数業者に分離発注を行う。下請の重層請負を極力排除して，工事費を安くできる可能性がある。

施工業者を選定するに当たっては，組合員から徴収した修繕積立金を使う事業であるため，限りなく公平性が求められる。公募や競争入札といった公開性に加え，業者ヒアリングの開催や，組合

表9-9 大規模修繕の項目と周期 （単位：年）＊団地型中層アパート例

区分		項目	周期	区分		項目	周期
建築	塗装・外壁	鋼製手すり塗替え	3	機械設備	ガス	屋外ガス管取替え	20
		鋼製建具塗替え	6			屋内ガス管取替え	36
		鋼製玄関扉塗替え	6		消火・警報	消火ポンプ取替え	5
		外壁塗替え	10			消火器取替え	10
		外壁タイル修繕	10			屋内消火栓・配管取替え	30
	防水	PC外壁目地防水取替え	7			警報設備取替え	25
		PC屋根防水取替え	10	電気設備	屋内	蓄電池取替え	5
		バルコニー床防水層取替え	10			テレビアンテナ取替え	6
		屋根露出防水層取替え	12			共用灯・外灯取替え	10
		屋根断熱防水層取替え	20			各戸分電盤取替え	15
	その他	鋼製ノンスリップ取替え	15			屋内電気配線取替え	30
		集合郵便箱取替え	20			開閉機取替え	25
		鋼製建具取替え	30		屋外	屋外電気配線取替え	10
	集会所	内装リニューアル	3			制御盤取替え	16
		外壁塗替え	10	土木・造園		遊戯施設修繕	15
給水衛生設備	給水	鋼製水槽外壁面塗替え	3			道路・外構造修繕	20
		鋼製水槽内壁面塗替え	6			屋外汚水管取替え	24
		吸水ポンプ修理	5			屋外雨水管取替え	30
		各戸量水器修理	8				
		屋内給排水管取替え	25				
		屋外給排水管取替え	30				
	汚水	汚水ポンプ修理	3				
		汚水処理・機械装置修理	5				
		キッチン排水管取替え	15				
		浴室・洗面所排水管取替え	30				
		屋内汚水管取替え	36				

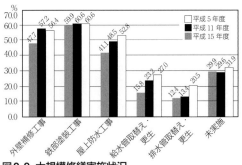

図9-9 大規模修繕実施状況
（2003国土交通省：マンション総合調査より）

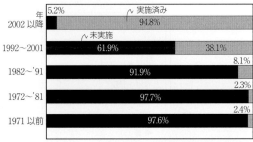

図9-10 東京都内，建築年別の大規模修繕工事の状況
（2013年3月東京都都市整備局マンション実態調査より）

員に対する十分な説明が行われることが必要である。

■建て替え

集合住宅は，施工の質や維持管理の状態等により，「寿命」に大きな差異が生じる。集合住宅に限らず建物は，経年にともなう劣化，機能的・経済的劣化，被災による損壊等が避けられない。このため，最終的に住居困難となれば，解体・建て替えを検討することとなる。

建て替えに当たっては，多数の権利者が関係するので，建て替えに参加しない者の専有部分を取得するなど，その権利者間の調節が重要である。

これらの要望に対応し，国土交通省は，「マンションの建替えに向けた合意形成に関するマニュアル」および「マンションの建替えか修繕かを判断するためのマニュアル」を作成している。

これらマニュアルでは，合意形成については，発意から準備段階－検討段階－計画段階を経て，建て替え決議をゴールとし，事業実施については，建て替え組合の設立段階－権利変換段階－工事実施段階を経て，再入居・新管理組合の設立段階まで盛り込まれている。

■建て替えに関する2つの法律

①マンションの建替えの円滑化等に関する法律

建て替えそのものの手続きなどを迅速にできるようにしたもので，区分所有法の建て替え決議が成立した場合は，集合住宅建て替え組合を設立することができ，組合が建て替え不参加者への区分所有権売渡し請求などを行えることとしている

②区分所有法

区分所有法により，管理組合総会において，区分所有者および議決権の各5分の4以上の賛成により建て替えを決議できる。

■資金計画

資金計画としては，集合住宅の建て替えに関する支援制度として，「優良建築物整備事業」があり，一定の要件を満たす集合住宅の建て替えに対し，次の費用の補助を受けられる。全体事業費の20％がこの補助金の上限である。

①調査設計計画費
②土地整備費
③共同施設整備費

その他の支援制度としては，住宅金融支援機構により，

①事業費に対する融資
②建て替え後のマンションの取得に対する融資
③高齢者世帯に対する死亡時一括償還方式

などを受けることができる。

上記の公的機関による支援は活用すべきであるが，あくまで管理組合の修繕積立金を主体として，工事の資金計画を立てなければならない。

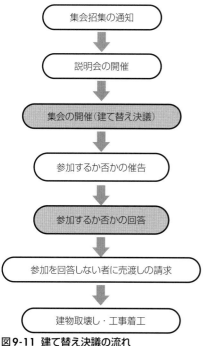

図9-11 建て替え決議の流れ

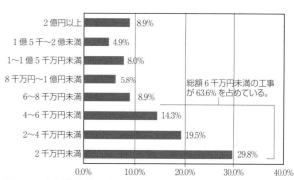

図9-12 大規模修繕工事総額の割合（国土交通省ホームページより）

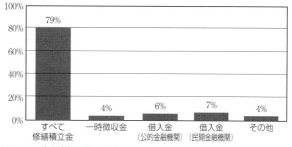

図9-13 大規模修繕工事費用の調達方法（国土交通省ホームページより）

10 住まいとライフステージ

10-1 長寿時代のライフステージ

■ライフステージ論

　従来のライフステージ論は，子どもの成長によって家族生活の力点や社会生活のあり様が変化することをパターン化したものであった。つまり，ステージの変化は末子の学齢によるところが大きいという通念から，末子年齢を基軸に分類することで，家族の同質性を捉えるものである。住宅のマーケティングにおいても，ライフステージを基軸に，ターゲットを組み立てることで，プランや商品体系を構成してきた経緯があった。

　例えば，ステージ1（独身），ステージ2（夫婦2人），ステージ3（末子が幼児期），ステージ4（末子が児童期），ステージ5（末子が青年期），ステージ6（子どもが巣立つ）というように，育児が社会生活の中心であり，子どもが独立し，庇護から離れた時点で社会的役割が終わる，というものであった。

■ライフステージからライフコースへ

　このようにライフステージは，人の生涯を家族形態の変化を主体に，家族生活のパターンの変化をタイプ分類したものであった。これに対して，近年の長寿化，少子化，小家族化などを背景にした，生活する個人に焦点を当てた生涯変化を取り上げたものが，ライフコース論である。

■長寿時代のライフコース論

　人生80〜90年時代には，子育て終了後のステージが，社会的に重要な役割であるとともに，単身世帯の増加，子育ての外部化，少子化が進み，末子年齢による家族生活の同質性は少なくなってきた。

　そこで，長寿社会を見据え，多様化する家族生活に左右されず，個人としての社会での役割や生活の力点を捉えることが重要となってきた。

　個人のライフコースと住まいとの関係を考えるポイントは，社会や他者，住まいとの関係の中で起こるライフイベントである。誕生，就学，進学，就職という子ども期のライフイベントを経て，結婚，出産，出世，引退，セカンドライフ，離別など，それぞれと関係する形で住まいの入手，変更などを考える。

　ライフステージ論の中では，これらのイベントを順に通過することを標準的な人生としていたが，今は，個人がこれらのイベントを選択するのか，その順番や時期が何時なのかがポイントとなって

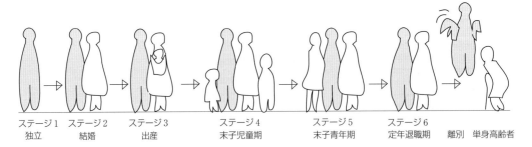

ステージ1　ステージ2　ステージ3　ステージ4　ステージ5　ステージ6
独立　　　結婚　　　出産　　　末子児童期　末子青年期　定年退職期　離別　単身高齢者

図10-1　子育てをベースにしたライフステージ論

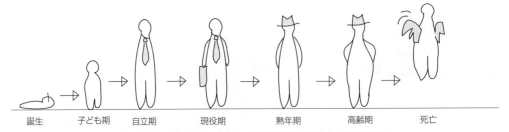

誕生　子ども期　自立期　現役期　熟年期　高齢期　死亡
家族に形態に左右されることなく，個人が目標とする生き方の変化を表す

図10-2　個人の生き方をベースにしたライフコース論

いる。これらを俯瞰して，生活の力点を中心にまとめたものがライフコースである。

■**ライフコースの分類**

個人の人生の中で，社会や他者，住まいとの関係の中で起こるさまざまなライフイベントを通して，社会の中で生きる個人の役割や人生の目標の変化がライフコースの考え方である。子ども期，自立期，現役期，熟年期，高齢期の5つに分類している。

特にここでは，ライフコース論を用いることで，人と住まいとの関係を理解しやすくする。

そこで，就学，就業形態，家族構成や人との付き合い，身体機能の変化など，起こりうる生活変化により考えられる個人の役割から生活の目標を分類した。時期の設定には，生活目標の転機に大きく影響を及ぼすと考えられるライフイベントに着目してパターン化した（図10-3参照）。

①**子ども期**

子ども期に入るライフイベントは誕生である。子どもは生まれてから成人するまでに，動物としての進化を遂げるといわれている。その過程は，自らの能力として生きていくための力をつけていくことが基本である。それを，家族や社会や環境が支え，育んでいく。この成長の時期を「子ども期」とする。この中で育児主体者との関係，就学のしかたなどのライフイベントがあるが，成長し成人するという目標は変わらない。

②**自立期**

子ども期から自立期に入るライフイベントは，成人，独立，就職である。つまりライフステージ論と同様，親の庇護から離れて自分が主体となる生活を始めることで，社会の中で活躍するための人生の基盤を築く時期である。

③**現役期**

自立から移行するライフイベントとして，結婚や出産がある。個人のライフコースのため，夫婦というより結婚した個人と捉えることで，社会との関係や住まいへの要求がより明確になる。また，結婚や出産を選択しなくても，体力や能力を活かして，生産的な活動や組織のリーダーなど，人間社会の持続，成長に貢献する時期を指している。

④**熟年期**

現役期から移行するライフイベントとしては，退職や子どもの独立などがある。ライフステージ論では，定年退職や子どもの就職にともなう自活などを機に引退となるが，すでに第二の人生やアクティブシニアと呼ばれるように，現役期を継続するケースは多い。生活の目標が，現役の生産的生活でなく，経験に基づく自己を発現し，生きがいとしての現役へと変化する時期を熟年期とする。

⑤**高齢期**

健康不安や社会活動からのリタイアが高齢期へ

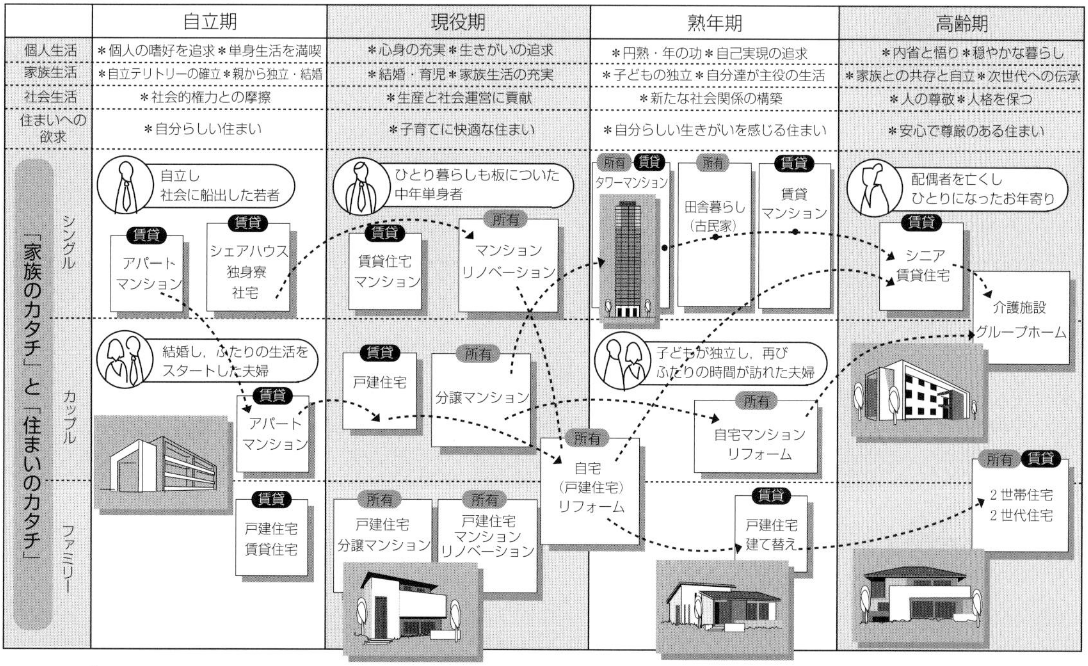

図10-3 家のカタチと住まいのカタチ（「リフォコ」〈積水ハウス梅田オペレーション〉をもとに作成）

の転機となる。身体的・精神的理由で現役から離れるとともに、衰えの進行による行動や感覚の制約と、それにともなう意欲の減退を捉えることで、社会や住まいとの関係を見直す必要が出てくる。自立し尊厳ある生活を続けることが大切である。

10-2 子ども期

■子ども期とは

子どもの定義に関して、成人までと捉えれば20歳未満、社会通念的には18歳未満、統計上は14歳以下を指す。しかし、住居と人間の関係においては、社会生活のしかたが変わるまでを子どもと捉える。つまり、子育て期は当然のこととして、その延長で親と同居する者のうち、経済的な庇護も受けている間を、年齢にかかわらず子ども期とする。住居との関係において、子育て期と何の変化もないからである。

さて、子ども期は誕生とともに始まる。子どもは、成長とともに心身ともに大きく変化するため、心身の変化と教育の関係を主体に、副次的に3つのステージに分類する。

①乳幼児期

生まれてから、感性や身体性など人間としての基本機能を獲得するまでの時期で、小学校に上がる7歳までをさす。

②児童期

義務教育である小中学校の時期を指す。社会で暮らすための知性や社会性の基本を身に付ける時期であり、国が義務教育を定める所以ともいえる。

③青年期

自分が社会の中で生きる道を選んで独り立ちする過程となる時期である。一般的には高校や大学を経て、社会人になるまでを指す。社会で活躍できるよう、専門知識を身に付けたり、人間関係の形成を豊かにしたりするための活動を行う。

住宅では、自立し、親や来客と大人として接し、社会とつながる人格の育成が重要である。しかし、いつまでもこの時期を脱しないニートの増加が問題となっている。

■子ども期の住まいのあり方

子どもにとって住まいは、原体験の場としての役割をもっている。また成長に合わせて、子どもと空間の関係は変化する。親とのふれあいや対話を生む場は大切だが、成長につれ距離感も大切になる。

乳幼児期には、五感に働きかける音楽や自然が必要である。児童期には学習の場が中心になっていくが、自室中心でなくリビングで学習する場合、専用の場を用意することが望ましい。

青年期には、一人になれる個室を持つことに意味が出てくる。一人で考えたり、内省したりする

セミオープン

オープン

クローズ（個室化）

可動間仕切り収納のレイアウトを変えるだけで、兄弟のワンルームになったり、それぞれの個室になったりする。

図10-4 可変子供部屋

ことで成長していく。子どもの居どころが，成長とともに変化していくことをプランに織り込んでおくことが大切である(図10-4参照)。

10-3　自立期

■自立期とは

親の庇護から離れて，自らが社会の構成員として自立する時期を指す。就職，あるいは自らの意思により，親から独立して暮らし始めることが基本である。就業などで収入を得て生活し，社会の中で活躍する基盤を築いていくことが必要となる。住まいとの関係としては，自分が主体となる住まいを構えることで自立期とみなす。

■自立期の住まいのあり方

自立は，一人で住み始めることから始まる。したがって，一般的には賃貸集合住宅である。

住まいに求められるポイントとしては，ロケーション，インテリア，防犯性，コミュニティなどがあげられる。

○ロケーション

職住近接が基本である。単身者用の賃貸住宅は都市圏内や工場立地など産業地区周辺，その近郊地域駅近，大学周辺など，居住者ターゲットを明確にした場所に立地する。事業側からいえば，不動産で収益を得るために，ワンルームマンションやアパートが選択されるということである。

昨今，都市圏内では，既存のオフィスビルが空室になり，オフィス賃料と住宅賃料のレントギャップが生じ，賃貸住宅にコンバージョンするなど，職住近接には好都合な立地の住宅も現れている。

○インテリア

若年層のインテリアづくりのチャンネルとして，ライフスタイルショップや廉価な輸入家具，ネット通販などが非常に身近になっている。そして，北欧デザインやヴィンテージ，ナチュラルといったデザインを選択する機会も増え，インテリアを楽しみやすくなっている。また，古いUR賃貸(いわゆる公団住宅)などで世代交代による団地再生を目的とした，原状復帰が不要なDIY住戸も若年層に人気である。

○防犯性

企業の女性活用など，単身居住の女性も学生に限らず増加している。そこで賃貸住宅等の防犯性が注目されている。オートロックは当然のこと，防犯カメラや管理人などの見守り機能，簡単に破れないサッシの防犯ガラス，洗濯物を室内に干せる洗濯室付きなど，新たな機能が登場している。

■シェアハウス

単なる賃貸住宅でなく，居住機能の一部をシェアするため，共同のキッチンやリビングルーム，趣味の空間等を備えた，「シェアハウス」が出て

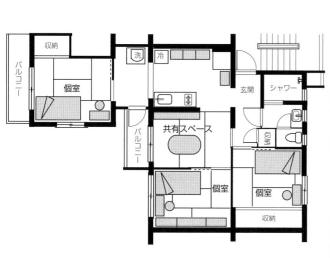

UR賃貸を良品計画がリノベーションして，3人が暮らす個室を確保したシェアルームを創出(新千里西町)。

図10-5　シェアハウス「UR×MUJI」

きた。個々の専有空間は個室のみで，日常生活に共同の場を利用するため，同世代のコミュニティも生まれる。

都市再生機構（UR）では，空室が増加している古い郊外団地をリノベーションして，シェアハウスを展開している。インフィル部分に若年層に人気の高いデザイナーを起用し質的な向上を図っている（図10-5）。

今後は，同じような仕事や趣味をもつ人への利便性を追求したり，多世代居住，シングルのシニア層向けなどの展開も期待される。同時に，入居者募集や管理，建物の改造にかかわる規制など，普及にともなうさまざまな課題もある。

10-4　現役期

■現役期とは

自立期からの変化は，例えば就労では，補助的業務でなく，企業の生産活動の一翼を担うことである。ライフイベントとしては，結婚や出産であるが，体力や能力を活かして，育児や就労など生産的な活動で社会に貢献する時期と捉えればよい。

個人のライフコースとしては，結婚していても夫婦個々に社会との関係をもち，自分の生活の力点をもっている。お互いを尊重しつつ，子育てや住空間に共通の目標をつくることが大切である。

独身の場合，社会的地位や自分の目標に近づく時期と捉える。

■現役期の住まいのあり方

高度成長期には，郊外ニュータウンの戸建住宅が住宅双六（すごろく）の上りであった。しかし現在，居住地の選択肢は広がっている。

○郊外住宅地

すでに住宅ストック数が世帯数を13.5％も上回り，都市就労者が郊外まで行かなくても住める時代になってきた。しかし，敷地にゆとりがあり緑の豊かな郊外では，子育て家族をターゲットに，コミュニティのしかけとなる緑道や公園や，自治会やコミュニティセンターを充実させた住宅地が出ており，居住地の一つの選択肢となっている。

○都市近郊

旧市街地では，工場の移転や企業施設の跡地，公団住宅の再開発が起こっており，ミニ開発戸建やマンションが立地し，比較的利便性の高い住宅地に変化している。こういう地域には，子育て支援サービスも集まりやすく，街の機能自体が刷新されていく地区もある（図10-6参照）。

○都心

都市近郊と同様に，都市の産業機能の変化により工場やオフィスビル，倉庫の跡地や木造密集住宅地域が，高層マンションに変化している地区がある。郊外に比べ単位面積当たりの販売価格・賃

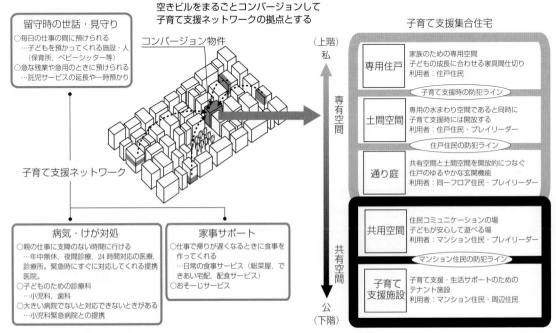

図10-6　子育て支援コンバージョン（出典：「子育てインフィル研究会」資料より）

貸価格ともに高額であるため，子育て家族やシングルに限らず，双六の上りを目指す現役期世代が住み始めている。一方で，郊外の家を売却して，都心に戻るシニアも増えている。

■子育て住空間

子ども期にあるように，生きる力を育む原風景の場であることが大切である。家族との交流の場と，集中して学習でき，自律に向けて一人になれる場は，発達の段階に応じて必要となる。

子ども期の空間は，自ら整理整頓や掃除など，しつけの場でもある。また，五感で感じる上質なリビングや自然を感じる空間は，自宅での原体験として大切であるが，一方で転落や溺死，火傷など，住宅内での重篤な事故を防ぐバリアフリーデザイン，そして子どもの成長によって用途を変えられる柔軟性などが，計画のポイントである。

10-5 熟年期

■熟年期とは

現役期との違いは，人生の目標であり，就労では対価より生きがいや自己実現を重視すること，子育てをまっとうし自分の生きがいに目を向けることなどである。第二の人生と呼ばれる所以は，長寿化により，新たな目標をもって新たな活動をする時間が十分あることによる。

熟年期への移行の一般的な目安としては，現役就業の定年退職となる60歳から65歳，あるいは子どもが自立し手が離れた時と考える。

この時期には，個人を単位とした生活が中心になり，健康の維持管理，趣味や生涯学習などによる自己の生きがいの充実，社会での役割として，ネットワークづくり，ボランティアなどの社会活動，また仕事の継続や新規スタートなど，最も多様な選択肢がある。夫婦そろってのグルメや旅行・観劇，スポーツも熟年期の生活のポイントである。

■熟年期の住まいのあり方

住まいとの関係を考える上では，一般的に夫婦を単位と考え，子育て中心の現役期からの生活の場の変化に注目する(図10-7参照)。

○個人の場

子育てや仕事中心の生活から自分中心の生活へと変化するため，最も大切な拠点と考える。生活の力点によって必要な機能や規模は異なるが，自宅の一部を改造したり，子どもが独立した後の子供室の転用などが考えられる。

○夫婦の場

自宅にいる時間が長くなり，夫婦がほどよい距離で接することが大切になる。大きなダイニングテーブルは，それぞれが思い思いのことをしたり，子どもや孫が集まる拠点にもなる。夫婦がそれぞれに寝室を持つ「夫婦別寝」も一つの選択である。

図10-7　熟年夫婦の住まいリノベーション(資料提供：積水ハウスリフォーム(株))

◉社会との接点

自宅で教室を開く人は，和室やダイニング，アトリエの設置などを行っている。また立地によるが，自宅を改装してショップやカフェ，オフィスを開く例もある。

◉多世帯住宅

子どもが自立せず，社会人になっても同居していたり，親と同居したり，子世帯と同居したり，大家族で暮らすことも考えられる。

多世帯住宅の計画では，血縁関係のある家族より，血縁でない家族同士の関係が重要になる。

2世帯住宅では，キッチンや浴室，リビングを分離するケースや，玄関も分離して完全に独立した2住戸にすることもある。戸建住宅では，上下階や世帯間の遮音への配慮も必要である。

将来，空く可能性の高い子どもや高齢者の部屋を独立住戸にして，賃貸にする資産運用設計も注目されている。

10-6 高齢期

■高齢期とは

健康不安や社会活動からのリタイアが，高齢期への転機となるライフイベントである。熟年期は，「アクティブシニア」と呼ばれる長寿社会の特徴的なステージであるが，高齢期への変化は段階的である。身体的な衰えも社会活動からの引退も段階的であり，住まいとのかかわりを見る場合，明確なステージ変化を捉えにくい。家の長としての催事や孫育て，さらには終活などの活動もある。

そこで，高齢期は主に身体変化への対応を考える。身体変化を理解する指標の一つとして，日常生活におけるサポートの必要度を分類する，介護保険制度における介護認定がある。

■高齢期の住まいのあり方

できるだけ自立した生活が継続できるアクセシビリティの考え方が重要である。バリアフリーと，身体機能の違いによる個別の対応が必要である。

◉バリアフリー

住宅におけるバリアフリーは，安全かつ円滑に建物を利用できるようにすることである。バリアフリーは，最低限必要なことで，個別に発生するバリアに対応して，生活行動上のハンディキャップをなくすことである。

具体的には，基本動線に段差がないこと，やむを得ない段差がある場合の安全性の確保，手すりの設置が基本仕様である。

体力や身体能力の低下への対応としては，立ち座り補助手すり，ヒートショックの防止，エレベーターの設置などがある。身体や認知判断の低下による，生活行動の二次低下を防ぐことも大きな目的である。

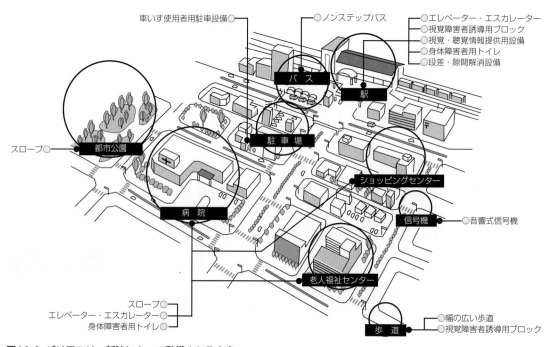

図10-8 バリアフリー新法によって整備される内容 (国土交通省ホームページより)

身体能力の低下により、趣味や家事、外出をしなくなることであり、これによる老化の進行が問題となっている。これには社会の仕組み全体での解決が必要であり、バリアフリー新法(2006)では、自宅から公共交通機関や建築物までのシームレスなバリアフリーを定めている(図10-8参照)。

○障害への対応

個別の障がいによる生活上のバリアに対処する必要がある。浴室の移乗台や手すり、廊下、トイレの手すりは、片麻痺など下肢の障害への対応となる。車いすが想定される場合、段差解消だけでなく、通路幅、トイレや浴室の移乗スペース、外構のスロープなど、建物の設計仕様に及ぶ配慮が必要である。

視覚や聴覚などセンサー機能の衰えに対しては、代替機能による伝達や注意喚起が必要であり、警報音と点滅灯、視認性とアナウンスなど、高齢者が利用する箇所に配置されている。

近年、認知症対策は急務であり、外出の可否だけでなく、GIS(Geographic Information System)などによる位置・所在確認などが検討されている。

■高齢者向け住宅・施設

○高齢者住宅

国の制度として、介護・看護や生活サービスが受けられる「サービス付き高齢者向け住宅(サ高住)」の整備が行われており、従来の「高齢者専用賃貸住宅」「有料老人ホーム」等も包括した形で、「高齢者住宅」と呼ぶ住宅が増えている。

サ高住は、介護や生活サービスが提供できる賃貸住宅で、必要に応じて日常生活のサポートを受けることができる(図10-9参照)。

有料老人ホームは、介護保険適用サービスや各種のサポートを利用しながら生活する施設である。しかしそういった住宅は、個室の広さやコミュニティの画一化、細かな日常のサポートの良し悪しなど、生活の質の面では課題も多い。

今後、ある地域に住む高齢者を身体変化に応じて継続的に、現在住んでいる自宅を中心にサービスを提供する「地域包括ケア」と呼ぶ仕組みがひとつの方向となる。

○CCRC

アメリカでは、健康時から終末期まで継続的にケアを提供することをコンセプトに、CCRC(Continuing Care Retirement Community)と呼ぶ街づくりが展開されている。

医療、介護、生活サポートはもちろん、健康づくりや雇用、生涯学習などの機能を備えた住宅地であり、サポートが必要になってから移住するのでなく、現役世代のうちからの移住の選択肢となっており、全米に2,000箇所以上開発されている。わが国でも、高齢化する地域での展開が期待されている。

サテライト・ハウス(民家のコンバージョン)

センター・ハウス

図10-9 高齢者向け施設事例(創生会ホームページより)

11 住まいとライフスタイル

11-1 ライフスタイルとは

ライフスタイルとは，個々の生活者の生活に対する価値観や習慣に基づく「生活のしかた」，さらには「生き方」のことである。

マーケティング論の中では，嗜好や購買行動を基軸に，人をクラスター分類する表現として使われることがある。しかし，人の生活行動は一つのセグメントにあてはめられるものではなく，さまざまなライフイベントに対して個別に判断し，行動するものである。

本章では，住まいでの生活を対象に，規範的あるいは生理的な生活場面を除く，人生観に基づく価値観により，個人によって選択できる能動的な生活行動の中から，住まいとの関係性がポイントとなる生活テーマを，住まいでのライフスタイルとして取り上げる。

■ライフスタイル概観

生理的な生活である睡眠や排せつ，食事については誰もが行うが，そのこだわりや楽しみ方は，個々のライフスタイルである。家族と関係して暮らす子育てなどは，ライフステージで取り上げたが，血縁以外の人間関係について，地域との関係を"地縁"，仲間との関係を"知縁"と呼び，個人のライフスタイルに大きく反映する。

また，最も個人性の強い生活といえる，趣味，学習，仕事などの自己実現を目的とした活動がどのように行われるかは，ライフスタイルそのものであり，住まいにも影響を及ぼすテーマである。

■生活テーマの種類

「食」「浴」や「休息」といった基本的な生活の中でのこだわりを"くつろぎ系"とする。

「地縁」「知縁」の持ち方，「ペット」との暮らしなど，基本的な「血縁」の関係を超えた，人と人（動物）の関係を"コミュニケーション系"とする。

住む場所へのこだわりとして，都市に住む「都心居住」や「郊外居住」，都市から離れた「里山生活」やその両方を手に入れる「二地域居住」などを"地域系"とする。

能動的な生活として，絵画や手芸，日曜大工などの「創作活動」，「音楽活動」あるいは「ショップやカフェ」を行う活動を"創作系"とする。また，「学習」や「研究」に取り組んだり，「教室」や「オフィス」を主宰する活動を"学習系"とする。

このように，生活の目標と住まい方の関係をライフスタイルとして分類し解説する。

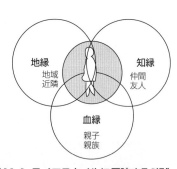

図11-1 ライフスタイルに反映する"縁"

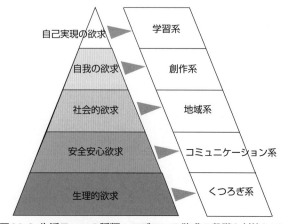

図11-2 生活テーマの種類：マズローの欲求の段階と対比して

11-2 くつろぎ系

住まいでは，社会生活から離れて自分らしくゆっくりくつろげることは基本である。誰もが行う基本的生活として，ここではまず，「食べる」「入浴する」そして「休息する」という住まいでの基本行為についてのライフスタイルを取り上げる。

■食べる

生活の基礎を「衣・食・住」というように，「食」は生命維持に欠かせない。しかし，それだけに留まらず，健康でおいしい食生活を楽しむことが目標となってきた。近年，おいしい料理を提供する店も増え，外食に事欠かなくなってきたし，和食が世界遺産となり，ますます発展するだろう。

その一方で，自分の家でおいしい食事ができることほど贅沢なことはない。伝統的に京都でのもてなしは仕出しだったし，取れたての食材はそこでしか食べられなかった。今や自宅でおいしい食事にこだわることはライフスタイルなのである。

原材料，つまり採ったままの姿の食材から加工し，保存し熟成できる作業場や，和洋中という幅広い料理に合わせた食器や調理道具の利用，主人の調理の心得を活かせる十分な調理台と機器を備えたキッチン（台があるから台所）など，料理へのこだわりは住宅計画に大きく影響する。またテーブルコーディネート等の演出も大切である。

■入浴する

日本人の入浴スタイルの特徴は浴槽浴であり，洗い場を使って洗体するのが一般的である。ここでライフスタイルとして取り上げる住宅での浴生活は，快適にこだわる入浴である。

自然を感じる空間が，日本人のリラックスに繋がることがわかっている。それを実現する浴空間として，中庭との接続や屋上や庭での露天風呂の設置など，単にユニットバスの設置でなく，立地環境を活かすと浴生活が快適になる。またジェットバスやミストサウナなど，入浴機能を充実させることで身体のリフレッシュを追求するスタイルもある。このような入浴機能は，ユニットバスにセットアップできるものが多く導入しやすい。

■休息する

日本の伝統的な座敷は，庭に向かって開いており，自然がインテリアの一部になっている。自然と一体感のあるインテリア空間と，自然を感じないインテリア空間での実験によると，自然と一体感があるほうが疲労が回復しやすいという結果が出ている。

伝統的な座敷空間のもつ，庭に面して開口し，広縁や庇を介して外部空間に接続することによる庭のインテリア化，時間や季節での陰翳の変化や風の流れの制御を空間設計に取り入れることが快適性に繋がる。

入浴：リラックス，リフレッシュ，清潔

料理：作る楽しみ，食べる楽しみ，集う楽しみ

休息：疲労回復，リフレッシュ，くつろぎ，安息

図11-3 ライフスタイルの基本生活行為「食べる」「入浴する」「休息する」

11-3 コミュニケーション系

■縁をつくる

人間は，人の間で生きている。両親をはじめ，自分が生まれてきたルーツにつながる人や次の世代へと家系を引き継いでいく人たちが「血縁」である。しかし，それだけではない。向こう三軒両隣をはじめ，居住地の周りに住んでいる人たちとも，少なからず交流があるはずである。これを「地縁」と呼ぶ。さらに子育てや趣味，ボランティアなど，同じ目的をもつ人の集まり，SNS(Social Networking Service)に集まる人たちなど，生活価値観を同じくする人たちのつながりを「知縁」と呼ぶ。これら3つの縁の形成による生活を"コミュニケーション系"のライフスタイルとする。

■血縁

家族の生活スタイルが年齢によって変化することは，「10 住まいのライフステージ」で述べている。さらに拡大し，親子孫と三世代が一緒に暮らすスタイルがある。

戦前の家制度の下での2世帯住宅は，就寝以外の生活は共同が基本だったが，現在は親世帯と子世帯のライフスタイルを尊重したプランニングを行う。リビング，キッチン，浴室，そして玄関も分離した別の2住戸が接続するタイプの2世帯住宅もある。また核家族の住宅では，個室を作らずオープンなリビング空間に生活行為を集約する設計が見られる。父親の家事や育児参加の増加により，家族でいることがライフスタイルの中心になってきている。

■地縁

子育ての時期や退職後のシニア期には，自宅で過ごす時間が多くなる。地域の人との交流により，食事や遊びを通した楽しみを共有することが，日常の助け合いや見守りにもつながり，地縁コミュニティとなる。コミュニティセンターや公園，緑道など人が出会う仕掛け，共有地や共同管理する緑があることでつながりが生まれる。

このような街の仕掛けがない既存住宅地では，各戸でオープンガーデンやギャラリー，食事会等を開いて近所の人を招くことで地縁が豊かになる。高齢化する郊外住宅地に対して，公共やNPOがコミュニティ活動をサポートし始めている。

■知縁

趣味やスポーツを通じた交流は，能動的な共通のライフスタイルに向かうコミュニティであり，つながりが強い。住宅に関わるものとしては，集まって料理を楽しむオープンキッチンや，映画鑑賞だけでなく演奏会もできるホームシアター，ミニギャラリーのあるアトリエなどが考えられる（創作系参照）。

また，同じ子育て家族間での助け合いや共同で

血縁：子育て

知縁：ホームシアターに集う友人

地縁：コミュニティ・出会い，語らい

図11-4 血縁・地縁・知縁

学習するなど，日常のコミュニティとして知縁は最も強くなってきている。シングル向き住宅として，同じ趣味仲間が集まるよう考えられたシェアハウスもある。

11-4 地域系

■どこに住むのか

人は自分の家だけでなく，街に住んでいる。つまり住んでいる場所が，かなりの生活スタイルを決めることになる。しかし，ここでは個別性の高い地域をすべて取り上げられないため，いくつかの事例を解説する。大都市と地方都市をベースにした距離と密度が基軸となる。

■都心居住

産業中心の都市機能が変化し，大都市の中のオフィスや倉庫地区に居住地域が生まれており，狭い敷地と高度利用の容積を活かした超高層マンションが増加している。そこでは，都市周縁居住地の魅力であった職住近接の利便性を都心で享受できる。これは，一般的に商業やオフィスのほうが賃料が高いにもかかわらず，事業向け賃貸需要がなくなり，住宅の賃料のほうが高くなるレントギャップと呼ばれる現象が生じ，住宅地として再生されていく地域が出てきていることが大きい要因である。今後，建て替えだけでなく，コンバージョンも増えるであろう。

■近郊住宅地居住

明治以降のわが国の近代化の流れの中で，大都市への産業の集積とともに，その成功者が居住する良質な住宅地が都市近郊に形成されていった。良好な環境が維持され，空間密度や交通利便性が確保されたブランド住宅地となっている所が多い。主に鉄道の発達とともに開発された住宅地であり，上質な生活スタイルが形成されてきたが，高齢化による世代交代時期を迎え，所有者交代による街の維持管理が課題となりつつある。

■郊外居住

戦後の住宅不足解消と，高度成長期に地方から大都市に移り住んできた多くの就労者のために開発された郊外住宅地は，「ベッドタウン」ともいわれ，職住分離，男女の性的役割分担を基盤に，郊外庭付き一戸建住宅が住宅双六(すごろく)の上りとなった。しかし現在，居住者は高齢化し，また中古流通も進まず，次世代に引き継がれない空き家，空き地が問題となっている。

一方で，緑豊かでゆとりある空間を確保しやすい住環境での子育てや，周辺の農地を借りての半農半住の生活スタイルが生まれている。

■里山居住・二地域居住

さらに，農に本格的に取り組むために田舎暮らしに向かうI，Jターンもある。Iターンとは，都

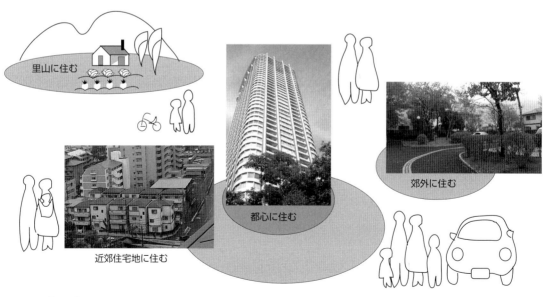

図11-5　どこに住むか

市で生まれ育った人が田舎に移住することで，農山村地域の過疎化対策として，都会の若者を誘致する施策もある。Jターンは，田舎で生まれ都市で育った人が，生まれた地域に戻ることである。

さらには，完全に移住せず，都市の住宅も残して両方の生活スタイルを享受することを「二地域居住」と呼ぶ。仕事と農業の両立だけでなく，海外やリゾート地のセカンドハウス，老人ホームと自宅など，二地域の暮らし方は多様化する。

11-5 創作系

■生産的・創造的生活

自宅で創作活動をする生活全般を指す。それが趣味である場合も，実益をともなう生産活動である場合もある。またここでは，カフェやショップなどの営業も含むこととする。

■アトリエ

アートや手芸など，創作対象によって異なるが，必要な作業スペース，収納，環境づくりが必要である。道具や作品を飾る収納があるとよい。

環境づくりでは，光環境がポイントである。絵画の場合，変化の少ない北側採光，細かい創作では，手元が1,000lx以上のタスク照明が必要となる。簡単な水回りを設けることや溶剤や接着剤を使用する場合，専用の換気システムを取り付ける。

■音楽

住宅で音楽活動をする場合，多くの場合，周辺住民への防音対策が必須となる。住宅で最も遮音性能の低い部位である開口部は二重サッシにし，壁下地ボードを二層にする。複数の楽器やアンプを使う場合には，防音サッシや地下室，鉄筋コンクリートで囲う専用の音楽室を作ることが望まれる。住居内に対しても，防音ドアや防音壁が必要になることもある。また，テレビやオーディオでAVC(audio visual communication)を楽しんだり，ホームコンサートを行うためリビングルームを防音仕様にすることもある。

近年，音の出ない電子楽器も開発されており，建物側の整備なしで楽器を楽しむ方法はある。

■ショップ

郊外住宅地で，小家族化した自宅の一部を改造，可能であれば増築して，カフェや店舗にするケースがある。空き家になった町家一棟を丸ごとショップにするケースも増えてきた。この場合，建築基準法や条例，景観協定などによって，規模，内容，外観の制約が考えられ，チェックが必要となる。また店舗としなくても，地域に住む仲間の集いの場として夕刻より開くダイニングでの"囲炉裏バー"，休日に庭を利用したペット仲間が集う"ドッグカフェ"，仲間と作った趣味の作品を展示販売する"手づくりショップ"などがある。

リビングのコーナーを水彩画のアトリエに

スタジオリビング：演奏と鑑賞

ガレージカフェ：カーマニアが集う

図11-6 創作系ライフスタイル

11-5 学習系

■家で学ぶ・教える・働く

近年，子どもの頭がよくなる家が紹介されたり，大学が生涯学習のプログラムを提供するなど，生涯を通じて家で学ぶメニューは増えている。

住宅での仕事については，生産年齢人口の減少が問題となり，子育て支援や高齢者雇用にともなう在宅勤務の拡大，モバイルオフィスの充実など，就労環境の多様化による就労機会の拡大が注目されている。

ICT（Information and Communication Technology）の進展とともに，在宅での就労や学習の仕組みは拡大する。またすでに，資格を活用して自宅で教室を開いているケースも多い。

■学習

子どもの学習の場は，子供室が一般的だが，わが国では，中学くらいまではリビングやダイニングで学習する子どもが増えている。また，家族みんなが個々に仕事や作業をすることが多くなっているため，PCや個人の持ち物を置く家族それぞれの居どころになるデスクを，家族のスペースに設置するという計画を行う方法もある。

■教室

住宅で教室を開いているケースは，主婦に多い。内容としては，料理や手芸などの創作活動，絵画や音楽教室，茶華道や書道，学習塾などである。戸建住宅なら1階の和室，集合住宅なら玄関に一番近い個室を利用することが多い。

料理であれば，広めの調理台やダイニングテーブル，音楽の場合の防音，創作活動では材料や道具の収納，また人が集まる場合の自転車置き場など，自宅を教室にする場合に必要なしつらえを付加することは大切である。

■仕事

就労機会の拡大で今後，ワークライフバランスが見直され，育児と仕事の両立が行いやすく，通勤のバリアを取り除くため，在宅勤務制度が拡大する。また，シニアの就労や起業家の育成なども盛んで，企業に属さない仕事も増加し，自宅と事務所を兼ねるSOHO（Small Office/Home Office）も増えるだろう。

住宅での仕事場を考える場合，生活の場からいかに切り離すかという空間的視点，個人管理と法人管理という制度的視点，それにともなう情報管理の視点の3つがある。

また，自宅がオフィスに適するかどうかは，オフィスの役割によって異なり，人が集まる場合やすぐ相手先に出向く必要がある場合には，立地が重要となる。人の出入りがある場合，玄関とは別の専用のドアを設け，土足での出入りができる土間空間を作ることが望まれる。

書道教室：二間続きの和室を使って

料理サークル：オープンキッチンのある家に集まって得意料理を教え合う

自宅オフィス：ダイニング脇に書斎コーナーを

図11-7 学習系ライフスタイル

12 住まいの計画Ⅰ

12-1 住まいの形式

■所有形式からの分類

住まいの形式は，所有形式からは，持家と借家（賃貸住宅）に分かれる。社宅や公舎・官舎は，持ち主が会社，自治体や国であって，住まい手ではなく，住まい手の持家とはいえない。給与の一部として与える場合には，給与住宅という。

持家比率は，農業，林業などが地場産業の県，例えば秋田県では60%と高く，政治，ビジネスが中心の東京都では44.6%と低い。

■建て方からの分類

建て方からは，独立住宅（一戸建住宅）と連続住宅，集合住宅の3種類がある。

第二次世界大戦後のベビーブーム生まれの団塊世代は，高度成長期の後期に社会人として活躍，結婚して住まいに社宅や賃貸アパートを選び，次に頭金を貯めローンを組んで分譲マンションあるいは郊外の「庭付き一戸建住宅」を購入することが人生の目標，ステイタスであった。この価値観が，今後も一戸建住宅・持家への希求へ続くと考えられる。

連続住宅は，一棟に2戸以上の住戸を水平方向に連続して建てた住宅のことである。隣家とは共有の壁で仕切られている。

集合住宅は，一棟に2戸以上の住戸を垂直方向に連続して建てた住宅のことである。住戸は共有の壁で仕切られ，上下は水平方向のスラブで区画されている。

建築基準法では，境壁・間仕切り壁および隔壁の項に「長屋・共同住宅」があり，防炎防火対象物の項で「…下宿・共同住宅・寄宿舎…」など，共同住宅の名がある。これは建て方の分類ではなく，住み方の形式で，一棟に複数の家族が住んでいる住宅を指している。

■その他の分類

住まいを，建築の構造から分類すると，木造，鉄骨造，鉄筋コンクリート造と，これらの混構造などがある。

用途から分類すると，専用住宅，店舗併用住宅，工場併用住宅，農林漁業併用住宅などとなる。

スタイルから分類すると，和風，洋風，和洋折衷，カントリー風，フランク・ロイド・ライト風など種々の様式がある。注文住宅では，設計家一人一人にスタイルがあるともいえる。

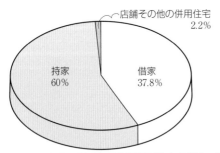

図12-1 住宅総数に対する所有関係別住宅の割合／全国
（2013総務省資料より）

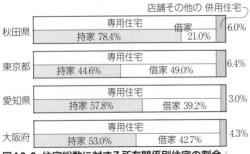

図12-2 住宅総数に対する所有関係別住宅の割合／三大都府県・秋田（2013総務省資料より）

図12-3 住まいの形式

12-2 住まいを選ぶ

■家族周期と住まい

1章で家族周期について述べたが，高校や大学を卒業して就職時になると，住まいを必要とする場面が生じる。勤務先が郊外の工場の場合，都市部のオフィスの場合，社宅や賃貸の独身者用マンションやアパートを住まいとすることになる。その時の条件は，通勤時間・距離，家賃，部屋の面積，周辺環境（商業や医療等）などである。

結婚すると，2人の住まいが必要になる。親と一緒に住まない場合は，住まいを用意しなくてはならない。経済的条件から，賃貸か持家かの選択が生じる。持家の場合，一括払いかローンか，住宅ローンであれば，家庭の収入から返済計画を立てる必要がある。この時，産児計画も条件になる。子どもの人数を念頭において，住宅の規模（床面積や階数）を決めておくことも必要である。

当面は，新婚2人が住める広さからスタートし，子どもを出産，子どもが成長していく中で，住み替えの時期がくる。この時の住まい選定の条件は，独身時，新婚時の条件に加えて，保育園，小学校，中学校，高校，大学，塾などの教育環境のチェックが必要となる。

一般的に，年齢とともに収入・給与が増え，家庭に余裕が生まれてくると，住まいのグレードアップを考える時期がくる。この時の住み替えは，一戸建住宅やグレードの高いマンションの購入といったケースである（図12-4参照）。

家族周期においては，子ども達が独立して親元を離れていくことで，再び夫婦2人の住まいに戻る。多くはそのまま留まるが，中には郊外に建てた庭付き一戸建住宅から，都心のマンションへ住み替えるケースもある。「終の棲家」としてリフォームする場合もある。老後の生活を考え，利便性や介護・医療などが住まいの条件となる。

■持家と借家（賃貸住宅）

持家は，住まい手が所有権を持つ家である。法務的には，不動産登記を行うことで権利が確保される。土地と建物につき，それぞれ独立した登記が必要である。

一戸建の場合，土地・建物を同時に所有する場合と，借地に持家を建てる場合がある。集合住宅の場合は，建物は専有部分と共用部分からなり，土地は区分所有の形式になる。持家では，固定資産税や都市計画税などが掛かってくる。

農業，林業，漁業（港）などの場合，土地柄，宅地の確保が容易で，働く場と住まいの関係から，持家が一般的である。

都市とその近郊における持家志向には，持家が資産であるとともに，不動産価値をもつこと，所有者には「一国一城の主」といった満足感がもて

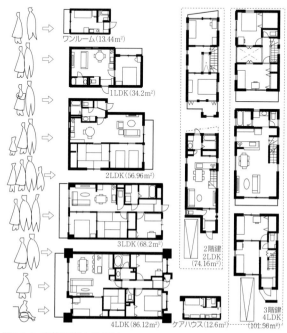

図12-4 家族周期と住まい

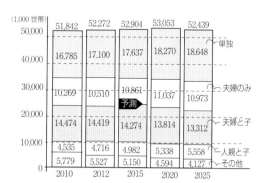

図12-5 家族類型別世帯数の推移と予測
（2013国立社会保障・人口問題研究所資料より）

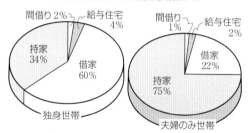

図12-6 家族類型別の住宅所有関係 （2010総務省資料より）

ることも要因である。
　それに比べると，借家(賃貸住宅)では，所有の意識は生まれない。しかし，転勤や家族周期に応じて，住み替えがスムーズに行える点や，持家購入に比べて初期資金が少なくて済むことは利点である。逆に，居住権，賃借権はあるが，リフォームの自由度がなく，立ち退きを言い渡される場合もあり，不利な面もある。

■注文住宅と分譲住宅
　注文住宅は，建築家，設計事務所，ハウスメーカーなどに設計を依頼し，施工する形である。住宅展示場でモデルルームを見て，出来合いのプランなどに要望・注文を加えて購入するものも，注文住宅とされる。
　分譲住宅には，土地付き新築一戸建と分譲マンションがある。一戸建分譲住宅では，現地で実際の建物を見て購入を判断することができる。分譲マンションでは，建設予定地・建設中の現地を確認し，モデルルームを見て購入を決める。即断即決で購入を判断できることは利点でもある。
　それに比べ，注文住宅の場合は，設計，施工を経て，現実の建物が完成するまでには，それ相当の時間が必要であり，建設費用のほかに設計料・監理料もかかる。しかし，建築主の夢がかない，自分たちの住まいをもつことの充実感・満足感が得られるなど，貴重な経験もできる。

■住まいの構造から選ぶ
　前述したように，住まいの構造には，木造，鉄骨造，鉄筋コンクリート造などがある。わが国は木材資源が豊富で，また木造建築の歴史は古い。多くの震災を経て，木造住宅の耐震化も進められてきた。北米から輸入されたツーバイフォー工法も，耐震性・断熱性に優れた木造構法である。
　鉄骨造には，軽量鉄骨造と重量鉄骨造がある。軽量鉄骨造は工期が短く，ローコストがメリットで，多くのハウスメーカーが採用している。
　鉄筋コンクリート造は，それに比べて工期が長く，コスト高だが，耐久性・耐火性・耐震性に優れ，主に集合住宅(マンション)で採用されている。

■中古住宅を選ぶ
　住宅市場は，新設住宅着工戸数が近年，減少傾向であるのに対して，中古住宅流通は安定的に推移していて，全住宅流通量(新設住宅着工戸数と中古住宅流通戸数の合計)に占める中古住宅流通戸数の割合は，平成元年(1989年)の8.0%から，平成20年(2008年)には13.5%にまで上昇している。
　中古住宅は，新築に比べコスト安であること，現実の建物を見ることができるのが魅力である。ただ修繕やリフォームの費用が必要となる場合もある。購入時の下見では，目視や，建具や設備を作動させての確認，確認申請書類や検査済証，登記など法的チェックも欠かせない。

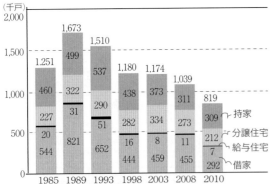

図12-7 新設住宅着工数の推移 (2014国土交通省資料より)

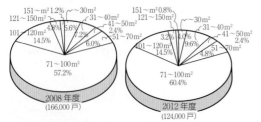

図12-8 分譲住宅着工新築の床面積割合
(2014国土交通省資料より)

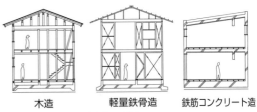

図12-9 住まい・建築物の構造

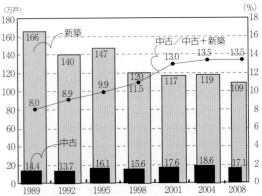

図12-10 中古住宅流通シェアの推移
(国土交通省資料より)

12-3　ゾーニングと動線計画

住まいを計画・設計する，あるいは分譲住宅をチェックするとき，大切なのが平面計画である。

プライベートゾーンとパブリックゾーンの位置関係，それらを結ぶ動線の善し悪しが，住まいの快適さにつながっていく。

■ゾーニング

プライベートゾーンは，寝室，子供室，主婦室，老人室，書斎，アトリエなど，文字どおり個人の使用が主たる部屋のことである。

パブリックゾーンは，リビング，ダイニング，キッチン，バス，トイレ，洗面・脱衣室，納戸，玄関，廊下，階段などで，家族が共有，共通に使用する部屋，スペースである。このうち，玄関，廊下，階段は，動線ゾーンと見なすことができる。

2階建の住まいでは，各階ごとにプライベート階とパブリック階に分ける方法が合理的である。階段を唯一の動線として，パブリック階の音や臭いが遮断され，プライベート度は高まる。逆に吹き抜けを設けることで，パブリック階の様子が見えたり，声を掛けることができるといった設計もある。

平地では1階がパブリックゾーン，2階がプライベートゾーンとなるが，傾斜地で上階が玄関になるような場合は，上階がパブリックゾーン，下階がプライベートゾーンとなることがある。

1階建，ワンフロアの住まいでは，パブリックゾーンの回りにプライベートゾーンを配置するのが一般的である。回りに並列・併置する場合と，プライベートゾーンを2つに分けて挟み込む場合がある。敷地形状，居住部の平面の形，方位，玄関位置などの条件でさまざまのケースがある。

どのような配置にしても，プライベートゾーンとパブリックゾーンが明快であることが，生活上の合理性，利便性，安全性につながっていく。

パブリックゾーンのうち，キッチン，バス，トイレ，洗面・脱衣室(含む洗濯機)は，給排水，給湯，ガスの配管工事をともなう住宅設備部分である。一般に「水回りゾーン」「サービスゾーン」といわれる。配管距離の合理性から，近接あるいは1ゾーンにまとめることが望まれる。この「水回りゾーン」をコアとして，プライベートゾーンとパブリックゾーンを分離する配置もある(図12-11)。

■方位

マンションの広告には，よく「全戸南向き」と書かれている。北半球の日本では，太陽は南の空を，東から上がって西に沈む。プライベートゾーンとパブリックゾーンをいかに南面させて計画するかは，快適性や健康面にとって重要である。パブリックゾーンの南面化，なかでもリビングは南面が望まれる(図12-12参照)。

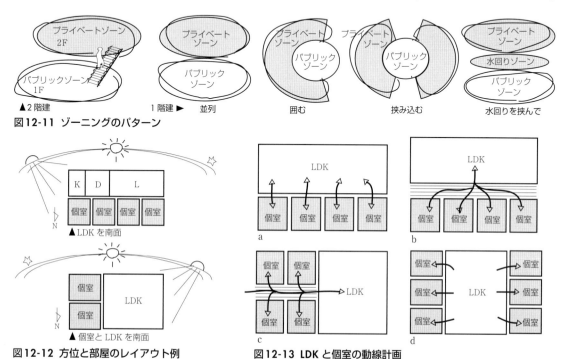

図12-11　ゾーニングのパターン

図12-12　方位と部屋のレイアウト例

図12-13　LDKと個室の動線計画

■動線計画

　動線とは，住まい手が目的の場所・部屋へ行く生活行為の軌跡である。動線計画では，動線がわかりやすく，直線的で短いことが望まれる。ただ機能的で無味乾燥にならない工夫も必要であり，移動ゾーンである階段や廊下のデザインが重要となる。

　プライベートゾーンとパブリックゾーンの行き来は，出入口の戸・扉一枚というのが最短距離であり，パブリックゾーンからいったん階段や廊下・ホールを介して，プライベートな部屋へというのが次のパターンである。

　リビング，ダイニングには家具が配置されるが，この家具配置にも動線計画がある。移動する住まい手が，互いにぶつからないような動線計画，また，その家具が目的地へ行くうえでじゃまにならないように配置する必要がある。

　キッチンの設備配置にも動線計画がある。シンク，コンロ，冷蔵庫，食品庫，食器棚などの位置と動線は，無駄なく，動きやすく，短いことが望まれる。このうちシンク，ガスコンロ（またはIHヒーター），冷蔵庫によってできる動線の三角形を「ワークトライアングル」といって，作業行為の動線として合理化が求められる（図12-14参照）。

■視線計画

　ゾーニングから，設計を一段階進めた家具配置では，視線計画がともなう。ダイニングチェアやリビングのソファーに座ると，お互いの視線が合う，見通せる関係などをいかに計画するかである。

　キッチンからリビングで遊ぶ子どもの様子を見守りたいといった要求，テレビやオーディオを鑑賞するのにキッチンの喧騒と視線から逃れたい等，住まい手の志向・要求から，部屋配置・設備配置・家具配置の検討が必要となる（図12-15参照）。

■フォーカルポイントとアイコリドール

　視線計画の中で，視線の止めどころ，注視点をフォーカルポイントという。真っ白で何の飾りもない4面の壁に囲まれた部屋は，何か落ち着かないものである。そこに1枚の額に入った絵が掛けられると，視線はそこに注がれ，視線も心も安定する。

　窓計画におけるピクチャーウインドーは，外部の景色を1枚の絵のように見せるための窓であるが，これもフォーカルポイントとなる。

　アイコリドールも視線計画の手法で，視線の動きの軌跡のことである。視線は，前から後ろへ，暗い所から明るい所へ，周辺から中心へ，輪郭から部分へ，図から地へ，ある色から同色や類似色へと，無意識の動く性質をもっている。

　この動きをデザインすることで，心の安定がもたらされ，照度計画，色彩計画，マテリアル計画に生かすことができる。

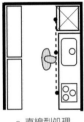
a. 直線型処理
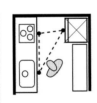
b. 小トライアングル

c. 45°型レイアウト

図12-14　ワークトライアングル

リビングボード・額

ニッチ・装飾品

図12-16　フォーカルポイント

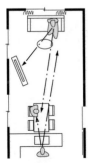
a. 各自の視線が直線的に合う
b. Lの視線が振っている
c. Lの視線が外に向いている

図12-15　視線計画

ある色から同色へ

暗い所から明るい所へ

図12-17　アイコリドール

12-4 部屋の配置

■設計の流れ

住まいの設計・監理(注文住宅の場合)の流れは，まず設計与条件の収集・整理から始まる。与条件とは，施主(建築主)のさまざまな要求・希望・制約，敷地条件，法的条件などである。与条件がそろい整理がついたところで，設計に掛かる。

ゾーニングに従って，部屋の配置を決定する。配置を基本構想図面として，施主にプレゼンテーションし，さらなる条件や意思疎通を図る。

基本構想が承認されれば，基本設計，積算，実施設計，業者見積り，業者決定・契約，確認申請，施工，工事監理，竣工検査，完成，引渡しとなる(詳細は「15 住まいの設計技術」を参照)。一般に設計事務所の業務には，設計と工事監理を含む。

■部屋の面積

部屋の床面積や形状は，部屋の配置と同時に進める。部屋の床面積，建築面積，階数についても，容積率，建ぺい率から総量が決まるので，その範囲内で決めていく必要がある。

一般的な部屋の面積としては，主寝室7〜12畳，子供室4.5〜8畳，和室4.5〜8畳，キッチン5〜6畳，DK12〜16畳が目安の数字である。

和室には，従来から押入が付置されるように，近年，個室にクローゼットを建築側で設計・設備する傾向にあり，先の数字はクローゼットを除いた実質の床面積と考えるとよい。図12-19に個室，主寝室，リビングなどの最小スペースを示す。

■部屋の配置

ゾーニングのときに，公道からの動線，ガレージ，駐車場，玄関，勝手口，庭の位置もあたりをとっておく。部屋の配置は，玄関，ホール，廊下，階段からのLDK，水回り，個室への動線を考慮して進める(図12-20参照)。

個室，子供室が何室か，また和室が必要かといった点を与条件の時点で決めておく。玄関から子供室への動線を考える場合，子どもとのコミュニケーション，管理上の問題からも，子どもがパブリックスペースを通過することが望ましい。

玄関の方位により，部屋配置に工夫が必要となる。まず，南にどの部屋を配置するかを決めるが，一般的には，家族が集うLDを陽光の入る南面としたい。

K(キッチン)は，オープンかクローズドか，いずれにしてもダイニングスペースとの位置関係により配置が決まる。Kの位置が決まれば，水回りの洗面・脱衣・洗濯室，トイレが隣接するのが動線上，配管上望ましい。洗濯・乾燥・アイロン・縫製等のための部屋「家事室，ユーティリティー」は，日本ではそれほど定着していない。

主寝室は，静かな環境とプライバシーの確保で

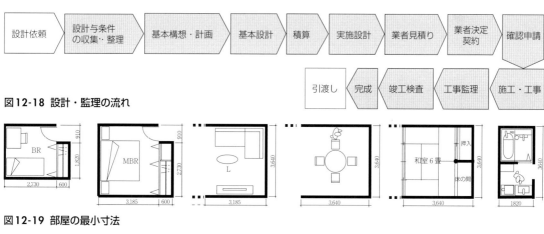

図12-18 設計・監理の流れ

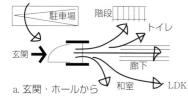

図12-19 部屋の最小寸法

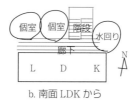
a. 玄関・ホールから

b. 南面LDKから

c. L型LDKから　d. 南北LDKから

図12-20 部屋の配置

きる位置が望ましい。敷地の周辺環境と隣接の部屋配置を勘案して決定する。主寝室にはクローゼットかウォークインクローゼットが付設されているのが望ましく，それなりの広さと配置に工夫が必要である。ダブルベッド，セミダブルベッドとシングルベッドの組合せ，ツインベッドの選択と配置によって，面積や動線計画が左右される。

■1階建（平家）の住まい例

図12-21aは，1階建，北玄関と駐車場（車2台）の配置から始まる設計例である。中国から入ってきた家相では，北東を鬼門として人の出入りを避ける。それもあって，玄関を西に振って敷地中央に寄せている。玄関は1間幅（1,820mm）である。

ゾーニングから，南面にLDK配置を決めておいて，北側に子供室（2室）を玄関を挟んで振り分ける。子供室は2間四方（3,640×3,640mm・8畳，含むクローゼット）である。

玄関ホールからLDKに入る手前に，視線計画上，飾り棚を設ける。入って来た際に，LDKを一望させない緩衝壁の役割をもたせる。LDK側も飾り棚とする（含む収納）。

LDKの配置は，「朝日を受けて朝食を準備」の感覚を優先して，Kを東側とする。Kに繋がる水回りとして，隣接北側に洗面・脱衣室（含む洗濯機）・バス・トイレを配置する。

LDKは，東端のKから西へDとLと1列に配置する。床面積は約5間×2間（20畳）。北西に子ども達が演奏するグランドピアノを置いている。

主寝室はLの西側，ダブルベッドとワーキングデスクが入っている。その北側にウォークインクローゼットを配置する。床面積は，主寝室が2間×2.5間（10畳），ウォークインクローゼットが2間×1間（4畳）である。

■2階建の住まい例

図12-21bでは，敷地が東西の公道に面している。建物の間口2間，奥行6間の建売住宅の設計である。家族構成は夫婦と子ども1人。ゾーニングは1階がパブリックゾーン，2階がプライベートゾーンである。

車1台の駐車場を南公道側に取って，南側右手奥に少し引いて玄関。玄関を上がるとトイレ。引戸を入るとLDKで，手前から奥へL，D，Kと続き，最も奥に洗面とバスとなる。

1階中央北側に幅半間（910mm）の直通階段，階段右側は2階吹き抜けとなっている。2階は，南公道側が主寝室（1.75×2間＝7畳），北側が子供室（1.75×2間＝7畳）である。階段ホールに収納が確保してある。

1階水回りと玄関側のトイレは，距離があるが，住まいから出る汚水・雑排水は，公道の下水管に接続するので，西側に配管ルートを取れば問題はない。

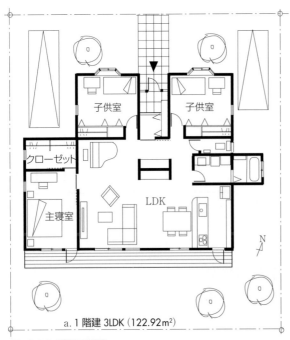

a. 1階建 3LDK（122.92m²）

b. 2階建 2LDK（74.16m²）

図12-21 部屋の配置

12-5 部屋の計画

部屋の計画について，ここでは部屋の在り方と家具や設備の大きさ・平面計画などを解説する。

■ **LDK**（リビング・ダイニング・キッチン）

歴史をたどれば，「居間」「食堂」「台所」がそれぞれ独立した時代を経過して，第二次世界大戦後に「食堂」と「台所」が一つ部屋，ダイニングキッチン（DK）となる。さらに「居間＝リビング」が一体化・オープン化したLDKとなるのである。今日も，LDK，LD+K，L+DK，L+D+Kと，それぞれの組合せが存在する。

LDKの利点は，家族の行動が見渡せる，コミュニケーションが取りやすいところである。

■ **L**（リビング）

家具はリビングセットを設置，ソファー（2人掛けまたは3人掛け），1人掛けのアームチェア（1脚または2脚），センターテーブルが一般的である。

床の仕上げとして，フローリングやカーペットがあり，床座の起居様式をもつ日本人を考えて，床暖房を検討したい。暖炉を設置して，家族で映像や音楽，談話を楽しむといった場を演出することも考えられる。

■ **K**（キッチン）

家具・設備として，カップボード（食器棚，食品庫・電子レンジ・炊飯器等含む），システムキッチン（加熱調理器・調理スペース・シンク・食洗機等含む），冷蔵庫などがある。システムキッチンの寸法は，奥行650mm，幅は直線I型で1,800～3,000mm，カウンター機能をもつ奥行1,030mmもある。レイアウトを図12-23に示す。

日本人の食事は，和食・洋食・中華など多彩で，食器類の種類も数も多くなる。食器と電気調理器を含めたカップボード（食器棚）を，前述のワークトライアングルに加えた四辺形の合理的な動線計画が必要である。

加熱調理器には，ガスコンロとIHクッキングヒーターがある。オーブンレンジや食洗機は，キッチントップの下部に組み込む。熱や蒸気・臭いを発生させる加熱調理器は，建築基準法でフードと排気設備の設置が規定されている。排気口の関係から，外壁に面するレイアウトとなり，外壁から離れた設置では，排気ダクトが必要となる。

■ **D**（ダイニング）

ダイニングテーブルの寸法は図12-24を参照。ダイニングチェアと壁の間隔は，450mmでは通る人は横向き蟹歩きになる。600mm以上あれば正面を向いて楽に通ることができる。

KからDに食事を運ぶ動線，片付けものの動線には，合理的・機能的な計画が必要となる。オープンキッチンでは，カウンター越しの出し入れ，片付けが一般的である。

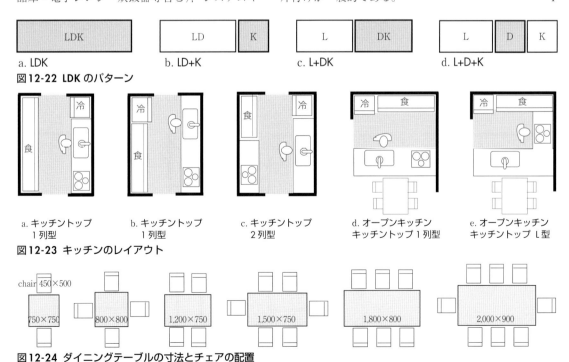

a. LDK　　b. LD+K　　c. L+DK　　d. L+D+K

図12-22 LDKのパターン

a. キッチントップ1列型　　b. キッチントップ1列型　　c. キッチントップ2列型　　d. オープンキッチン キッチントップ1列型　　e. オープンキッチン キッチントップ L型

図12-23 キッチンのレイアウト

chair 450×500　750×750　800×800　1,200×750　1,500×750　1,800×800　2,000×900

図12-24 ダイニングテーブルの寸法とチェアの配置

独立室型Dでは，Kからの動線とドアの位置に配慮がいる。また，食器やカトラリー類の収納の問題，さらに排気の機能も必要となる。

■主寝室

ベッドの配置には，ダブルベッド，スタンダードツイン，ハリウッドツイン等があり，ツインの場合，一方をセミダブルベッドとする場合もある。

着替え・収納の場としてクローゼットが必要となるが，奥行は600mmで，夫婦2人（季節の衣類）を考えると，幅は2,700mm以上はほしい。衣類のストック分その他，さまざまな収納を考えると，ウォークインクローゼットが望ましく，化粧用のドレッサーも必要である。安眠・安心のための遮音性能から，壁には遮音材・吸音材の使用，窓ではペアガラス，シャッター雨戸，厚手生地のドレープカーテンなどを考えたい。

■子供室

家具として，シングルベッドと学習デスクが入る。収納は，置き家具としてチェストやワードロープもよいが，床の広さを有効に使うには，造付けのクローゼットが望ましい（図12-27参照）。

■洗面・脱衣・洗濯室

洗面は，メーカーの洗面化粧台を使用する方法，カウンターをデザインして洗面器をセットする方法がある。いずれも奥行600mm以上で，幅は部屋の広さから決定する（図12-28参照）。

水回りとしてバスに付設され，脱衣・着衣する部屋ともなるので，衣類や脱衣かご・洗濯かごなどを置くスペース，フェイスタオル・バスタオルなどを収納するトールボックスが必要である。

洗濯機には，洗濯パン（幅610（710）×奥行546mm等）の設置が必要である。排水口（トラップ付き）に直接つなぐ方法もある。

■バス（浴室）

日本人は，精神衛生上ゆったりと浴槽に湯を張って入浴する生活習慣がある。檜風呂や石張りの風呂を特注することもあるが，機能・衛生・管理的にはユニットバスが優れている。全室フルユニットのものと，バスタブと洗い場のハーフユニットなどがある。寸法は図12-29を参照。

■トイレ

内法寸法で750×1,200mm以上はほしい。採光のために窓と換気設備が必要である。床材は掃除の容易なCFシートやフローリングが望ましい。

12-6 高齢者・障害者の住まい

内閣府の予測では，総人口に対する65歳以上人口の比率が，2020年には29.1％になるとしている。高齢者の住まい対策は急務である。

■ユニバーサルデザイン

アメリカ，ノースカロライナ州立大学のロナル

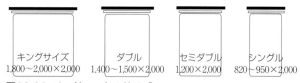

図12-25 ベッドマットのサイズ

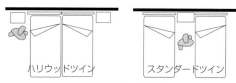

図12-26 ツインベッドのレイアウト

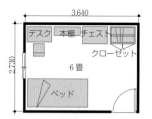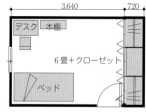

図12-27 子供室の家具配置と寸法

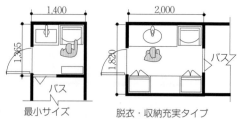

図12-28 洗面・脱衣・洗濯室の寸法

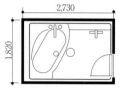

図12-29 ユニットバスのタイプ

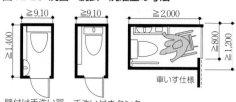

図12-30 トイレの器具配置と寸法

ド・メイスが提唱した概念で，年齢・性別，健常・障害の如何を問わず万人が利用できるデザインを目指すもので，以下の7項目を原則とする（要約）。
①誰にでも公平に利用できること。
②使う上で自由度が高いこと。
③使い方が簡単ですぐわかること。
④必要な情報がすぐに理解できること。
⑤うっかりミスをフォローすることができること。
⑥過度の身体的負担を必要としないこと。
⑦アクセスしやすい空間と大きさを確保すること。
すべてのデザイン分野に求められる概念である。

■バリアフリーデザイン

　足腰の弱ってきた高齢者は，少しの段差にもつまずき転倒する。車いすでは，段差が行動の妨げとなる。このように建築物や公共の場での行動の障害になるもの（バリア）を取り除く，あるいは行為をサポートするデザインが，バリアフリーデザインである。

　例えば，玄関へのアプローチをスロープにする，上がり框の段差を最小にする，住まいの床をフラットにする，出入口のくつずりをなくす，引戸にレールのないものを使用する，といった工夫が必要である。

■高齢者の事故死対策

　家庭内での高齢者の事故死の原因を見ると，窒息が最も多い。食べ物やその他による気道閉塞で

ある。次が溺死・溺水で，浴槽での事故である。浴槽底と洗い場床に，滑りにくい素材を使用する必要がある。三番目が転倒・転落である。段差等のつまずき転倒は，バリアフリーデザインで解決できる。階段やステップからの転倒対策には，手すりと滑りにくい段鼻の使用が考えられる。加齢とともに歩行難になると，廊下や居室にも手すりが必要となる。高齢者・障害者に配慮した住まいの計画例は，図12-33を参照。

■身体機能低下への対応

　心肺血管機能の低下で，室温差に対応できず，トイレや脱衣室で動脈硬化を起こす。暖房器などで室温を上げておく必要がある。

　色覚の低下，水晶体の黄変で青・黄が見えにくくなる。注意喚起の場所では，青・黄の使用は避ける。階段の段鼻はビビッド，ブライトなトーンの色を使用する。手すりは背景色とハッキリ区別できる色とする。明暗順応が鈍くなり，明所・暗所での目くらみなどの危険がある。均一な照明計画が望まれる。

■バリアフリー新法

　平成18年12月施行，正式名称は「高齢者，身障者等の移動等の円滑化の促進に関する法律」。

　公共交通機関や公共建築物，道路に加えて，一般のホテルや百貨店，共同住宅や老人ホーム，都市公園などを対象としている（90頁，図10-8参照）。

図12-31 高齢化の将来推計（2014総務省資料より）

死因	総数	0〜4歳	5〜14	15〜44	45〜64	65〜79	80〜
転倒・転落	2,676	23	11	139	360	975	1,167
溺死・溺水	3,964	35	19	93	345	1,568	1,904
窒息	3,856	89	16	98	421	1,168	2,064
煙・火災など	1,162	17	12	113	309	366	337
衣類の発火など	65	—	—	2	9	24	30
熱・高温物質	121	4	1	2	8	43	63
有害物質	555	—	—	255	158	84	57
総数	12,873	172	59	731	1,750	4,388	5,762

図12-32 家庭内事故死亡数の内容（2009厚生労働省資料より）

●玄関　スロープ
　　　　手すり
　　　　庇

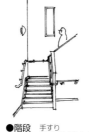
●階段　手すり
　廊下　段鼻ノンスリップ
　　　　ブラケット照明

●キッチン
　カウンター式
　シングルレバー混合栓

●寝室
　介護用電動リクライニングベッド
　読書灯

●トイレ
　L型手すり
　はね上げ手すり

図12-33 高齢者・障害者に配慮した住まいの計画

13 住まいの計画 II

13-1 住まいの構造

住まいの構造には，木造，鉄骨造，鉄筋コンクリート造，鉄骨鉄筋コンクリート造などがある。新設・新築住宅の着工数を見ると，2013年は総数987,254に対して木造が551,152で55.8%と，全国規模で木造が多いことがわかる。

鉄筋コンクリート造は263,462で，26.6%である。一戸建も入っているが，多くは集合住宅・マンションである。

プレハブ系を見ると，総数149,756に対して木造は16,917，11.3%である。これに比べて鉄骨造は129,978，86.8%と圧倒的である。強度・耐震性・耐火性で木造より優れているが，工場生産性，現場での施工性が優れていることの証でもある（表13-1）。

■木造

軸組構造の在来工法と，枠組構造のツーバイフォー工法が代表的である。木造は，今日のサスティナブル（持続可能）な社会を目指す観点から，伐採と植林をコントロールすることで，再生可能材料として優れている。

○在来工法

わが国は，国土面積に占める森林面積が約66%で，先進国の中でも有数の森林大国である。古来，豊富な樹木を活用し，さまざまな継手・仕口（接続法）などの木造技術を駆使して建造物を組み上げてきた歴史がある。

木造軸組構法とは，土台，柱，梁，桁，筋かいなどで，耐力に耐えることのできる構造を構成する架構方式のことである。

屋根を構成する小屋組には，小屋梁に束立てする和小屋組と，陸梁にはさみ吊り束と方杖でトラスを構成する洋小屋組の2種類がある（図13-1）。

外壁は防火上，モルタル下地の左官仕上げが主流であったが，近年は窯業系，金属系サイディングボード張りで仕上げられることが多くなった。

○ツーバイフォー（2×4）工法

北米から入ってきた木造枠組壁工法である。断面が2インチ×4インチの基本部材で，床，壁，天井，屋根などを等間隔に並べたフレーム枠で構成し，これに構造用合板を打ち付けて堅牢な構造を確保する。在来木造のような複雑な継手・仕口はなく，帯金物，受け金物などと釘を使って接合する比較的簡便な施工法である。

表13-1 構造別新設住宅，プレハブ住宅着工数（2015国土交通省資料より）

年	総数	木造	鉄骨鉄筋コンクリート造	鉄筋コンクリート造	鉄骨造	内プレハブ	木造	鉄筋コンクリート造	鉄骨造
2008	1,039,214	492,908	15,890	320,103	208,286	148,592	16,673	3,587	128,322
2009	775,277	436,698	6,554	167,657	153,499	124,361	14,116	2,822	107,373
2010	819,020	464,140	6,137	201,205	146,166	125,702	14,063	2,876	108,763
2011	841,246	466,434	5,341	226,823	141,430	128,216	14,663	3,047	110,506
2012	893,002	493,133	4,951	245,532	147,845	134,087	15,335	2,795	115,957
2013	987,254	551,152	3,367	263,462	167,352	149,756	16,917	2,861	129,978

図13-1 小屋組

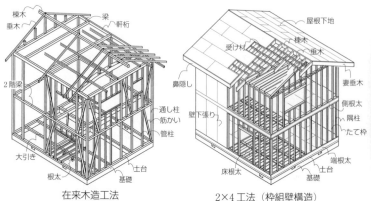

図13-2 住まい・建築物の構造

内装の壁，天井は，石こうボード張りの上に，塗装仕上げやクロス仕上げとする。床はフローリング仕上げが一般的である。

■鉄骨造(S造)

住まいの鉄骨造には，重量鉄骨造と軽量鉄骨造がある。鋼材は，引張りに強く，圧縮に弱いが，靭性(ねばり)があり，地震時にはその靭性が期待できる材料である(図13-3)。

○重量鉄骨造

重量鉄骨造は，厚さ6mm以上の構造用鋼材を使用した建築物となる。断面形状により，H形鋼，角形鋼管(コラム)，丸形鋼管，山形鋼(アングル)，溝型鋼(チャンネル)，C形鋼などある。一般的には，柱・梁が剛体となる鉄骨ラーメン構造である。

ALC(軽量気泡コンクリート)板を壁・床・屋根に使用した，2～3階建の一戸建の住まいが重量鉄骨造となる。中層の集合住宅では，鋼材の音の伝搬，接合方法・靭性が原因の揺れに留意が必要である。

○軽量鉄骨造

軽量鉄骨造は，厚さ6mm未満の鋼材の使用をいうが，一般的には，厚さ4mm未満の薄鋼板を冷間圧延して形成する軽量形鋼を使用する。断面形状により軽溝形鋼，軽Z形鋼，軽山形鋼，C形鋼，リップZ形鋼，ハット形鋼などがある。

軽量により建物の自重が軽くなることで，柱や梁を小振りにすることができ，コストダウン，施工の良さや工期の短縮にもつながる。プレハブメーカーは工場生産により，寸法や接合部の精度が確保でき，生産性・施工性ともに有利となる。

■鉄筋コンクリート造(RC造)

鉄筋は圧縮に弱く，引張りに強いが，コンクリートはその逆で，お互いの弱点を補完した強靭で堅牢な構造であり，壁式構造とラーメン構造がある。

配筋工事，型枠工事，コンクリートの打設や乾燥・養生工事などに，費用や工期が掛かることが，木造や鉄骨造に比べ欠点である。

○RC壁式構造

一戸建の住まいに適した構造である。柱・梁がなく，壁と床板で構成されるので，有効な床面積，室容積が確保でき，インテリアはスッキリしたものとなる。留意点は，耐力壁の配置，窓など開口部の規模と配置である(図13-4)。

○RCラーメン構造

主構造が柱と梁で，それらが一体の剛接合となる構造である。壁は耐力から開放することができ，カーテンウォールが可能である。また，スケルトン＆インフィルの考えにも適合できる構造で，低層から高層の集合住宅に採用される。高強度コンクリートを使用することにより，高層・超高層集合住宅の建設が可能となった(図13-5)。

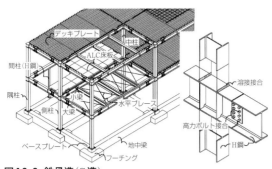

図13-3 鉄骨造(S造)

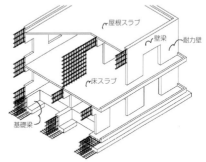

図13-4 鉄筋コンクリート造(RC造)：壁構造

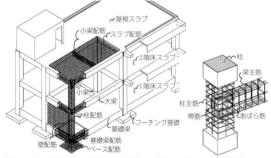

図13-5 鉄筋コンクリート造(RC造)：ラーメン構造

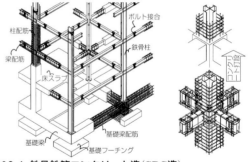

図13-6 鉄骨鉄筋コンクリート造(SRC造)

■鉄骨鉄筋コンクリート造（SRC造）

　鉄骨構造に鉄筋を巻き，コンクリートを打設する工法。S造に比べ座屈耐力と耐火性が向上する。RC造に比べ，柱・梁の断面を小さくでき，また靭性があり耐震性が高いところから，高層集合住宅に用いられる。しかし，工程が多いためS造，RC造に比べ，コスト高となる（図13-6）。

■低層，中層，高層，超高層住宅の定義

　建築基準法上の明確な規定はなく，不動産・建設業界の実務上から，低層住宅は1～2階，中層住宅は3～5階，高層住宅は6～19階，超高層は20階以上としている。

　エレベーターの設置については，「長寿社会対応住宅設計指針」（建設省住備発第63号）で，「6階以上の高層住宅にはエレベーターを設置するとともに，できる限り3～5階の中層住宅等にもエレベーターを設ける」と規定している。

13-2　住まいの工法

■プレカット工法

　木造在来工法は，土台，柱，梁，桁，筋かいなどを継手・仕口で接合して建てる工法である。以前は建設現場で，大工が鋸や鑿で加工したものであったが，今日では工場で，機械により事前にすべての部材をカット（プレカットは「あらかじめ切断しておく」の意味）される。設計から機械加工までをデータでつなぐCAD/CAMによる自動化が進んでいる。

　プレカット工法は，工場でプレカットした木材を現場に搬入し，継手・仕口による接合，適宜接合金物を使用して組み上げる工法である。鋸や鑿の使用は最小限となっている。工期の短縮，労働の軽減につながる。

■プレハブ工法

　プレハブは，プレファブリケーションの略称。あらかじめすべての建築部材を工場で生産・加工，建設現場に搬入し，組み立てて完成させる工法である。プレハブ住宅は，自動車と同じく工業製品であり，高品質，高精度，適正価格を確保し，現場での施工期間の短縮，作業の軽減も実現している。「工業化住宅」ともいわれる。

　プレハブ住宅は，構造部材の種類などから，鉄骨系，木質系，ユニット系，コンクリート系に分類できる（図13-9～図13-12）。

○鉄骨系プレハブ住宅：先の述べた軽量鉄骨の軸組構造に床パネル，壁パネルを取り付ける。外壁は窯業系サイディングや軽量コンクリートなどのパネルである。内装は，断熱材張付け工事後，石こうボード張りとし，クロス仕上げや塗装仕上げ，化粧ボード仕上げなどとする。

○木質系プレハブ住宅：ツーバイフォーとパネル

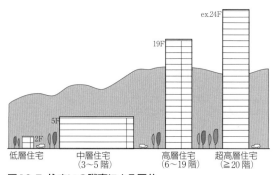

図13-7　住まいの階高による区分

図13-8　木材の接合：継手

図13-9　軽量鉄骨系プレハブ

図13-10　木質パネル系プレハブ

工法がある。パネル工法は，床・壁・天井・屋根すべてを木質パネルで生産，現場で組み立てる。工期は鉄骨系より短縮できる。

○ユニット系プレハブ住宅：鉄骨または木材で立方体フレームを作り，床パネルを取付け後，キッチンやバスなど設備部品，内装造作，壁，天井なども工場で取り付け，内外ともに完成したボックスユニットとする。このユニットを現場に搬入，組上げ・接続して完成する。最も工期が短いプレハブ工法であり，プレファブリケーションとしての完成度も高い。

○コンクリート系プレハブ住宅：プレキャストコンクリートパネルによるパネル工法である。あらかじめ設置された型枠に配筋し，配管・配線などを組み込んだ後，コンクリートを打設する。このコンクリートパネルを現場に搬入，組み立てる。耐久性・耐火性・耐震性に優れている。

13-3 住まいの耐震設計

■木造の耐震対策

わが国は地震大国であり，古来より木造在来工法に工夫を施してきた。いったん組むとはずれにくい継手・仕口，直交する土台を45°で結ぶ火打ち土台，2～3階の床組・小屋組には火打ち梁を施す。垂直面では，柱間に筋かいを入れて地震力に対応する耐力壁を構成する等，さまざまな技法によって地震力に対応してきた。

1978年の宮城県沖地震を機に，1981年，建築基準法施行令の改訂（新耐震）があり，木造住宅の耐力壁の量，構造による倍率が見直された。さらに1995年の阪神・淡路大震災を受け，2000年，建築基準法および同施行令の改正が行われた。

基礎については，地質調査を行い，地耐力に合わせて，N値30以上の地盤では布基礎とし，N値20と小さい地盤では，べた基礎としなければならない。べた基礎は，床下全面をRC造とするため，地震力に強く，N値30以上の地盤でも採用したい（図13-13）。

阪神・淡路大震災で倒壊した家屋では，柱・筋かい・梁などが引き抜かれたケースが多数あった。この対処方法として，各部材間の接合部に各種接合金物の使用が義務付けられた。

耐力壁については，その量の確保とともに，バランスの良い配置が必要となる。

■耐震対策の構造

耐震対策の構造には，耐震構造，免震構造，制震構造がある（図13-15）。耐震構造とは，柱・梁・筋かいなどを強く固定して地震の揺れに耐える構造である。

免震構造とは，地盤と基礎の間に強化ゴムやベアリング，ダンパーを設置して，地盤が揺れても

図13-11 ユニット系プレハブ

図13-12 コンクリートパネル系プレハブ

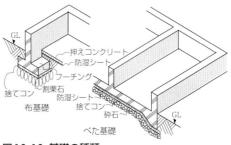

図13-13 基礎の種類

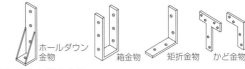

図13-14 接合金物

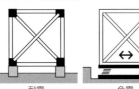

図13-15 耐震構造

建物が揺れるのを免れる構造である。

制震構造は、弾力や粘りのあるダンパーなどを躯体に取り付けて、揺れエネルギーを吸収する構造である。

どの耐震対策を住まいに採用するかは、構造・工法、建物の階高、コストなどの総合的判断による。

■制震ダンパー

制震構造に使用される例であるが、図13-16aは、特殊ゴム内蔵の筋かいタイプの制震ダンパー、同図bは、仕口タイプの制震ダンパーである。いずれも木造在来工法、木質系・軽量鉄骨系プレハブで採用されるものであるが、この分野の技術はまだ発展途上といえる。

■高層集合住宅の耐震対策

高層・超高層集合住宅の耐震対策で最も有効とされるのは、免震構造である。基礎と建物の間に積層ゴムなどの装置を取り付け、地震の揺れを建物に伝わりにくくする構造である。

躯体を剛体とする耐震構造、ダンパーなどで揺れを軽減する制震構造に比べ、揺れが軽減できる構造である。特に上階の揺れに差がでてくる。

マンション購入の機会には、モデルルームや完成予想図、建物模型のチェックは勿論であるが、建築物の構造や耐震対策についても十分な説明を受け、理解することが大切である。

13-4 スケルトン・インフィル住宅

スケルトン・インフィル住宅(SI住宅)とは、建物のスケルトン(柱・梁・床等の構造躯体)とインフィル(住戸内の内装・設備等)とを分離した工法による共同住宅(集合住宅)をいう。近年では、一戸建住宅に採用される例もある(図13-18)。

鉄筋コンクリート造や鉄骨鉄筋コンクリート造などのスケルトンは、100年単位の長期間の耐久性を確保し、インフィル部分は住まい手の多様なニーズ、ライフステージの変化に応えて自由に変えられる可変性を重視して造るものである。

住宅設備(空調設備、給湯設備、水回りの設備等)は、10~20年の耐用年数があり、その更新にもスムーズに対応できる方式である。

今までの集合住宅では、上下階を貫通する共用パイプスペース(PS)から、専用スペースへ上下水道管、ガス管、電気配管等が壁や床の内部を通り、各部屋に配管される。このため、リフォーム時には、大幅な部屋配置の変更が困難となっている。

例えば、トイレ・洗面・バスの排水管は、水勾配の取れる範囲にとどまらざるを得ない。そこで、SI住宅では、二重床・二重天井とし、PSを共用部分に配置し、配管の自由度を増し、多様なリフォームを可能にしている。

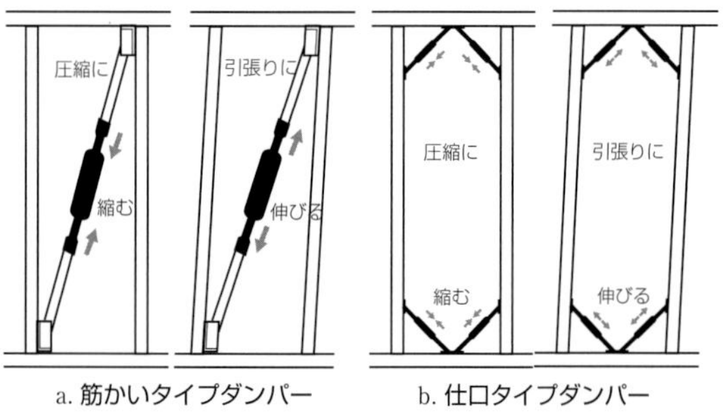

図13-16 制震ダンパー

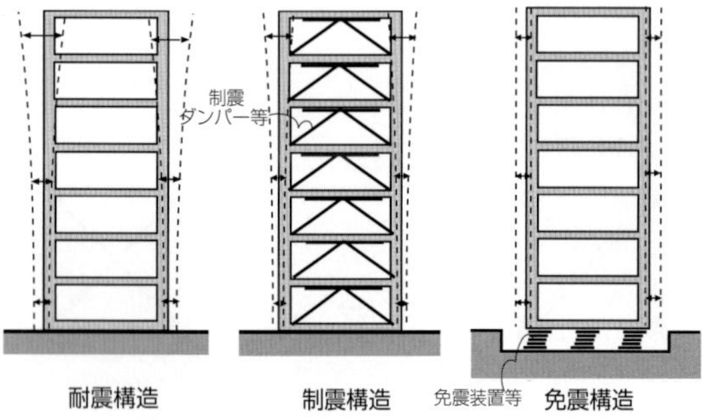

図13-17 耐震対策とその揺れ

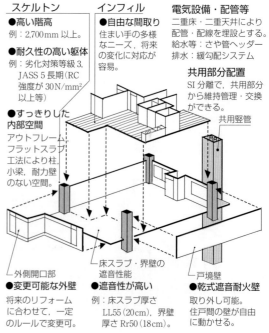

図13-18 スケルトン・インフィル住宅の概念図

13-5　サスティナブルデザイン

　世界人口は，1955年が21億2,600万人，2013年が71億6,200万人，2050年は総務省予測では95億5,100万人で，1955年の約4.5倍となる。人口増加は，地球エネルギーとさまざまな地球資源消費の増加となる。反対にCO_2や有害物質の増加となり，地球環境の悪化を引き起こしている。地球上の生命体の存続に危険信号がでている。

　「サスティナブル」は「持続する」の語意から，「地球上の人類が生存し続け，環境を維持する」ことを意味している。サスティナブルな社会（持続可能な社会）の構築が急務である。

　サスティナブルデザインは，地球資源の有効な活用，リユース（再利用），リサイクル（資源再生産），リデュース（削減・抑制），リフューズ（最小限の廃棄）などの手法を使って，持続可能な社会に寄与するデザインである。

　また，原材料の採取から，加工・生産，流通，使用・消費，回収・解体，廃棄の全行程のCO_2放出量，エネルギーの消費量，コスト管理などのライフサイクルアセスメント（LCA）も勘案したデザインである（図13-21）。

　古民家をリフォームした住まい，古材・廃材を活用したインテリア，ビンテージ家具などの購入・使用も身近なサスティナブルデザインといえる。

13-6　エコ住宅

　エコ住宅は，サスティナブルデザインの考えをもとに，CO_2の排出削減，省エネ・省資源等を考慮した「環境負荷低減住宅」のことである。

　住まいのCO_2削減率算定の項目に，冷暖房（電気），給湯（ガス），暖房（ガス），厨房（ガス），照明（電気），家電（電気）がある。

　したがって，電気は電力会社の電気（火力発電ほか）に頼らず，太陽光発電，エネファーム（家庭用燃料電池）等で，自家供給することによりCO_2排出が削減される。

　照明は，光源をLEDとし，電力消費を抑えることで省エネルギーとなる。LED光線は熱を出さないので，空調でも省エネとなる。

　冷暖房では，住まいの断熱効果を高める外断熱，高断熱材，熱反射塗料，太陽熱・地熱の利用，熱交換式換気システムなど冷暖房機の運転時間を減らすことにより，CO_2排出削減と省エネを推進する。

　給湯は，太陽熱温水器や高効率ガス給湯器が省エネにつながる。

　国土交通省が薦める長期優良住宅は，省エネ性や耐震性に加えて，耐久性，維持保全によって長く快適に住み続けられる家であり，省資源につながるもので，エコ住宅といえる（図13-22）。

図13-19　温室効果ガス　　図13-20　温暖化の影響　　図13-21　ライフサイクルアセスメントのサイクル

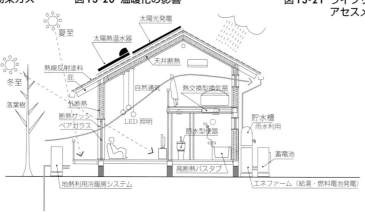

図13-22　エコ住宅の概念図

13-7 スマートハウス

エコ住宅では，太陽光発電の発電状況，電気・ガスの使用状況，蓄電池の容量などの管理と見える化が必要であり，IT技術を使用したシステムが構築された。このシステムをもった住まいを「スマートハウス」という（図13-23）。

近い将来の電気自動車の普及による充電と蓄電池の管理も範囲に入っている。住まいのエネルギー管理システムとして「省エネ」「創エネ」「蓄エネ」をもつ住まいといえる。

従来からあるホームオートメーションとして，電話回線から電気錠やエアコンなど家電機器の操作，ホームセキュリティー（防犯・防災の感知通報）などの機能も組み込まれている。

加えて，インターネット接続により，ホームバンキングやホームショッピング，血圧などの健康管理，webカメラでの留守宅や高齢者の見守りシステムなどを組み込み進化している。

スマートハウスを集積し，街・都市としてさまざまな機能を付加して，一括情報管理する構想が「スマートシティ」である。すでに横浜市や豊田市で実証プロジェクト，プレハブメーカーの分譲住宅地でも実験が進行中である。もちろん，サスティナブルであり，CO_2排出削減，省エネ・省資源を前提としている（図13-24）。

13-8 建築材料の特性

■木材

住まいの材料としての木材は，サスティナブルな観点から，鉄鉱石や石油化学材料などの有限材料と比べ，植林により生産・採取可能な無限材料といえる。一方で，森林破壊により，天然の大材が得られなくなっている現状がある。

材料特性は，比重が小さく軽いこと，加工が容易であること，比強度（kgf/cm^2＝強度/比重）で鉄やコンクリートと比べて強度がある（図13-25）。適材適所で柱に使うスギは，圧縮力に強く，梁に使うマツは，引張力に強い材料である。

木材を床や家具に使用すると，熱伝導率の低さが，肌に触れた際に暖かさを感じさせる。床材としては，木材の弾力性が歩行時・運動時の負担を軽減し，また転倒時に怪我はしにくい。

木材には，調湿性（湿度の高いときには湿気を吸い，低いときには放出する性質）があり，木造住宅や木製箱物家具にとって必要な特性である。短所は，曲がり，反り，ねじれを生じること，燃えやすいことである。

木材のリサイクルは，砕いてチップ化，板状に成形してパーティクルボードとする。チップをさらに細かい繊維状にして，インシュレーションボードやファイバーボードとする。端材や樹皮は，

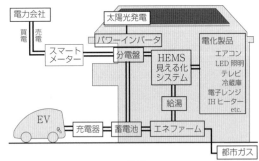

図13-23 スマートハウスの概念図

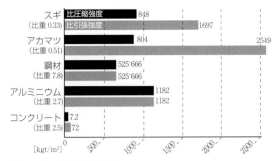

図13-25 材料別比強度（日本木材備蓄機構資料より）

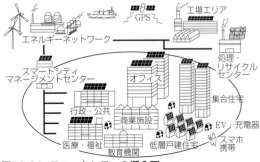

図13-24 スマートシティの概念図

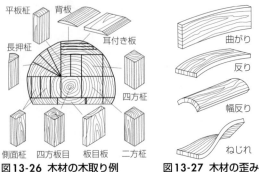

図13-26 木材の木取り例　　図13-27 木材の歪み

砕いてチップ状に固めてペレットとし，ストーブの燃料とする等々，木材はリサイクル度の高い材料である。

■集成材

集成材は，天然木材の反り，曲がり，ねじれといった短所を補うために開発された材料である。

木材のひき板(ラミナ)や小角材などを，その繊維方向を平行にして集成接着した材料である。スギの間伐材や歪の出やすいマツやゴムの木なども有効に使用できる。

大断面の柱や梁が制作可能となり，近年，この集成材を使用した大規模な体育館や集会場が建てられている。また，狂いの少ない材料として，木造住宅でも多用されている(図13-28)。

■鋼材

鋼は鉄を主成分とした炭素(2%以下)との合金で，ステンレスや耐熱鋼も鋼である。鋼でできた材料を鋼材，板状のものを鋼板という。建築ではこの鋼材・鋼板を使用する。日本は鉄の原料となる鉄鉱石のほぼ全量を輸入に頼っている。鉄鋼は原料を輸入し，製品化して輸出する典型的な加工貿易の産品である。

鋼材の特性は，引張り強度が高い，曲げや圧縮強度は低い，塑性力があるなどである。引張り強度が高いことで，長スパンの梁に使用できる。さらに，トラス構造にすることで長大スパンが可能で，橋梁や体育館の屋根などに採用される。

圧縮強度を増すために，断面形状を工夫した「形鋼」がある。H形鋼，I形鋼，山形鋼，溝形鋼，Z形鋼，角形鋼など，また円形断面の鋼管がある。

軽量鉄骨造の住まいに使用される「軽量形鋼」は，厚さ4mm未満の薄鋼板を圧延して作る形鋼で，軽溝形鋼，軽Z形鋼，軽山形鋼，軽リップ形鋼(C形鋼)，ハット形鋼，軽角形鋼などがある。

鉄はその始まりからリサイクルされており，くず鉄(鉄スクラップ)を炉で溶かし，再生鉄となる。

■コンクリート

コンクリートは，セメント・砂・砂利・水を混ぜ合わせ，セメントの水和反応によって固まったものである。コンクリートは圧縮力に強いが，引張り力に弱い。そこで圧縮力に弱いが，引張り力に強い鉄筋や鉄骨を組み合わせることで，鉄筋コンクリート造，鉄骨鉄筋コンクリート造などの頑強な建築物ができる。鉄鋼は火に弱いが，コンクリートで覆うことで火災にも強くなる。

セメントの主原料は，石灰石(カルシウム)，粘土(シリカ，アルミナ)，酸化鉄(鉄分)，石こうなどで，これらを適切な比率で調合した後，焼成，粉砕してセメントとなる。天然資源だけでなく，これらの成分を含んだ，石炭灰，廃タイヤ，廃プラスチック，汚泥，木屑といった廃棄物をリユースしている。

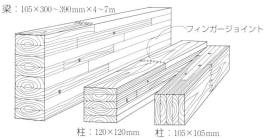

図13-28 構造用集成材(例)

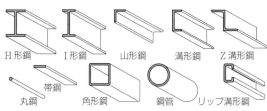

図13-29 形鋼

図13-30 軽量形鋼

図13-31 コンクリートの成分構成

表13-2 コンクリートの物性値

単位容積質量(t/m³)	2.3〜2.4
圧縮強度(水セメント比48%)	39 N/mm² (4週強度)
引張り強度	3〜4.3 N/mm² (4週強度)
曲げ強度	5.5〜7.8 N/mm² (4週強度)
せん断強度	4.8 N/mm² (4週強度)
ヤング係数(水セメント比48%)	2.94×10^4 N/mm²
熱伝導率(kcal/m・h・℃)	1.4 程度
遮音性能	
床(厚170mm，粗面)	L-55 (56)
壁(厚150mm，隣戸間)	D-50 (49)

*力(N) = 質量(kg)× 加速度 (m/s²) ⇒ 力の単位にNを用い，1N=1kg×1m/s²
*L値は床衝撃音の固体音，D値は空気音の遮音性能値

14 住まいのインテリア

14-1 インテリアデザイン

インテリア(interior)は，「内部」「内側」の意味である。建築物の内部，テントの内部，新幹線や自動車の内部，広義には幕を張りめぐらした内側もインテリアといえる。住まいのインテリアとは，住生活を営む住宅の内部空間である。

社会生活の場面でいえば，ショップ，オフィス，アミューズメント施設，公共施設のインテリアなどがある。そこで求められるものは，安全・安心はもとより，快適性・利便性・機能性であり，人間にとっての心地良さや感動である。

インテリアデザインは，文字どおりインテリアをデザインする，設計する，整える行為であり，代表的な職種として，インテリアデザイナー，インテリアコーディネーター，インテリアプランナー，インテリアデコレイターなどがある。

日本インテリアデザイナー協会は1958年の設立，インテリアコーディネーターの資格試験は，1983年に通産省（現在は国土交通省）の管轄で始まった。コーディネーターは，市場で販売されているインテリアエレメント（家具，照明器具，カーテン，カーペット，壁装材など）をクライアントの希望に従って選択・構成するのが主たる業務である。

インテリアプランナーは，1987年に建設大臣認定事業として資格制度が始まった。プランナーは，建築と深くかかわりながら，インテリアの企画・設計・工事監理などを業務としている。

インテリアデコレイターは，2010年に資格試験が始まっている。デコレイターは，色と素材・装飾品などの組合せ・調和によって空間を演出する専門家である。

総合職としてのインテリアデザイナーであるが，専門職に，ファニチャーデザイナー，ライティングデザイナー，テキスタイルデザイナー，カラーコーディネーター，キッチンスペシャリストなどがある。いずれの職能においても，心地良く快適なインテリアスペースを創造し，クライアントに満足してもらうことが目的である。

インテリアデザインとして解決しなくてはならない要素には，上記のほか，インテリアスタイル，マテリアルコーディネート，ウインドートリートメント，インテリアアクセサリーなどがあり，以下の項で取り上げる。

図14-1 暮らしのインテリア

図14-2 レストランのインテリア

図14-3 ショップのインテリア

図14-4 オフィスのインテリア

14-2 インテリアスタイル

住まいのインテリアデザインは，クライアントの依頼から始まる。クライアントへのヒアリングでデザインの与条件を聞き出す。デザインの範囲，予算，好みのカラーなど，なかでも「和モダン」か「カジュアル」感でまとめるかなど，インテリアスタイルが重要な与条件となる。インテリアスタイルが決まれば，その後のデザイン作業をスムーズに進めることができる。

■インテリアスタイルの分類

大別すると「歴史・伝統スタイル」「現代生活スタイル」となる。

「歴史・伝統スタイル」は，日本の「伝統和風」，ヨーロッパの古典「ゴシックスタイル」「バロックスタイル」「ルネサンススタイル」「ロココスタイル」，フランスの17〜18世紀「ルイ13世スタイル」「ルイ14世スタイル」「ルイ15世スタイル」「ルイ16世スタイル」，19世紀初頭「アンピールスタイル」等がある。

イギリスでは，17〜18世紀の「ジャコビアンスタイル」「クィーンアンスタイル」「ジョージアンスタイル（初期・中期・後期）」，19世紀「リージェンシースタイル」「ビクトリアスタイル」がある。

19世紀末にベルギーで始まり，フランスで開花し，日本にも入ってきた曲線がモチーフの「アール・ヌーボースタイル」がある。20世紀初頭にフランスに始まる，直線がモチーフの「アール・デコスタイル」は，アメリカに移り，ニューヨークやフロリダで独特のスタイルを作った。

「モダニズムスタイル」は，1919年開校の建築・デザイン教育機関「バウハウス」に始まる。同時代進行で近代建築国際会議（CIAM：Congrès Inter-national d'Architecture Moderne）の第1回会議は，1928年に開催された。メンバーには，モダニズムの建築家ヴァルター・グロピウス，ル・コルビュジエ，ミース・ファン・デル・ローエ等がいる。彼らの思想とデザインは，合理性，機能性，有用性を追求し，シンプルで装飾を削ぎ落としたモダニズムスタイルとなった。

「伝統和風」については「2 住まいの歴史（日本）」を参照。

■現代生活スタイル

現代（modern）の住まいのインテリアスタイルの総称を「現代生活スタイル」とする。その中には，「シンプルモダン」「ナチュラルモダン」「アジアンモダン」「和モダン」「北欧モダン」「リュクスモダン」「ニュートラディショナル」「ミックスモダン」などがある。時代の流れ，現代生活の変化とともに，新しいインテリアスタイルがつねに創造されていくことになる。

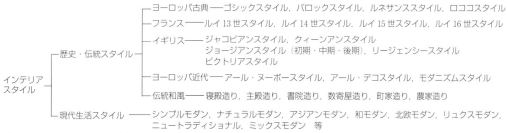

図14-5 インテリアスタイル

図14-6 ルイ16世スタイルのインテリア

図14-7 アール・デコスタイルのインテリア

図14-8 モダニズムスタイルのインテリア

■インテリアスタイル・マトリックス

　インテリアの感覚評価語句のウォームとクールをX軸，ソフトとハードをY軸にとり，各インテリアスタイルを評価して配置したマトリックスが図14-9である。図中にインテリアの評価語句を配して，よりインテリアスタイルの内容が理解できるようにしている。

■シンプルモダン

　部位の装飾的ディテールを排し，シンプル，クールでシャープ，理知的な印象を与えるインテリアである。直線的構成で都会的イメージ，新鮮で生活感のないイメージ，男性的でハードなイメージを求める場合に適している。

　カラーコーディネートは，多色を避け，すっきりした配色とし，無彩色配色が代表的である。

　マテリアルは金属やガラス，石材を多用する。

■ナチュラルモダン

　シンプルモダンをベースに，自然の素材感のあるマテリアルを用いたスタイルである。自然素材の使用により，暖かみに乏しいシンプルモダンの印象を和らげ，モダンながら安らぎ感のあるイメージが求められる場合に適している。

　カラーコーディネートは，マテリアルを木材でまとめるところから，ベースはアースカラーとホワイトになる。カーペットやチェアの張地などのカラーでアクセントをつける。

■アジアンモダン

　シンプルモダンをベースに，アジア各地のエスニック性を加えたスタイルである。バリ島などアジアンリゾートイメージが好まれる。また，韓国や中国のテイストを加えたものもある。ファッショナブルな時代感覚を求める場合に適している。

　マテリアルコーディネートは，アジア産の籐や竹，マホガニー，石，タイルなどを使用。家具は韓国や中国のアンティークものをアレンジする。ベースカラーは，ダークブラウン系となる。

■和モダン

　シンプルモダンをベースに，「和」のエッセンスを取り入れたスタイルで，「低い視線」「素材色」「余白の美」などをデザインソースとする。

　カラーコーディネートは，素材色が中心で，畳や土壁，縁甲板などがベースカラー，漆の赤，藍，黒がアクセントカラーとなる。障子や簾，和紙使いの照明器具などを用いて「和」を演出する。

■リュクスモダン

　シンプルモダンをベースに，デコラティブでラグジュアリーな装飾的アイテムを取り入れたスタイルである。リュクスは「豪華・贅沢」の意味。装飾を排し禁欲的なシンプルモダンに，装飾性を求めた新しいスタイルである。モダンからクラシックの高品質な家具，豪華なクリスタル使いのシャンデリアなどをアレンジする。

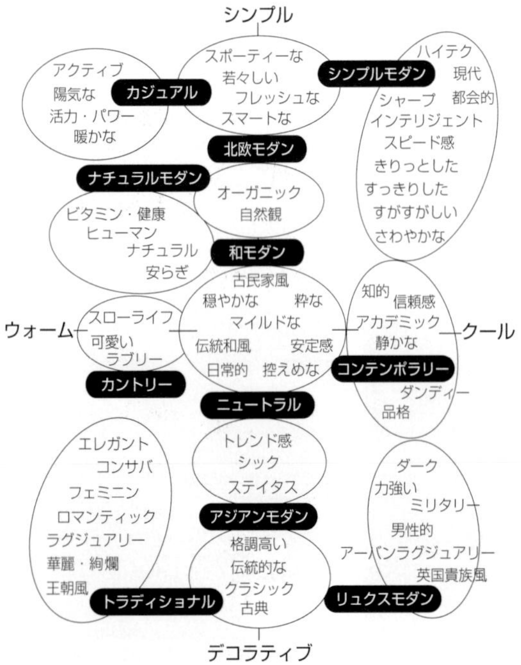

図14-10　シンプルモダン（写真提供：ミサワホーム）

図14-11　和モダン（写真提供：ミサワホーム）

図14-9　インテリアスタイル・マトリックス

14-3　マテリアルコーディネート

　インテリアの床，壁，天井などの仕上材を「マテリアル」と呼ぶ。床材のカーペット，壁材のクロス，天井材の吸音板などの総称である。

■インテリアマテリアルの種類

○**木質材**：日本では，古来より親しまれてきたマテリアルである。木材の樹種は**表14-1**参照。無垢材の反りやねじれの欠点を補うため，合板，集成材，積層材，複合材などの人工加工材がある。木質材は，暖かみのある材料といえる。

○**石材**：石造の建築・インテリアは，ヨーロッパの伝統である。種類は**表14-2**を参照。石材は硬くて，重たく，冷たい材料である。

○**セラミックタイル**：陶石，長石，珪石，ろう石，粘土，水を粉砕調合し，成形・焼成して作る。種類と特性は**表14-3**を参照。釉薬や絵付けにより，多彩なデザインがある。セラミックタイル張りのインテリアは，清楚感とクール感がある。

○**プラスチック材**：石油や石炭から作る高分子化合物。張り床材として，ビニル系・ゴム系などでタイル状，長尺シート状がある。仕上がったインテリアは，柔らかく，清潔感がある。壁・天井材では，ビニルクロスが圧倒的に使用される。

○**繊維材**：天然繊維と化学繊維がある。種類と特性は**表14-4**を参照。繊維を織る，針刺しなどの方法で作るカーペット・ラグ類は，肌触りが良い，暖かいマテリアルである。植物繊維で作る畳，ヤシマットは清涼感のあるマテリアルである。壁に貼る壁布は，織りの風合いや柄が豊富で，壁紙やビニルクロスより高級感と優しさがある。

○**金属材**：鋼板，ステンレス鋼板，アルミニウム板，銅板などの金属板は，住まいのインテリアでの使用例は少ない。公共建築物の天井，オフィスの間仕切り壁などに使用される。感覚評価は硬く，冷たいマテリアルである。

○**ガラス材**：窓ガラス・ガラススクリーン・ミラーや壁装用の装飾ガラス板，ステンドグラスなどがある。ガラスのイメージとして艶やかさ，冷たさ，壊れやすさがある。

○**左官材**：種類は**表14-5**。こてやローラーを使って人の手で塗り付け，仕上げるので，ハンドクラフト的風合いをもっている。

○**吹付け材**：スプレーガンを使ってボードやモルタル下地に吹き付けて仕上げる材料。表面は粗面となり，凹凸感，ざらつき感が特長である。

○**塗装材**：種類は**表14-6**。刷毛塗り，ローラー塗りで仕上げる表面は，平滑から微小な粗面で，優しい表情となる。

○**各種ボード**：種類は**表14-7**。ロックウール吸音板等による天井の仕上がりは軽い感じとなる。

表14-1　木材の樹種

	種類	特性
広葉樹	ケヤキ（欅）	やや堅硬，木肌優美
	ナラ（楢）	緻密，堅硬，髄線優美
	ブナ（橅）	堅硬，じん性大，反張大
	サクラ（桜）	緻密，硬軟中庸，光沢あり
針葉樹	マツ（松）	木理通直，弾力大，脂気多
	スギ（杉）	木理通直，割裂易，脂気少
	ヒノキ（桧）	木理通直，軽軟，光沢美
	ツガ（栂）	木理通直，やや堅硬
輸入材	ベイヒ（米桧）	木理通直，やや軽硬
	チーク	木理通直，肌目粗
	マホガニー	木理通直〜やや交錯

表14-2　石材の種類

	分類	名称
自然石	変成岩　大理石	トラバーチン，ビヤンコ
	蛇紋岩	中国蛇紋，紅蛇紋
	火成岩　花崗岩	御影石，稲田，ブルーパール
	安山岩	鉄平石，白河石
	水成岩　砂岩	インド砂岩，来待石
	粘板岩	スレート，雄勝石
	凝灰岩	大谷石，十和田石，龍山石
人造石	テラゾー	（種石：大理石他）碧水，象牙
	擬石	（種石：花崗岩他）

表14-3　セラミックタイルの種類

種類	吸水率	打音	焼成温度（℃）
磁器質	3.0％以下	金属音	1,350〜1,450
せっ器質	10.0％以下	清音	1,200〜1,350
陶器質	50.0％以下	濁音	1,000〜1,250
土器質	大	濁音	1,000以下

＊吸水率は強制吸水率

表14-4　繊維の種類

分類		種類
天然繊維	動物繊維	羊毛（ウール），山羊毛，ラクダ毛
		絹（シルク）
	植物繊維	い草（⇨畳表）
		麻（亜麻，黄麻，マニラ麻）
		ヤシ毛
		コウゾ，ミツマタ，ガンピ（⇨和紙）
化学繊維	有機繊維	合成繊維　ナイロン
		アクリル
		ポリエステル
		ポリプロピレン
		ビニロン
		半合成繊維　アセテート，プロミックス
		再生繊維　レーヨン，キュプラ
	無機繊維	ガラス，炭素，金属

表14-5　左官材と成分

種類	成分
セメントモルタル	砂，セメント，水
石こうプラスター	砂，すさ，石こう，水
ドロマイトプラスター	砂，すさ，ドロマイトプラスター，水
しっくい	消石灰，すさ，糊，（砂），水
土壁	砂，すさ，色土，水
繊維壁	砂，糊（CMC），顔料，水
合成エマルション砂壁	砂，炭酸カルシウム，エマルション

表14-6　塗装材の種類

種類	記号	特性
オイルステイン	OS	木部着色
クリアラッカー	CL	透明，表面保護
ラッカーエナメル	LE	色彩豊富
塩化ビニル樹脂エナメル	VE	耐水・耐薬品性優
合成樹脂調合ペイント	SOP	水性，耐候性富む
油性調合ペイント	OP	肉持良，耐候性優
合成樹脂エマルションペイント	EP	水性，不透明，品質良

表14-7　内装用ボード材の種類

種類	
インシュレーションボード	木材繊維板，断熱材
ロックウール吸音板	岩石繊維板，吸音材
けい酸カルシウム板	珪酸質板，保温材
天然木化粧合板	壁・天井化粧材

■マテリアルコーディネート／属性から

　インテリアに身を置く人は，マテリアルという仕上材の衣の中に居ることになる。硬い衣もあれば，柔らかい衣もあり，ざらついた衣もあれば，光沢のある衣もある。要求される内容が，例えば「ゆったりと暖かみのあるインテリア」であれば，柔らかく，光沢のないマテリアルコーディネートが適している。また「クールでハードなインテリア」であれば，硬く，冷たく，光沢のあるマテリアルコーディネートが適している。カラーコーディネートと同様に，マテリアルコーディネートは，インテリアデザインにおいて重要な要素である。

　実際のマテリアルのコーディネートは，例えば「ゆったりと暖かみのあるインテリア」であれば，床にカーペット，壁・天井に壁布，窓にドレープカーテン，ソファーは布張り地，家具は木製といったコーディネートが考えられる。

　「クールでハードなインテリア」であれば，床・壁に石材，天井に金属材，窓にはアルミのバーチカルブラインド，家具はスチールやガラス製といったコーディネートとなる。「ナチュラルで，暖かみのあるインテリア」なら，床・壁・天井・家具すべて木質系でのコーディネートとなる。あるいは，床はウールのカーペット，壁・家具が木質系，天井は左官材という部位ごとに異なるマテリアルコーディネートもある。

14-4　カラーコーディネート

　人間の五感の中で，周囲の環境から得る情報の87%が視覚からといわれる。視覚には，形態覚，運動覚，色覚，明暗覚が含まれる。

　住まいのインテリアに照らせば，形態覚は空間や家具の形・配置，運動覚は風に揺れるカーテン，人やペットの動き，動線計画，色覚はカラーコーディネート，明暗覚は窓・照明計画に関わっている。

　どの感覚もインテリアデザインにとって大事であるが，色覚は色彩心理学といった分野があるように，住まい手の心に直接的に訴えかけるため，カラーコーディネートの重要性がある。

■カラーイメージ

　人間はカラーに対して，感覚的・生理的・感情的・意味的なイメージをもっている。感覚的イメージとして，暖かい・寒い，柔らかい・硬い，軽い・重いなど，感情的イメージに陽気・陰気，派手・地味，情熱的・理性的など，意味的イメージに神秘的，優雅，清楚などがある。

　地域の風土や文化により，地域独特のイメージもあるが，表14-9は世界に共通したイメージである。赤は興奮色，青は鎮静色であり，緑には樹木や野菜を連想して新鮮，平安のイメージをもつ。黒は厳正，死滅のイメージ，紫は染色原料の希少

表14-8 マテリアルの感覚評価

マテリアル	感覚評価等
木質材	温冷中庸，肌触り良，自然感，ナチュラル
石材	硬い，冷たい，痛い
セラミックタイル材	清楚感，清潔感，冷たい，硬い
プラスチック材	清潔感，温冷両材，硬軟材有り
繊維材	柔らかい，温かい，肌触り良
金属材	硬い，冷たい，強い
ガラス材	艶やか，滑らか，冷たい，はかない
左官材	粗面，やや温かい，手仕事感
吹付け左官材	粗面，凹凸感，硬軟中庸
塗装材	平滑，優しさ感
吸音板	軽い感，やや柔らか，やや温か
紙材	柔らか，軽い，温か，薄い

表14-9 カラーイメージ

	感覚的	生理的	感情的	意味的
赤(R)	暑い，激しい	興奮，緊張	派手，歓喜	活動，危険
橙(O)	暖かい	元気，活発	喜び，嫉妬	活発，健康
黄(Y)	軽い，柔らか	躍動，快活	陽気，楽しい	若さ，前進
緑(G)	さわやか，穏やか	安息，やすらぎ	若々しい，すっきり	新鮮，平安
青(B)	寒い，涼しい	平静，悲しみ	忠実，清潔	深遠，知性
紫(P)	あでやか，豪華	疾病，不安	心配，うぬぼれ	神秘，優雅
白(W)	軽い，無垢	空虚，放心	純粋，薄情	真理，威厳
灰(Gy)	静か，穏やか	傷心，不安	曖昧，恐れ	幽玄，知性
黒(Bk)	硬い，重い	不気味，恐怖	陰気，地味	死，厳粛

表14-10 トーンのイメージ

	暖色	寒色
ペールトーン(p)	ソフトで軽やか	クリアでさわやか
ライトトーン(lt)	甘く幼い	清く澄んだ
ソフトトーン(sf)	軽やかで動的	明晰
ブライトトーン(b)	カジュアルで親しい	すっきりと新鮮
ビビッドトーン(v)	開放的，健康的	スマート，冷静
ディープトーン(dp)	野性的，重厚	理知的でフォーマル
ダルトーン(d)	落ち着き，明朗	堅実で硬い
ライトグレイッシュトーン(ltg)	まろやかで上品	
ダークトーン(dk)	クラシックで堅実，渋い	
ベリーダークトーン(vdk)	硬く重たい，深遠	

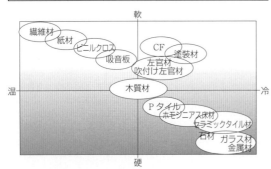

図14-12　硬軟・温冷マトリックスとマテリアル位置

性から高貴のイメージが作られた。これらのイメージを活かし，カラーによってインテリアをデザインすることができる。

■配色法

床，壁，天井のカラーをどうするか。床のカーペットとその上に置くソファーのカラーは何色にするかといった場面で色を配置する方法がある。

配色法には，色相を基本とした色相配色，無彩色の明度差を基本とした無彩色配色，トーンの位置関係を基本としたトーン配色がある。

○色相配色：色相環の位置関係で，同一色相内や隣り合う類似色相での配色では，なじみやすく，なごやかな調和となる。反対色相や補色色相の配色では，きりっと，躍動感のある調和となる。

対比的三色配色（トライアド）は，色相環に内接する正三角形の頂点色相の配色，例えば，オレンジ茶系のフローリングにブルーのソファー，グリーンの観葉植物となる。

四色配色（テトラード）は，内接する正方形の頂点色相の配色である。配色する色相が多くなるほど，調和には面積，位置関係に考慮が必要である。

○無彩色配色：明度差が大きいほどコントラストが強く明瞭で，小さければ曖昧で穏やかになる。

モダニズム・シンプルモダンでは，無彩色配色が定番である。ホワイトの床・壁・天井に，ブラックのソファー，グレイのキャビネットとなる。

○トーン配色：同一トーンや隣接トーンの配色では，そのトーン独特の感情効果が強調され，トーンの個性の感じられる空間となり，しっくりとなじみやすい配色となる。遠対称トーンの配色では，きりっと粋な感覚をだすことができる。

■テーマカラー・サブカラー

人にはそれぞれ好みのカラーがある。自分の好みのカラーに囲まれて過ごすことは，心安らぎ，心地良いものである。

例えば，壁とカーテンをブルーにしたとき，ソファーはどうするか。テーマカラーに対するサブカラーを設定する。同一色相のライトブルーなのか，反対色相のイエロー系から選ぶのかは，デザイナーやクライアントのセンスである。

■ベースカラー，アソートカラー，アクセントカラー

床，壁，天井などの大面積に用いるカラーがベースカラーで，内部空間を囲む基調色である。

アソートカラーは，ベースカラーの中に配置される家具やカーテンのカラーをいう（アソートは「調和」の意味）。

アクセントカラーは，ベースカラーとアソートカラーで計画した空間に，変化や焦点，アクセントを作るためのものである。クッションやランプシェード，アートなどインテリアアクセサリーを活用する（図14-16）。

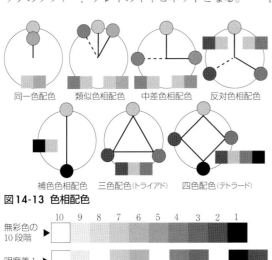

図14-13 色相配色

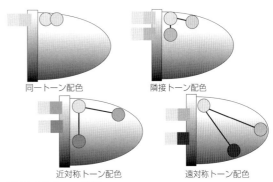

図14-15 トーン配色

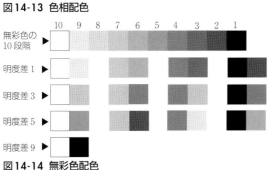

図14-14 無彩色配色

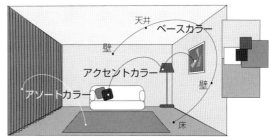

図14-16 ベースカラー，アソートカラー，アクセントカラー

14-5　照明計画（ライティングデザイン）

インテリアに明るさを得る方法には，太陽光・昼光による自然採光と，人工光源のよる照明の2種類がある。採光は，インテリアデザインでは重要なアイテムであり，住まい手の生活と生活シーンに大きく関わってくる。

部屋のどこに，どのように照度を取るかといった基本計画では，全般照明と局部照明の手法があり，光源の計画では，色温度，照度，配光が重要な3要素となる。また，省エネルギーを考えた適材適所の使用と計画も重要である。

■全般照明と局部照明

照明の区分として，部屋全体を均一に照らす全般照明と，部分を照らす局部照明がある。

例えば，リビング・ダイニングに大勢が集うときなど，全般照明とスポット照明を切り替え，生活シーンに合わせて使い分けできる計画が必要である。スイッチの切り替えや，ライトコントローラー（調光器）などを使用する。

寝室は，外出や出勤時の着替えでは，影の出ない明るい全般照明，就寝時や読書には，暗めの部屋全般照明と読書灯など局部照明の組合せとなる。

子供室は，天井直付け器具による全般照明と，勉強机のデスクスタンドの局部照明の併用となるが，勉強に集中するときには，全般照明の照度は落とすほうがよい。

■色温度

住まいの照明計画と学校やオフィスの照明計画は異なる。オフィスでは仕事上，効率的・機能的な計画が必要となるが，住まいでは，ヒューマンな暖かい照明環境が求められる。

「暖かい照明環境」というとき，光源の色が重要となる。その色の違いを色温度（[K]ケルビン）で表す。図14-18に示したように，ローソクの炎（2,000K）の色は，赤，赤橙，橙で暖色系，快晴の青空（10,000K）は青色，青色LED（6,500K）は青色で寒色系である。

効率が求められるオフィス・工場では，6,000～7,000Kの寒色系の色温度環境が適しているが，住まいでは2,000～3,500Kの暖色系の色温度環境が適している。

ステーキ，トマト，リンゴ，卵といった食物には暖色系が多く，それらを鮮やかに見せるには，暖色系の色温度をもつ光源が適している。ダイニングテーブル用のLED光源のコードペンダントでは，3,000K近辺のものを選ぶのがよい。

■照度

光を受ける面，例えばダイニングテーブルの表面や，読書する本の紙面の明るさのことを照度（[lx]ルクス）という。各作業面等の照度は，図14-19を参照。

食事中心の光環境

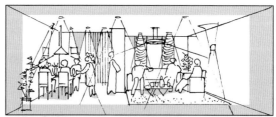

全体に照度の高いパーティー感覚の光環境

図14-17　全般照明と局部照明（例：リビング・ダイニングの2シーン）

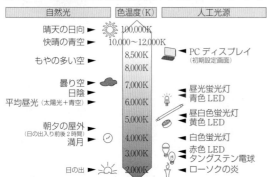

図14-18　自然光と人工光源の色温度

図14-19　住宅の照明照度基準総則抜粋（JIS Z 9110：2010）

手芸や裁縫など細かい作業の手元では1,000lx, 読書は500lxが必要である。空間における全般照度では, 廊下が50lx, 寝室が20lxとなる。

■配光

光の取り方が配光である。スポットライトのように, 光源から直接照射面へ光を当てる直接照明から, 建築化照明のコーブのように, 天井の光をバウンドさせて照度を取る間接照明, 段階的に半直接照明, 全般拡散照明, 半間接照明がある。図14-20を参照。

■光源

住まいで使う光源は, 図14-21を参照。LEDは光源の輝度が高く, 目に眩(まぶ)しいので, 直接光源が目に入らないような器具と配置を考える必要がある。面発光有機EL照明は, これから期待できる最新の光源である。

■照明器具の種類

取付け形態による器具の種類は, 図14-22を参照。天井, 壁, 床には, それぞれシーリングライト, ウォールライト, フロアライトの名称の付いた器具がある。

■建築化照明

照明計画には, 照明器具の配置による計画のほかに, 光源を床, 壁, 天井に仕込む建築化照明がある。図14-23のようなコーニス照明, コーヴ照明, バランス照明, コファー照明などがある。いずれも, 壁, 天井等に光をバウンドさせる間接照明方式で, 柔らかい雰囲気の光環境となる。

この他に, 公共空間, オフィス空間では, 光天井照明, ルーバー天井照明, ライン照明などの建築化照明がある。

■住まいの照明計画

照明による住まいの光環境には, 安らぎや落ち着き, 心地良さが求められる。加えて生活シーンによって変化可能な照明計画も検討する。

リビング・ダイニング, 寝室, 子供室については, 「全般照明と局部照明」の項で述べたとおりである。キッチンは, 調理の作業空間であるので, キッチントップ面は照度300lxとし, 食材がおいしく見えるよう色温度2,700～3,000Kの光源を使用する。

玄関では, 接客時, 互いの顔に光が当たるよう器具の位置に留意がいる。洗面・化粧台も顔の正面に光が当たるようにする。洗濯場, 浴室は, 全般として100lx前後は必要。

廊下や階段は, 行き先それぞれにオン・オフできる3路スイッチが, 合理的で省エネともなる。

外部や門灯, 玄関先は, 防犯の意味も含めた照明計画が, また建物のライトアップや庭・ベランダの照明計画も検討する。

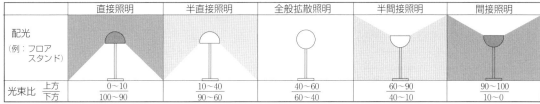

図14-20 配光による照明の分類

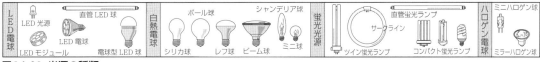

図14-21 光源の種類

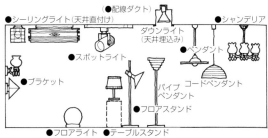

図14-22 照明器具：取付け形態による分類

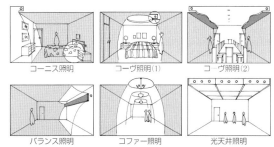

図14-23 建築化照明

14-6 家具計画

家具量販店で，ソファーやダイニングセットを買って部屋に設置すると，意外に大きくて，人の通るスペースが狭い，通れないといったことがある。インテリアデザインでは，部屋に合わせた家具のスケールの検討，視線・動線計画などによる家具の配置計画，インテリアスタイルの統一やカラーコーディネートも必要である。

■家具の種類

日本では，生活を起居様式で分類したときの床座と椅子座が混在している。床座生活では，座布団，座椅子，寝具の布団，卓に食卓，座卓などがある。収納家具は過去には唐櫃，長櫃，厨子棚があり，明治以降に欧米の生活様式が入り，洋服箪笥，和箪笥，書棚などが作られた。

椅子座の生活では，チェア，スツール，ソファーなど。チェアは一人掛けの椅子を指す。テーブルには，ダイニングテーブル，ライティングテーブル(書机)，ワーキングテーブル(作業台)などがある。寝具はベッド，シェーズロング(寝椅子)，収納はクローゼット，ワードロープ，チェスト，シューズボックス，カップボードなどがある。

収納は今日，クローゼット，ウォーキングクローゼットのように，建築化・ビルトイン化の傾向にある。部屋のスペースを行為・行動のために使うには，有効なビルトイン化である。

図14-24は，家具の形態による分類。図14-25は収納家具の種類である。

■家具のレイアウト

家具のレイアウトは，「12 住まいの計画Ⅰ」のうち，「12-3 ゾーニングと動線計画」，「12-4 部屋の配置」，「12-5 部屋の計画」を参照。動線・視線の関係，家具群の関係性が読み取れるので，家具レイアウトの視点で見直してほしい。

レイアウトにおいて重要な点は，人と家具，人と家具と壁の空きスペースである。横向き歩きで最小450mm，前歩きで最小600mm，二人が前向きですれ違う，そろって歩くには，最小1,200mmは必要となる。これらの寸法を押さえて，家具のレイアウトを行う。図14-26参照。

■家具選択

家具選択の基準は，①丈夫で長く使用に耐えること，②使いやすく用途に適していること，③生活に快適性をもたらす美しさを備えていることの3点で，「強・用・美」といわれる3要素である。

「強」には素材，構造，工法，製法が関係している。木，鉄，アルミ，プラスチックなど素材特性を活かしてデザインされているが，素材の接合部の強度は特に配慮がいる。メーカー市販の家具は，JISによる強度試験などをクリアし安心であるが，ネット販売のものでは注意が必要である。

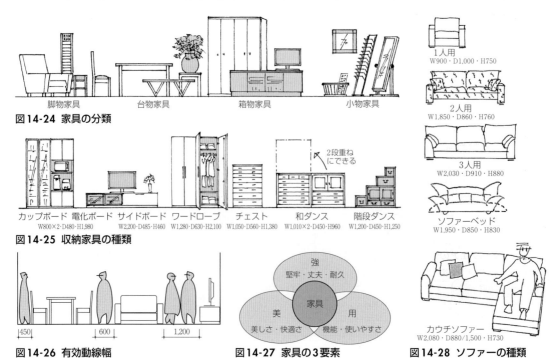

図14-24 家具の分類

図14-25 収納家具の種類

図14-26 有効動線幅

図14-27 家具の3要素

図14-28 ソファーの種類

「用」は機能性で，人間工学やユニバーサルデザインの考え方が応用される。「美」は造形美，プロポーション，部材のバランス，素材の活かし方・組合せ，マチエール(材質感)，カラーなどから構成される美しさである。

住まいでは，複数の家具が組み合わされ配置される。心地良い美しいインテリアには，各家具のスタイルの統一，あるいはバランスの良い組合せが必要である。また，素材やカラーの統一やコーディネートが重要となる。

■家具と人間工学

人間工学(エルゴノミクス)は，第二次世界大戦中，航空機のコックピット機器類の誤操作解消のために始まったといわれている。設備や家具を使用する人間にとっての使い勝手や居心地の良さに，合理性を追求する学問が人間工学である。

○人体寸法：部屋の大きさや形，チェアの寸法や形状など，インテリア空間は人体寸法と密接に関係している。身体の各部の寸法は，身長Hが基準となって，その比例で示すことができる。視線計画における眼高は0.9Hであり，指先点高0.4Hはテーブル高となる。指極Hは廊下の幅の参考値，下腿高0.25Hはチェアの座面高，上肢拳上高1.2Hは棚の高さとなる。図14-29参照。

○作業域：人が立位や座位状態で，作業のできる空間領域を作業域という。水平作業域はデスクやキッチントップのデザインに，垂直作業域はキッチン設備や収納の棚位置などのデザインに活かされる。図14-31を参照。

○機能別チェアの分類：人間工学から座位基準点高，座面角度，座面と背の角度を基準としてチェアを分類すると，作業椅子，軽作業椅子，軽休息椅子，休息椅子，頭もたれ付き休息椅子の5分類となる(図14-30)。

休息機能度が増すごとに，①座面の高さが低くなる，②座面の角度が大きくなる，③座面と背面の角度が開いていく。チェアのリクライニング機構の基本は，背面の角度の変化だけでなく，座面角度も同時に変化させなくてはならない。

○体圧分布：チェアの座面座り心地，ベッドマットの寝心地の善し悪しの基準に体圧分布がある。

図14-32は，作業椅子座面の体圧分布図で，右が座り心地の悪い分布。臀部から大腿全体が座面に接し，特に大腿先端部に圧がかかって，疲れやすい状態である。それに比べ，左は臀部に体圧が集中し，大腿の先端部がフリーな状態で好ましい分布である。マットレスの場合は，人体の敏感な部分に大きな圧力，鈍感な部分に小さな圧力がかかるのが理想で，柔らかすぎるマットレスでは，身体が沈み込んで体圧分布は不適切である。やや硬めのマットレスの場合，敏感な部分に圧力があり，体圧分布は適切である。図14-33を参照。

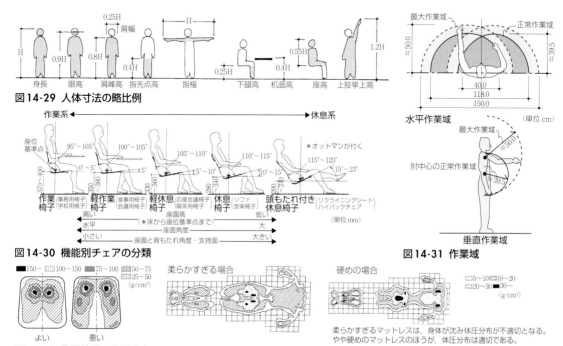

図14-29 人体寸法の略比例

図14-30 機能別チェアの分類

図14-31 作業域

図14-32 作業椅子の体圧分布

図14-33 マットレスの体圧分布

14-7 ウインドートリートメント

カーテン，シェード，ブラインドなどを窓や開口部に取り付け，装飾的・機能的効用を高める行為の総称がウインドートリートメントである。

カーテンの普及が始まるのは，大正時代の中産階級の台頭と生活改善運動がもたらした椅子式生活，洋室の採用などの時期である。さらに，一般庶民への普及は，昭和30年代（1955～64年），日本住宅公団による集合住宅建設以降となる。

■ウインドートリートメントの機能

大きく3つの機能をもっている。①調節機能：光量の調節と，窓からの視線の調節。②遮断機能：熱や音，風などの吸収・遮断。③装飾機能：窓の演出，インテリアの演出である。

カーテンやブラインドを開けているときと閉めているときでは，空間の雰囲気は異なるものである。素材の材質感，カラー，柄，吊りスタイルがデザインの重要なポイントとなる。

■ウインドートリートメントの種類

大別して，カーテン，シェード，スクリーン，ブラインドがある。

○**カーテン**：固定もあるが，基本は水平方向に開閉する形式である。吊りスタイルは多様で，窓の形，規模，目的，インテリアスタイル，機能を勘案して選択する。素材から，ドレープ，プリント，ケースメント，レースなど，機能からシアーカーテンや遮光カーテンなどがある（図14-34）。

カーテンの構成は，カーテンレールとランナー，レールを覆うボックスやバランス，吊り元を3つひだや2つひだに加工し，フックを付いたカーテン生地本体，カーテンを束ねるタッセル，タッセル掛け，垂直性とひだを維持するためのウエイトやウエイトテープなどが基本である。

○**シェード**：上下方向に開閉する形式で，折り上げる，畳み上げる機構がある。ローマンシェードが総称で，プレーンシェード，シャープシェード，バルーンシェードなどに細分される。

日本伝統の簾をシェードとした製品もある。シェードのスタイルは図14-35を参照。

○**スクリーン**：上下方向に開閉する形式（巻き上げ式）のロールスクリーンと簾，水平にスライドするパネルスクリーンがある。

布地は，無地のものには多彩なカラーが用意されているほか，プリント柄，シースルー，遮光性のもの，簾もある。

○**ブラインド**：横型スラットのベネシアンブラインドと，縦型ルーバーのバーチカルブラインドがある。いずれもヒレの角度調整で，日射や視線をコントロールする機構である。素材にアルミ，木，竹，ポリエステル，ガラス繊維などがある。

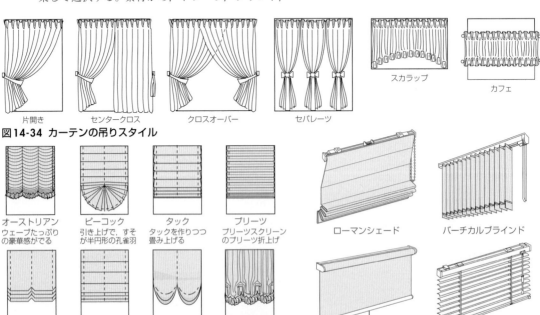

図14-34 カーテンの吊りスタイル

図14-35 シェード（ローマンシェード）のスタイル

図14-36 ウインドートリートメント

14-8 インテリアアクセサリー

新築やリフォームで床・壁・天井が仕上がり，設備が整い，家具が設置され，インテリアが完成し引渡しとなっても，生活感が出てこないものである。インテリアグリーンやアートが壁に掛かるなど，いわゆるインテリアアクセサリーが配置されると，心地良い生活感覚が出てくる。フォーカルポイントとなるので，視線計画，動線計画において，その設置場所は重要である。

その選択，収集には，住まい手のライフタイル，ライフステージ，センスが表れてくる。欧米では，インテリアデコレイターがクライアントの意向をもとにアレンジする分野である。

■インテリアグリーン

庭付き戸建住宅では必要もないが，RC造，SRC造の集合住宅では，インテリアグリーンは欠かせない。緑色は目に優しいし，植物に生命を感じることができる。水やりや花を咲かす世話は生活行為となり，おのずと愛着も生まれてくる。

室内用のグリーンの種類は多種で述べきれないが，その一部は図14-38を参照。鉢にも気を使ってほしい。

■額装品（アートワーク）

絵画，版画，写真，ポスターなど，住まい手のセンスと教養で選択する。作家を揃える，額縁を揃える，カラーを揃えるなどの方法がある。壁面の規模に応じ，額装品の大きさやバランスを検討，場合により複数をまとめて掛けてもよい。

■壁掛けアクセサリー

掛け時計，鏡，壁掛けの収集品なども，インテリアスタイルの統一性の中で選択する。鏡は洗面鏡，化粧鏡，姿見などの機能をもっているが，形や額縁のデザインで装飾性の高い製品があり，アクセサリーとして楽しめる。

■卓上小物

リビングのセンターテーブル，PCのワークデスク，ダイニングテーブルに，おしゃれな小物を置いて，インテリアのアクセントとする。花瓶や壺にもセンスが出るものである。

■床置きアクセサリー

フロアスタンド，ドライフラワーの籠，陶器製の動物のような小物のほか，韓国や中国，東南アジアのアンティーク家具等などである。収納家具の箪笥や櫃は，自己主張が強く，大きなアクセントとなるので，周りは控え目にまとめるのがよい。

■リネン

ベッドリネン，バスリネン，テーブルリネンなど布製の用品群である。リネンは本来，麻（linen）の織物を指すが，インテリアワークでは他の繊維を含めリネンとしている。繊維の統一，カラー・柄の統一には心掛けたい（図14-39）。

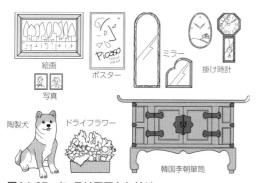

図14-37 インテリアアクセサリー

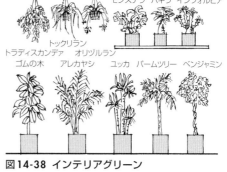

図14-38 インテリアグリーン

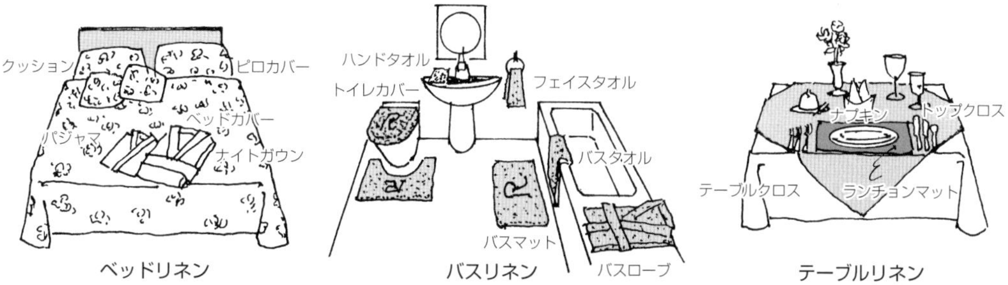

図14-39 リネン

15 住まいの設計技術

15-1 住まいの設計の流れ

住まいの空間がどのようにでき上がるのか，設計側の流れを整理してみると，次のような段階に分けられる。与条件の整理 → 計画・設計 → 見積り・発注 → 工事監理 → 引渡し。この中で，計画・設計はさらに細かく，基本構想・計画 → 基本設計 → 実施設計に分けることができる。

■与条件の整理

依頼者（クライアント）から設計を依頼されると，設計者の作業はまず，与条件や制約条件を分析することから始まる。

使い手側の与条件として，望んでいる生活像や使い方の設定と空間像を引き出す。チェックリストや調査表をつくり，聞き落しの項目がないように努める。工期に関わる時間的制約や経済的・予算条件も，与条件として整理する。法的制約や技術的限界等も与条件となる。使い手の与条件の中には，顕在化しているもの以外に潜在的なもの，「本音」と「建前」のように矛盾した点など，さまざまなものが含まれる（図15-1）。

■基本構想・計画

独立住宅においては，まず建設予定地の地盤，傾斜，段差を調査するとともに，地域・地区や容積率・建ぺい率等，法的な規制も確認する。次に，前面道路や隣地境界の取り合いを現場で確認する。

建築物としての階構成，所要面積，外観デザインを考慮しながら，基本計画案を作成する。

15-2 基本設計

依頼者からのさまざまな要望や制約等の与条件が整理され，設計の方針が決まれば，次は空間を具体的なかたちにまとめていく基本設計に進む。この段階では，平面や断面などの素描（スケッチ）から始めることになる。これをエスキスと呼ぶ。

エスキスは，一種の総分化の作業であり，形象化の過程では，発想のきっかけとなるコンセプトアイデアが必要となる。このコンセプトアイデアづくりこそ，人間の創造性の源であり，設計者には奥深い知識と感受性が求められる。

エスキスを進めていく過程でゾーニング，プランニング，ファニチャーレイアウト，設備計画など，動線や空間のまとめの作業が展開され，機能的・感性的側面からのチェックのほか，構造，法規，技術面からも検討していく。設計資料集成や

■与条件の抽出と整理（住宅の例）

〈住まい手の条件〉

・生活像
- □住まい手の属性（職業など）
- □家族構成（将来計画・予測）
- □ライフスタイル
- □経済的条件
- □時間的条件（工期など）
- □要求性能
- □収納条件

・空間像
- □規模
- □インテリアスタイル
- □色彩，材質（マテリアル）
- □かたち
- □明暗（光の入り方，照明）

〈建築・空間上の条件〉
- □規模，間取り，方位
- □材料，構法，構造
- □設備
- □法規・基準

⇨

■基本方針の決定

〈コンセプト作成〉
- □問題点の抽出と矛盾点を整理
- □解決の指針を作成
- □基本的な方針を決定
- □空間の目的，用途，機能を明確化
- □空間の規模，位置関係の決定
- □外空間とのかかわり概念図（景色）
- □自然環境概念図（採光，通風）
- □空間デザインのキーワード
- □ライフスタイルや将来像の見通し
- □工期，予算，構法，設備の目安
- □コンセプト概念図
- □外観デザインのイメージ図
- □空間イメージ図
- □カラーイメージ図
- □インテリアスタイル案の作成

図15-1 基本計画案決定に必要な設計条件

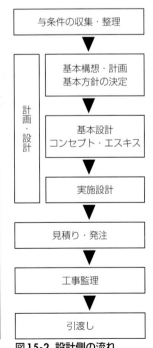

図15-2 設計側の流れ

技術資料を参考に，またコンピュータグラフィックス（CG），模型や材料サンプル等によって確かめながら作業を進めることも重要である。

また，この段階での概算見積りを行い，予算計画との整合性を確認することも重要である。

基本設計がまとまると，設計者は依頼者に計画案を理解してもらい，了解してもらうために，プレゼンテーションを行う。

15-3 実施設計

実施設計は，基本設計がまとまった後，デザイン・技術の両面にわたって，細部の検討を行い，図面化することである。形や寸法を施工者に伝えるだけではなく，工事見積りに必要な項目も記入する。

実施設計で作成する主な図面には，仕様書，仕上表，平面図，立面図，断面図，矩計図（かなばかりず），詳細図，構造関係図，設備関係図等がある。

実施設計では，施工や生産，製作に必要な見積り作業を行うために，正確に読み取れる図面を作成することが主目的となる。基本設計で決定された空間と設備に対して，具体的な寸法や材質，工法，納まり等の仕様を決めて，図面に書き込むこと，そして，家具，照明などのインテリアエレメントの選定も仕事に含まれる。

詳細図は「納まり図」ともいわれ，異なる材料や各種部材の交差部分を技術的に，かつ美的に納める図面である。また日本の気候風土の特徴から，雨や湿気は建築の最大の敵であり，詳細図ではこうした対策を検討しなければならない。

現場では，実施設計で作られた図面に従って工事が進められるので，使用面と生産・施工面の双方からチェックし，作成する必要がある。

15-4 監理［工事監理・工程管理］

■工事監理

実施設計の後，見積り，工事契約，確認申請が受理・確認されると，いよいよ施工となる。建築設計・インテリアデザインの設計の仕事は，空間を完成させて初めて完了することになるが，実際の空間がきちんと意図通りにでき上がるように現場を監理することが重要である（図15-3）。

一方，設計の依頼者側からすれば，工事監理が確実に行われるならば，安心して，質の高い住まいが得られることになる。

現場のチェックで発生する，やり直し，手直しは，工期や費用に問題を生じさせるので，事前に現場監督や職人に注意や指導が必要である。やり直し，手直しが発生した場合には，依頼者に説明と了承が必要となる。

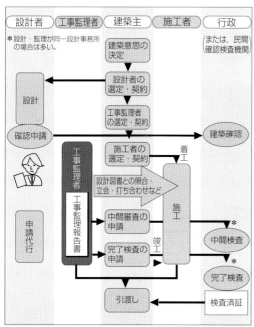

＊中間検査・完了検査の申請には，工事監理報告書の提出が必要。
図15-3 設計・工事監理等業務の流れ

図15-4 建築確認申請書（見本）

図15-5 建築確認済書（見本）　図15-6 建築検査済書（見本）

■工程管理・工事完了

　工事工程表は工事業者が作成するが，監理者として工程通りに進んでいるか，外注品，設備品が日程通り納品されているかをチェックするのが工程管理である。同時に，納品された製品の品質も指定通りか確認する。また，工事業者が実施設計図に基づき作成する施工図のチェックも重要である。構造図，設備図と施工図との照合，納まりが希望通りかなどチェックを行う。

　工事完了時には，依頼主と工事業者の三者で竣工検査を行い，手直し工事等の調整をし，これを実施して，最終的に竣工・引渡しとなる。法的には，工事完了検査を受けて，検査済証が発行されて初めて，住むことができることなる。

15-5　設計図書の種類・描き方

■設計図書の種類

　住宅の実施設計として必要な図書は，仕上表，仕様書と各種の図面である。各種図面は，敷地に対する建物の配置図から始まり，建物の平面図，立面図，断面図，展開図，天井伏図などがある。これらで，建物・インテリアの形状，仕上げの状況が理解される。

　現場の施工，詳細な見積りのためには，詳細図や建具図，家具図も必要になる。これら図面に加えて，生活環境を整えるためには，設備計画・設計が必要であり，図面として，電気設備図や衛生設備図，空調設備図などがある。

　堅牢な建物のためには，構造設計が欠かせない。木造，鉄骨造，鉄筋コンクリート造のいずれにも構造図が必要となる。

　確認申請には，付近見取り図，配置図，求積図，平面図，立面図，断面図，建築計画概要図，使用建築材料表，換気計算書などが必要である。

■設計図の作図内容と手順

　まず図面の縮尺を決める。

・**配置図**は，①敷地境界線を書いて敷地の位置を決める。接道は幅員と道路中心線を書く。②建物の位置を決めて，それを基本に外壁の中心線を書き，屋外のベランダ，ポーチの形状を記入する。③境界線まわりの塀や門，物置など屋外建物を，また植栽や池なども書く。④最後に方位，寸法を記入する。方位は一般的には，図面の上を北とする。

・**平面図**は，①外壁，間仕切り壁の壁中心線を書く。②柱および壁を割りふる。CADでは壁厚を指定してダブルラインで書く。柱，開口部の位置を書く。③建具，窓，戸，戸袋等を書く。④便器，浴槽，流し台，家具などを書き入れる。⑤フローリング，畳などの床仕上材を書く。⑥寸法，室名を書いて，図面を完成させる。

図15-7　配置図

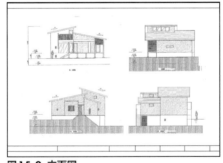

図15-9　立面図

図15-8　平面図

図15-10　断面図・矩計図

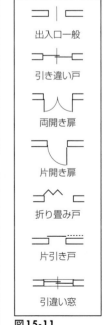

図15-11　平面図表示記号

- **立面図**は，住宅の東西南北4面の外観を表し，形状や外装の仕上げ，屋根の仕上げなどを記入する。①平面図を基に，外壁のラインや屋根形状を書く。②バルコニーや庇などの凸部を書く。③ドアや窓などの開口部を書く。④仕上材を記入する。⑤道路斜線，隣地斜線，高度斜線などを記入して高さを確認する。
- **断面図**は，住宅を垂直に切断して，地盤から屋根までの断面を表したものである。①階高や天井高，手すりや開口部の高さなど，垂直方向の寸法を表示する。②建築基準法に基づき，地盤高，軒高，最高高さを記入する。③屋根勾配，軒の出の寸法を記入する。
- **矩計図**は，断面図の詳細図である。屋根，外壁，内部，基礎などの下地や仕上げを記入し，材料，工法の仕様を表す。
- **展開図**は，部屋の各壁をそれぞれに描く。①天井高に従い，床ラインと天井ラインの補助線を書く。②平面図の基準線を垂直に書き，下地を控えて壁線を書く。③壁線間の床ライン，天井ラインを書く。④扉，窓，家具，設備などを書く。⑤壁の仕上材の名称や仕様を書く。⑥必要な高さ寸法を記入して完成させる。
- **天井伏図**は，見上げを描くのではなく，天井面を鏡に映した鏡像として描く。①平面図に従い，天井面の外形線を書く。②照明設備，空調設備などを書く。③ピーリングなど仕上材の様子を書く。④仕上材や器具名称，仕様を書いて，完成させる。
- **構造図**は，特記仕様書，標準仕様書，標準配筋図，床伏図，軸組図，リスト(基礎，基礎梁，柱，梁，壁，スラブなどのリスト)，配筋詳細図などで構成される。①特記仕様書や標準仕様書は，使用する鉄筋・鉄骨・コンクリート・杭などの材質や強度，工法，検査方法などを表示する。②標準配筋図は，標準的な配筋(鉄筋の配置)方法を示す。③床伏図は，各階床に付いている床，梁，壁などの水平方向での配置を示す。④軸組図は各通り(軸)で切断して横から見た立面図で，床・梁・壁・開口・構造スリットなどの高さ方向での配置を表示する。⑤配筋詳細図は，軸組図に鉄筋の配置を書き入れる。
- **電気設備図**は，設備機器リストや電気配線図により構成される。①建築平面図を基に，公道からの引き込みルート，電柱，屋内分電盤を書く。②分電盤から各室のコンセント，スイッチ，天井シーリングライトなどへの配線を書く。③製図用シンボルを各所に記入し，居住者の動線に従って適所に配置されているか確認する。
- **給排水・ガス・衛生設備図**は，設備リストや系統図，配管図によって構成される。①建築の平面図を基に公道からの引き込み，排出ルートを上水道，下水道，ガスの設備ごとに図面を書く。②上

図15-12 天井伏図

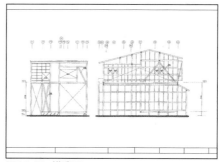

図15-13 構造図

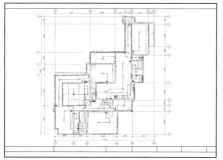

図15-14 電気設備関係図

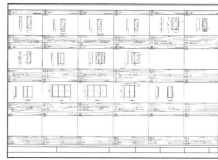

図15-15 建具図

図15-16 電気設備表示記号

水道は，水道メーターを通り住宅内に引き込まれる。③下水道は，雑排水と汚水がスムーズに敷地外へ流れるように設計する。流れ勾配は特に注意する。④ガスは，メーターを経由して給湯器，キッチン，浴室などへの配管ルートと器具内容を書く。⑤製図用の配管シンボルに従い，給水，給湯，排水，ガスなどの配管を書く。

- **空調設備図**は，設備機器リストや系統図によって構成される。①建築設計図を基に，換気設備と空気調和設備の設計を行う。②換気設備は，居室内に新鮮な空気が供給され，汚れた空気がスムーズに排出されるように設計する。③空気調和設備（主に冷暖房設備）は，四季を通じて居室内が快適な温度に保たれるように設計する。④室外機，室内機の位置を書き，機種名・仕様を記入し，配管，空調ダクトのルートを書く。

- **仕様書・仕上表**は，①仕様書には，主要構造を示し，基礎，土台，柱の材質を書く。②換気，断熱材を書く。③外部仕上げは，屋根，壁，ポーチ，バルコニーなどの仕上材を書く。④内部仕上材は，床，壁，天井材や建具，手すり，幅木などに材料.仕上げ方法を書く。⑤設備仕様には，流し台，洗面台，浴室，トイレ，給湯器，電話，防犯，冷暖房，換気システムなどを書く。

- **建具表・建具図**は，扉，戸，窓などの建具類について，取付け箇所，枚数・個数，材料，仕上げなどを表示する。①既製品か特注品かを明記する。②特注品の場合は，建具図を書く。

以上の建築関係の図書に加え，インテリア関係では，カラースキームボード（**図**15-22）や，インテリアパース（**図**15-19，**図**15-20）家具リスト，照明器具リスト，ウィンドートリートメントリストなどが必要となる。

■**実施設計図の作図規則**

図面のサイズ，縮尺，線，文字，寸法，表記記号の規則は**表**15-1を参照。

15-6　プレゼンテーション

■**プレゼンテーション**

住宅の設計作業において，設計者は計画案を依頼者に理解し，了解してもらうために，プレゼンテーションを行う。投影図（パース等），模型などを作成して，図面だけでは表現できない立体感を補足して，依頼者の理解を深める。

また現在，コンピュータを用いて，設計図はもとより，パースやモデリングを行い，動画像を提示することが一般化している。

■**投影図の種類**

投影は，建築物の外観やインテリアを立体的に表現するためのツールで，人間の視覚に近い自然な3次元に見せる図法である。投影図には，図法

表15-1　実施設計図の作図規則

①**図面（用紙）サイズ**：A1～A4までの4種類から選ぶ。A2，A3，A4が多用される。
②**縮尺**：縮尺は，1:1，1:2，1:5，1:10，1:20，1:50，1:100などから，規模や表現内容に応じて選ぶ。1:50が多用される。
③**線**：図面で使用する線の太さは，細線，中線，太線の3種類。太線は壁の仕上げ線などのはっきり強調したい部分に，中線は見え掛かり（家具などの外形線）に，細線は寸法線や通り心，細部の表現に使用する。
④**文字**：図面の縮尺に関係なく，文字高さの標準値，1.8，2.5，3.5，5，7，10，14，20mmから適切な大きさを使用する。
⑤**寸法**：長さの寸法値は，通常はmm（ミリメートル）の単位で記入し，単位記号は付けない。
⑥**表記文字**：カーペットでは，CA（カーペット一般），WC（ウィルトン）．塗装では，SOP（合成樹脂調合ペイント），OS（オイルステイン）など。

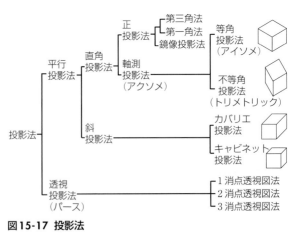

図15-17　投影法

1消点透視図　　　2消点透視図

図15-18　透視投影法

の違いにより「パース」「アイソメ」などの種類がある。図法の種類は，**図15-17**を参照。

①**パース**：透視投影図ともいい，平行な線が収束する消点の数により，「1消点（平行投影）」「2消点（成角投影）」「3消点」の3つの種類がある。この手法では，実際の建築・インテリア空間で，垂直に立つ柱は垂直に表現し，視線を水平に設定する。

②**アイソメ図**：「アイソメ」は，「等角投影図」という図法の一つで，水平軸線に等角（30°または45°）で描く。遠近感はないが，パースとは異なり，縮尺実寸で描ける点や30°定規，45°定規が使用できる点が特長である。

■パースの構図と添景

パースを作成するポイントはいくつかあるが，特に重要なのが「構図」である。構図は，①焦点の位置（人に立ち位置）によって，②視線の高さ（アイレベル：一般にはH＝1,500mm）によって異なる印象のパースを書くことができる。

パースの表現力を上げるもう一つの要素が「添景表現」である。人物，樹木，自動車などが添景である。添景は，スケール感の表現をはじめ，遠近感の強調，空間表現だけではわかりにくい部分の説明，イメージの強調といった効果がある。

■デジタルパース

従来は水彩絵具などを使った手描きパースが普通だったが，最近では，3DCADや3DCGといったソフトウェアを使用して，パソコンで作成するデジタルパースが一般的になった。

3DCADや3DCGでパースを作成する場合，手描きとは異なり，1つの3Dデータからさまざまなアングル（構図）のパースの作成も可能であり，プレゼンテーションに効果的である。

また，同じインテリアデータを使って，色や材質，時間帯などを変えた複数のパターンを簡単に作れるため，デザインの方向性やイメージの細部の検討も可能である。

■プレゼンテーションボード

インテリアデザインでは，プラン作成の段階に沿って，さまざまな種類のプレゼンテーションボードを用いる。

初期段階では，大まかなイメージやコンセプトを伝える「コンセプトボード」や「イメージボード」を使う。

プランが進むにつれ，インテリアの色や素材を説明する「カラースキームボード」や，ウィンドートリートメントや照明器具を説明する「エレメントボード」など，より具体的な内容のプレゼンテーションボードを作成する。

■模型

設計図書による外観のデザインやインテリア計画を，より視覚的に，立体的に確認するために，模型を製作する。設計者側の確認作業でもあるが，

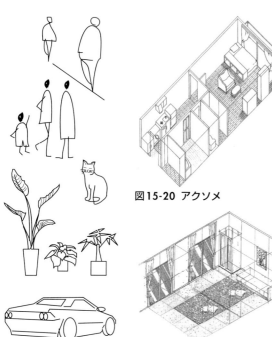

図15-19　添景　　図15-20　アクソメ　　図15-21　アイソメ

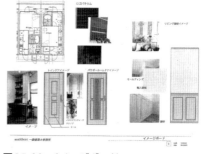

図15-22　イメージボード

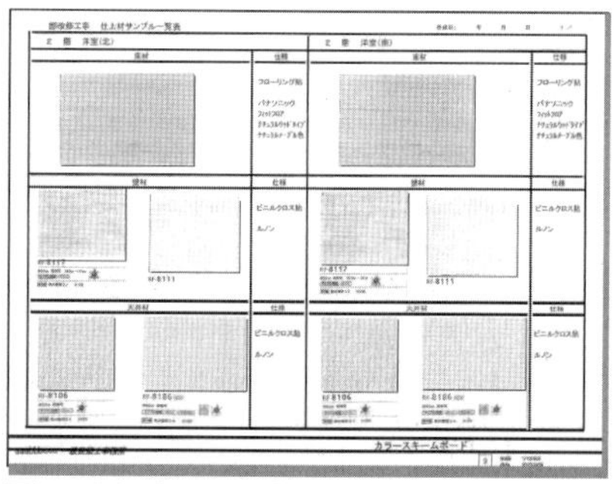

図15-23　カラースキーム

図面から立体を把握するのが難しい一般的な設計依頼者にとっては、有効なプレゼンテーションツールである。

1/50や1/100等の縮尺で、図面に基づき、木材や発泡剤、アクリル等を使用して組み上げる。模型は、依頼者へ提示や、新築住宅の分譲時の販売ツールとしても活用される。

■モデルルーム

クライアント、デザイナー、設計家は、パースや模型を手立てとして完成物・空間を想像しなくてならない。しかし、モデルルームは原寸大の実物のインテリアが存在し、プレゼンテーションとして最強のツールである。

集合住宅や独立住宅の販売時に、実物と同一の縮尺で住宅や住棟の1室を建設し、その住宅の購入希望者へ空間やデザインを提案するプレゼンテーションツールである。実施設計図を基に、モデルルームの施工図を作成し、実物通りの仕上げを行う。インテリアパーツを置いて、生活感を出す。

15-7 設計・デザインとデジタルツール

設計図書の作成においても、最新のコンピュータ技術が使われており、AUTO-CAD LTやJW-CADと呼ばれる設計ソフトが普及し、データの修正や変更が素早く行えるとともに、図面の拡大、縮小も容易で、設計者と施工者の間でのコミュニケーションのツールとしても活用されている。

■CAD(Computer Aided Design)

インテリアデザインで使用されるCADソフトには、2次元平面の設計を行う「2D CAD」と、2次元平面の設計機能と3次元のプレゼンテーション機能を備えた「3D CAD」がある。

2D CADには、前述の「AUTO-CAD LT」や「JW-CAD」がある。3D CADには、「AUTO-CAD」「SOLIDWORKS」「CATIA」等がある。

■CG(Computer Graphics)

CGソフトには、写真画像を加工したり、イラストを作成したりできる2次元の「2D CG」と、立体のモデリングやパースの作成が行える3次元の「3D CG」がある。2D CGには「illustrator」、3D CGには「3ds Max」「Sketch UP」などがある。

現在でも、一級建築士、二級建築士、インテリアプランナー、インテリアコーディネーター資格などの設計・製図試験は、手書き図面であり、そのため手書き図面の技術の修得は必要である。

一方で、建築設計事務所・デザインオフィスでは、実務作業にPCが導入され、CAD、CGによる設計、製図、作図、プレゼンテーションが行われており、就業にはCAD、CG技術の修得も必要である。

図15-24 模型

図15-25 モデルルーム

図15-26 CAD図面（断面図）

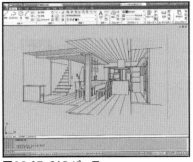
図15-27 CADパース

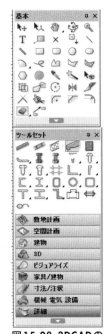
図15-28 3DCADのツールバー

〔引用文献〕

図5-1：家庭科教育60巻9号，現代の住生活の問題，家庭教育社，1986
図5-2：家庭科教育60巻9号，現代の住生活の問題，家庭教育社，1986
図5-5：岸本幸臣編，図説テキスト 住居学 第二版，彰国社，65頁，図5-17
図8-27：住環境計画研究所編，家庭用エネルギーハンドブック2014，省エネルギーセンター，41頁・表1-4-1，205頁・参考表2
表9-1：日本家政学会編，家政学事典，朝倉書店，1970
表9-2：小原二郎・阿部一尋，マンションのリニューアル術100章，鹿島出版会，139頁表
表9-4：岡廣樹，マンション大規模修繕Q&A，鹿島出版会，79頁表
表9-5：小原二郎・阿部一尋，マンションのリニューアル術100章，鹿島出版会，127頁表
表9-9：日本総合住生活マンション相談センター編，マンションの修繕計画 作り方の実際 改訂新版，図9-3，日本総合住生活

〔参考文献〕

〔1章〕
- 平井聖，図説 日本住宅の歴史，学芸出版社，1980
- 若山滋・TEM研究所，建築の絵本 世界の建築術 人はいかにして建築してきたか，彰国社，1986
- 中根芳一編著，私たちの住居学 サスティナブル社会の住まいと暮らし，オーム社，2006
- 岸本幸臣編，図説テキスト 住居学，彰国社，1997
- 後藤久監修，最新住居学入門，実教出版，2004
- 西山夘三，すまいの考今学 現代日本住宅史，彰国社，1989
- 山田幸一監修，大野修，物語／ものの建築史 風呂のはなし，鹿島出版会，1986
- 小松茂美編，日本絵巻大成8年中行事絵巻，中央公論社，1977
- 石田尚豊・内藤昌・森谷尅久監修，洛中洛外図大観 舟木家旧蔵本，小学館，1987
- 建築申請実務研究会，建築申請MEMO2014，新日本法規出版，2014
- 総務省，平成24年版情報白書，2014

〔2章〕
- 中根芳一 編著，生活と住まい，コロナ社，2002
- 光藤俊夫，絵解き日本人の住まい，丸善，1986
- 川本重雄・小泉和子編，類聚雑要抄指図巻，中央公論美術出版，1998
- 小泉和子・玉井哲雄・黒田日出男編，絵巻物の建築を読む，東京大学出版会，1997
- 日本建築学会編，新訂版第三版 日本建築史図集，2011
- 太田博太郎，新訂図説日本住宅史，彰国社，1971
- 藤岡洋保編，新しい住宅を求めて 近代の住宅をつくった建築家たち，MBI出版，1992
- 小原二郎・加藤力・安藤正雄編，インテリアの計画と設計 第2版，彰国社
- 関西インテリアプランナー協会編，平成27年度インテリアプランナー試験対策 学科テキスト，関西インテリアプランナー協会，2015

〔3章〕
- 桐敷真次郎，建築学の基礎③ 西洋建築史，共立出版，2005
- 後藤久，西洋住居史－石の文化と木の文化，彰国社，2014
- マーク・ジルアード，英国のカントリーハウス 上・下，住まいの図書館出版局，1989
- Jean Marot, RECUEIL DES Plofiles et Eleuation dcs Plusieurs Palais Chasteax Eglises Sepultures Grote et Hostels, Paris (reprint, 1858)
- マリー・ミックス・フォーレイ，絵で見る住宅様式史，鹿島出版会，1997
- 鈴木裕之編，図説年表 西洋建築の様式，彰国社，1998
- ジョン・モスグローヴ，フレッチャー，世界建築の歴史－建築・美術・デザインの変遷，西村書店，1996
- 片木篤，建築巡礼11 イギリスのカントリーハウス，丸善，1999
- アンソニー・クワイニー，住まい学体系067ハウスの歴史・ホームの物語(上・下)，住まいの図書館，1995
- 市原出，住まい学体系082リビングポーチ，住まいの図書館，1997
- 藤岡洋保編，新しい住宅を求めて 近代の住宅をつくった建築家たち，MBI出版，1992
- 関西インテリアプランナー協会編，平成27年度インテリアプランナー試験対策 学科テキスト，関西インテリアプランナー協会，2015
- 小原二郎・加藤力・安藤正雄編，インテリアの計画と設計 第2版，彰国社

〔4章〕
- 松村秀一ほか編著，箱の産業，彰国社
- 松村秀一，建築－新しい仕事のかたち，彰国社
- 住田昌二，現代日本ハウジング史，ミネルヴァ書房

〔5章，9章，15章〕
- Aiprah，超図解で全部わかるインテリアデザイン入門，エクスナレッジ，2014
- 小宮容一ほか，図解テキスト インテリアデザイン，井上書院，2009
- 後藤久，最新住居学入門，実教出版，2004
- 岸本幸臣編，図説テキスト 住居学，彰国社，1997
- 中根芳一編著，私たちの住居学，オーム社，2006

〔6章〕
- 住田昌二，マルチハウジング論－住宅政策の転回，ミネルヴァ書房，2003
- 住宅法令研究会編，最新 日本の住宅事情と住生活基本法，ぎょうせい，2006
- 森本信明・前田亨宏，まちなか戸建－持家化社会のまちづくり，学芸出版社，2008
- 平山洋介，住宅政策のどこが問題か－〈持家社会〉の次を展望する－，光文社，2014

〔7章〕
- E.ハワード，明日の田園都市，鹿島出版会，1968
- ガレット・エクボ，風景のデザイン，鹿島出版会，1986
- カミロ・ジッテ，広場の造形，鹿島出版会，2005
- 材野博司，庭園から都市へ シークエンスの日本，鹿島出版会，1997
- 日本建築学会，第3版コンパクト建築資料集成，丸善，2014
- パウルハンス・ペータース，人間のための都市，鹿島出版会，1978
- 日笠端・日端康雄，都市計画，共立出版，1993
- フランシスD.K.チン，建築のかたちと空間をデザインする，彰国社，1989
- 三輪正弘，環境デザインの思想，鹿島出版会，1998

〔8章〕
- 壇上新ほか，101のキーワードで学ぶ 世界で一番やさしい 建築設備，エクスナレッジ，2013
- 建築設備技術者協会，建築設備技術者のための 今さら聞けない基本の理論，オーム社，2011

〔10章〕
- 青木幸弘，ライフコース・マーケティング，日本経済新聞出版社

〔11章〕
- 積水ハウス総合住宅研究所編，生活リテラシーブックvol.5－子どもの生きる力を育む家，住まいの図書館出版局

〔12章〕
- 尾上孝一，図解木造建築入門，井上書院，1979
- 住まいとインテリア研究会編纂，図解 住まいとインテリアデザイン，彰国社，2007
- 小宮容一ほか，図解テキスト インテリアデザイン，井上書院，2009
- 中根芳一編著，私たちの住居学，オーム社，2006
- 後藤久監修，最新住居学入門，実教出版，2004
- 清家清，現代の家相，新潮社，1989
- 内田青蔵，あめりか屋商品住宅，住まいの図書館出版局，1987
- 小宮容一，図解 インテリア設計の実際，オーム社，1989
- 関西インテリアプランナー協会編，平成26年度インテリアプランナー試験対策 学科テキスト，関西インテリアプランナー協会，2014

〔13章〕
- 鈴木秀三編，図解 建築の構造と構法 改訂版，井上書院，2014
- 小宮容一ほか，図解テキスト インテリアデザイン，井上書院，2009

〔14章〕
- 尾上孝一・大廣保行・加藤力編，図解 インテリアコーディネーター用語辞典 改訂版，井上書院，2013
- 尾上孝一他編，カラーコーディネーター用語辞典 改訂版，井上書院，2008
- 小宮容一，図解インテリア構成材－選び方・使い方 改訂2版，オーム社，2005
- 小原二郎編，インテリア大事典，壁装材料協会，彰国社，1988

〔写真提供〕
- 積水ハウス：図4-6，図4-7，図4-8，図4-11，図4-12，図4-13，図4-14，図13-2
- 都市再生機構：図4-17，図10-5
- アクシス：図10-4
- 大和ハウス：図6-11
- ミサワホーム：図6-12，図14-1，図14-2，図14-4，図14-10，図14-11

索 引

[あ-お]

アートワーク	127
アイランドキッチン	31
空き家	53
アクセシビリティ	90
アクセントカラー	121
揚げ見世	20
アジアンモダン	118
アソートカラー	121
アトリウム	22,23
アパルトマン	25,26,27
暗順応	65
椅子	15
椅子座（イス座）	9,14,21,30
泉殿	14
一般型のケアハウス	47
田舎間	20
犬矢来	20
色温度	33,66,122
インスラ	22,23
インテリアグリーン	127
インテリアコーディネーター	35,116
インテリアデコレイター	116
インテリアデザイナー	116
インテリアプランナー	116
インバータ	71
インフラ	61,64
インプルウィウム	23
ヴィラ	22,25
ウィリアム・モリス	28
ヴォーリズ	21
卯建	20
内廊下型	41
エコ住宅	113
エスキス	128
エネファーム	113
演色性	66
追い回し	16
オスマン	27
オープンキッチン	31
オープンスペース	62
押板	16
オテル	25
母屋	15
折上格天井	17

[か-こ]

カーテン	126
介護型ケアハウス	47
改修工事	81
会所	16
カウフマン邸	28
火災警報器	74
ガス漏れ検知器	74
家族間のコミュニケーション行為	10
家族周期	10,99
片廊下型	41
合掌造り	18
桂離宮	17
矩計図	131
壁代	15
カラーイメージ	120
唐櫃	15
環境負荷低減住宅	113
乾式工法	34
完全同居	45
完全分離	45
関東間	20
カントリーハウス	26
管理規約	80
管理・修繕	76
キープ	23
議決権	82
寄宿舎	44
几帳	15
基本計画	128
基本住生活行為	7
基本設計	128
給排水・ガス・衛生設備図	131
境界を作る層	60
共同住宅	40,98
京間	20
京町家	19
強・用・美	124
共用部分	78,79
局部照明	122
近隣コミュニティ	33
空調設備図	132
くつろぎ系	92
くつろぎ行為	8
くど造り	19
区分所有者	79
区分所有法	49,79,80,83
クリスモス	22
グループホーム	46
ケアハウス	46
軽費老人ホーム	46
軽量鉄骨造	109
血縁	94
結露	68
限界集落	12
建材	36
建築化照明	123
建築基準法	13,35,79,96
公営住宅	48
高気密高断熱住宅	33
光源	123
交際・おもてなし行為	8
工事監理	129
構造図	131
高層・超高層化	51
光束	66
合流式	64
高齢化社会	78
高齢単身世帯	57
コーポラティブ住宅	59
五感	33,86,89
国際障害者年	32
国土交通省	83
腰高障子	16
51C型	30
子育て行為	7
固定価格買取り制度	75
固定資産税	39,55
コミュニケーション系	92
コミュニケーション行為	9
コミュニティ	88,94
コンバージョン	95
コンパクトシティ	61

[さ-そ]

採光	65
在宅勤務	97
在来工法	51,108
サヴォア邸	29
竿家造り	19
作業域	125
サ高住	91
座敷飾り	16
サスティナブルデザイン	113
サブカラー	121
3世帯住宅	43,45
仕上材	37
シークエンス	63
ジードルング	28
シェアハウス	33,43,52,87,95
シェード	126
色相配色	121
資金計画	83
市場重視	54
視線計画	102
シックハウス	33,73
実施設計	129

室礼	15
茜	15
蔀戸	15,16
仕舞屋	19
遮音	67
借家（賃貸住宅）	38,100
集合住宅	38,40,42,98
住戸改修	80
住情報	55
就寝分離	30
住生活基本法	35
集成材	115
修繕積立金	79,80,82
住宅金融公庫	34,48
住宅金融支援機構	49
住宅建設計画法	35
住宅双六	88,95
住宅政策	49
住宅性能	32
住宅セーフティネット法	57
住宅性能表示制度	13,54
住宅宅地審議会	49
住宅着工統計	50
住宅・土地統計調査	50
住宅ローン減税	55
住棟計画	41
重量鉄骨造	109
主殿造り	16
趣味・遊び行為	8
シュレーダー邸	29
書院造り	17
省エネ法	33
省エネルギー	35
仕様書・仕上表	132
照度	33,66,122
情報行為	8
ジョージアン・スタイル	26
職住近接	40,87,95
職住分離	21
食寝分離	9,30
シングル向け住宅	43
新耐震基準	32
人体寸法	125
寝殿	14
寝殿造り	14
侵入盗	33
水質基準	64
数寄屋	17
数寄屋造り	17
透渡殿	14
スクリーン	126
スケルトン・インフィル住宅	112
ストック価値	37
ストック重視	54
ストリート・ファニチャー	62
スマートグリッド	75
スマートシティ	114
スマートハウス	74,114
スマートメーター	75

住まいのカルテ	77
住まいのセーフティネット	57
住み替え	42,52,55
生活改善運動	21
生産・労働行為	7
制震構造	112
生体リズム	33
セキュリティー	77,81
セキュリティー会社	34
設計図書	130
絶対湿度	68
セミデタッチド・ハウス	27
全般照明	122
専有部分	79
層	59
騒音	67
総合設計制度	12
相続税	55
相対湿度	68
ゾーニング	101
ソーラー	24
ソシオペタル・ソシオフーガル	62
ソルトボックス	26

［た－と］

体圧分布	125
大規模修繕	82
退職後の生活	42
耐震構造	111
ダイス	24
台所改善運動	21
ダイニングキッチン	31
対屋	14
台盤	15
対面キッチン	31
太陽光発電	75
耐用年数	76
高塀造り	18
高床式住居	6
宅内LAN	70
出文机	16
多世帯住宅	90
竪穴式住居	6
建て替え	52,77,83
建て替え決議	82,83
建具表・建具図	132
団地	40,48
断面図	131
地域社会	11
地縁	94
知縁	94
違い棚	17
昼光率	65
中古住宅	52,100
注文住宅	50,100
中門廊	14
長期修繕計画	79
長期優良住宅	54

超高層住宅	110
帳台	15
帳台構	17
賃貸	38
ツーバイフォー（2×4）工法	28,51,108
付書院	16,17
釣殿	14
テーマカラー	121
鉄筋コンクリート造（RC造）	40,109
鉄骨造（S造）	40,109
鉄骨鉄筋コンクリート造（SRC造）	40,110
テラスハウス	27,40
田園都市構想	21,27,61
電気設備図	131
天空光	65
投影図	132
透過損失	67
東求堂	16
同潤会	21,40
動線計画	102
道路再配分	61
トーン配色	121
独立キッチン	31
独立住宅	38,42
床の間	17
都市ガス	64
都市計画法	39
都市再生機構（UR）	49
土蔵造り	20
ドッグカフェ	96
ドミトリータイプ	44
ドムス	22
トラップ	71

［な－の］

内装制限	13
中廊下型	21
ニート	86
二階厨子	15
二階棚	15
二条城二の丸御殿	17
2世帯住宅	44,90,94
二地域居住	95
日照	65
日本インテリアデザイナー協会	116
日本住宅公団	34,40,48
人間工学	125
塗籠	15
熱貫流	67
熱容量	67

［は－ほ］

パース	133
ハーフティンバー	25
パーラー	24,26
配光	123
配置図	130

配電方式	64	町家	19	リュクスモダン	118
階隠	14	マナーハウス	24	類聚雑要抄	15
バック・トゥ・バック	27	マンション管理士	54	ル・コルビュジエ	29
ばったり床几	20	マンション紛争	51	レクタス	22
パラッツォ	25	ミース・ファン・デル・ローエ	29	レッドハウス	28
バリアフリー	37,90	見世蔵	20	連続住宅	98
バリアフリー新法	90,107	道	58	老朽化	78
バリアフリーデザイン	89,107	道空間	62	ローン破たん	56
バルーン構法	28	三具足	16	露点温度	68
半農半住	95	身繕い行為	7		
ヒートポンプ	71	ミニ開発	48	**[わ]**	
比視感度	65	無彩色配色	121		
平座	9	虫籠窓	19	ワークトライアングル	102
品確法	32,35,54	明視	66	ワークライフバランス	97
貧困ビジネス	56	明順応	65	枠組壁工法	51
ヒンプン	60	メガロン形式	22	渡殿	14
ファンズワース邸	29	免震構造	111	ワンルーム	43
風景	63	メンテナンス	76		
夫婦別寝	31,89	木造	39,108	**[欧文]**	
フェデラルスタイル	26	木造軸組構法	108		
フォーカルポイント	102	木造住宅	39,40	AVC	96
不動産ディベロッパー	39	木造賃貸アパート	48	CAD	134
不当使用行為	78	模型	133	CCRC	91
舟屋	19,60	モダニズムスタイル	117	CG	134
ブラインド	126	モダンリビング	30	CIAM	117
フランク・ロイド・ライト	28	持家	38,39,99	COP3	35
フランク・ロイド・ライト風	98	持家化社会	49,56	D	105
プレイリー・スタイル	28	持家政策	38	DIY住戸	87
プレカット技術・工法	51,110	モデルルーム	134	DK	31
プレゼンテーション	129			E.ハワード	61
プレゼンテーションボード	133	**[や－よ]**		F☆☆☆☆	32,33
プレハブ工法	50,110			HEMS	75
プレハブ住宅	34	家賃補助政策	57	ICT	97
文化住宅	21	大和棟	18	ISOガイド50	32
分譲	38	有機的建築	28	Iターン	95
分譲住宅	50,100	ユーソニアンハウス	28	Jターン	96
分棟造り	18	有料老人ホーム	91	K	105
分流式	64	床座(ユカ座)	9,14,124	L	105
平面図	130	ユニットバス	7,106	LCA	113
ベースカラー	121	ユニテ・ダビタシオン	29	LDK	105
ペリスタイル	22,23	ユニバーサル・スペース	29	LED照明	69
ヘリット・リートフェルト	29	ユニバーサルデザイン	32,39,106	LPガス	65
勉強・学習行為	8	要介護者	47	nLDK	30
方位	101	用途地域	39,61	RC壁式構造	109
防災	77,81			RCラーメン構造	109
防犯機能	77	**[ら－ろ]**		SI住宅	112
ホームセキュリティ	114			SNS	94
ホームレス	56	ライフイベント	84,92	SOHO	7,97
ポルティコ	26	ライフコース	84	VOC	33,73
本間	20	ライフサイクルアセスメント	113	ZEH	74
本棟造り	18	ライフステージ	84		
		ライフライン	61		
[ま－も]		落水荘	28		
		立面図	130		
舞良戸	16	リネン	127		
前土間型	19	リノベーション	37,88		
曲り屋	18	リバースモーゲージ	55		
まちづくり憲章	59	リフォーム	53		
まちづくり条例	59	リフォーム融資	81		

[著者略歴]

小宮容一(こみやよういち)
- 1968年　京都市立美術大学（現芸術大学）工芸科デザイン専攻卒業
- 1974年　インダストリアルデザイン事務所所属後，Kデザインオフィス設立
- 1976年　嵯峨美術短期大学インテリアデザイン科講師
- 1987年　芦屋大学教育学部産業教育学科講師
- 1997年　芦屋大学教育学部教育学科教授
- 現　在　芦屋大学名誉教授

片山勢津子(かたやませつこ)
- 　　　　京都工芸繊維大学工芸学部住環境学科卒業
- 1983年　（株）大林組建築設計部退職，京都工芸繊維大学助手
- 1987年　京都芸術短期大学講師
- 1993年　京都女子大学専任講師
- 2001年　博士（学術）
- 現　在　京都女子大学教授

ペリー史子(ぺりーふみこ)
- 　　　　奈良女子大学家政学部住居学科卒業
- 　　　　ドレクセル大学大学院(USA)デザインアート専攻M.Science取得
- 1991年　大阪産業大学工学部環境デザイン学科講師
- 2010年　博士（工学）
- 現　在　大阪産業大学デザイン工学部建築・環境デザイン学科教授
- 　　　　NCIDQインテリアデザイナー

中村孝之(なかむらたかゆき)
- 1979年　京都工芸繊維大学工芸学部住環境学科卒業
- 2007年　積水ハウス（株）ハートフル生活研究所長兼ストック住宅研究プロジェクトリーダー
- 2008年　積水ハウス（株）住生活研究所長
- 2012年　同ナレッジキャピタルプロジェクトリーダー
- 現　在　生活空間研究室代表，京都大学大学院医学研究科研究員，大阪市立大学健康科学イノベーションセンター特別研究員

来海素存(きまちもとあり)
- 1973年　工学院大学工学部建築学科卒業
- 　　　　（株）長谷川工務店東京本社入社，建築部・設計部で施工管理および建築設計を担当
- 1998年　（株）長谷工コーポレーション大阪支社（旧長谷川工務店）を退職
- 2004年　一級建築士事務所を設立
- 2009年　神戸女子大学家政学部家政学科専任講師
- 現　在　神戸女子大学家政学部家政学科准教授

森本信明(もりもとのぶあき)
- 1975年　京都大学大学院工学研究科修了
- 1976年　博士（工学）
- 1978年　建設省建築研究所第一研究部
- 1991年　近畿大学理工学部建築学科
- 2013年　近畿大学名誉教授
- 現　在　まちなか・住まい研究会主宰

井手洋一(いでよういち)
- 1972年　早稲田大学理工学部建築学科卒業
- 　　　　（株）竹中工務店入社，主に設備施工分野に従事
- 2012年　いで建築士事務所開設，現在に至る

新しい 住まい学

2016年1月25日　第1版第1刷発行

著　者	小宮容一　片山勢津子　ペリー史子 中村孝之　来海素存 森本信明　井手洋一　　　　　ⓒ
発行者	石川泰章
発行所	株式会社 井上書院 東京都文京区湯島2-17-15 斎藤ビル 電話(03)5689-5481　FAX(03)5689-5483 http://www.inoueshoin.co.jp/ 振替00110-2-100535
装　幀	高橋揚一
印刷所	美研プリンティング株式会社

・本書の複製権・翻訳権・上映権・譲渡権・公衆送信権（送信可能化権を含む）は株式会社井上書院が保有します。

・JCOPY 〈(一社)出版者著作権管理機構 委託出版物〉
本書の無断複写は著作権法上での例外を除き禁じられています．複写される場合は，そのつど事前に，(一社)出版者著作権管理機構（電話03-3513-6969, FAX03-3513-6979, e-mail: info@jcopy.or.jp）の許諾を得てください．

ISBN978-4-7530-1991-5　C3052　　Printed in Japan

出版案内

図解・インテリアコーディネーター用語辞典 [改訂版]

尾上孝一・大廣保行・加藤力編
A5変形判・370頁（オールカラー）
本体3200円

インテリアの基本用語3900余語と理解を助ける図表約900点を，資格試験の出題傾向に対応した「商品と販売編」「計画と技術編」および「人名編」に分類して収録し，巻末には索引・逆引き索引を掲載。受験者はもちろんのこと，インテリア関連業務に携わる実務者にも役立つ本格的辞典。

福祉住環境コーディネーター用語辞典 [改訂2版]

福祉住環境用語研究会編
A5変形判・242頁
本体2700円

福祉住環境コーディネーター2級，3級の受験者を対象に，試験の出題傾向および介護・福祉の現状に即した基本用語2300余語を図表と合わせて収録。高齢者や障害者の身体特性・疾病，医療，福祉制度・施策，介護保険，福祉用具，介護用品，住宅改修，建築一般など広範な分野を網羅している。

図解テキスト インテリアデザイン

小宮容一・加藤力・片山勢津子・塚口眞佐子・ペリー史子・西山紀子
B5変形判・152頁
本体3000円

デザイン計画の基礎となる空間，エレメント，家具，設備，人間工学，室内環境，計画をはじめ，表現・演出にかかわるインテリアスタイル，ウインドートリートメント，ライティング，色彩，さらには新しいデザインの手法まで，初学者を対象にインテリアデザインの基礎を徹底的に図解する。

住まいの絵本にみる子ども部屋 自律をうながす空間の使い方

北浦かほる
B5変形判・112頁
本体1800円

子どもの自律心を育てることを重視している欧米の住まい。本書は，日本と欧米の住まいの絵本を通して，子どもの発達，成長過程にあって，子どもの自律心を育み，適切な親子関係を形成する重要な生活空間の一つである「子ども部屋」の機能や役割，その使われ方を考察したユニークな一冊。

健康をつくる住環境

健康をつくる住環境編集委員会編
B5判・176頁
本体3000円

化学物質過敏症，シックハウス症候群，新築病などを引き起こす室内空気汚染が問題化している現状を踏まえ，人間工学，建築環境，建築材料，建築設計，住まいの維持管理などのさまざまな視点から，安全かつ快適で健康的な居住環境を創造し，これを維持していく方法を探る。

生活科学のすすめ

佐藤方彦編著
B6変形判・248頁
本体1900円

「生活科学」とは，衣食住といった日常的な諸問題を今日の科学・技術の水準に照らして検討し，人間生活の向上に資することを目的とした新しい学問分野である。本書では，家政学の諸領域と生理人類学を結んだ学際的観点から，その理念や実生活にどう生かすかをわかりやすく解説する。

フローの住宅・ストックの住宅 日本・アメリカ・オランダ住宅比較論

戸谷英世
四六判・184頁
本体2000円

住宅を取得することで資産を増やす欧米と，逆に失う日本。本書は，住宅に対する考え方，不動産取引の仕組み，住宅政策の違いなどを比較することでスクラップ・アンド・ビルドありきの日本のフローの住宅政策の間違いとその根拠を解明し，欧米のストックの住宅実現への方途を提言する。

＊上記の本体価格に，別途消費税が加算されます。